Markus Marterbauer

Zahlen bitte!

Die Kosten der Krise tragen wir alle

Deuticke

1 2 3 4 5 15 14 13 12 11

ISBN 978-3-552-06173-6

Satz: Eva Kaltenbrunner-Dorfinger, Wien
Umschlaggestaltung: David Hauptmann, Hauptmann & Kompanie
Werbeagentur, Zürich
Druck und Bindung: CPI – Ebner & Spiegel, Ulm
Printed in Germany

Inhalt

Kapitel 1

Wer trägt die Kosten der Krise?

Ist es angemessen, die Steuerpflichtigen in Österreich für die Staatsschuldenkrise in Griechenland, Irland und Portugal zahlen zu lassen? Wie in Deutschland grassiert in Österreich die Forderung, die Budgetprobleme der Krisenländer von jenen lösen zu lassen, die sie verursacht haben; nur so könnten die Sünder aus dem Süden wirtschaftlich vernünftiges Handeln lernen. Wenig wahrgenommen von europäischer Öffentlichkeit und Politik, tragen die Menschen in den Krisenländern bereits enorme Lasten. Diese kommen zum Beispiel im drastischen Anstieg der Arbeitslosigkeit unter Jugendlichen zum Ausdruck: In Griechenland, Irland und den baltischen Ländern übersteigt die Arbeitslosenquote der 15- bis 24-Jährigen bereits die Marke von 30 Prozent der Erwerbspersonen deutlich, in Spanien ist mittlerweile nahezu jeder zweite Jugendliche arbeitslos; insgesamt weisen 11 von 27 Mitgliedsländern der EU eine Jugendarbeitslosenquote von mehr als 25 Prozent auf, 2007 war dies noch in keinem einzigen Land der Fall. Hier entsteht eine verlorene Generation, die nicht nur heute unter Einkommensausfällen und verbautem Berufseinstieg leidet, sondern langfristig niedrige Einkommen, mangelnde gesellschaftliche Integration und fehlende soziale Absicherung erfährt. Das ist nicht nur aus sozialen Gründen inakzeptabel, sondern kann auch wirtschaftlich und politisch sehr gefährlich werden.

Haben die Jugendlichen und generell die Arbeitslosen, deren Zahl in der EU seit Anfang 2008 um 7 Millionen gestiegen ist, tatsächlich den enormen Anstieg der Staatsschulden verursacht und bezahlen sie nun zu Recht für wirtschaftliches Fehlverhalten? Hier lohnt es sich, den Hintergründen der Staatsschuldenkrise nachzugehen. Sie spiegeln das wirtschaftspolitische Fehlverhalten in einigen Ländern: ein ineffizientes Steuererhebungssystem, aufgeblähte Bürokratie und Budgettricks in Griechenland; ein Bankensystem, das sich hemmungslos auf den Immobilienmärkten verspekulierte und nur noch durch Staatskapital gerettet werden konnte, in Irland; fehlende Wettbewerbsfähigkeit der Industrie in Portugal; der Zusammenbruch eines spekulativen Immobilienbooms in Spanien. Diese Probleme sind schwerwiegend, waren aber großteils schon lange bekannt und konnten kaum innerhalb kurzer Zeit eine Staatsschuldenkrise auslösen.

Wichtiger waren andere Phänomene: Geprägt von einem Herdentrieb, setze sich bei den Finanzmarktakteuren schlagartig die Meinung durch, die Schulden könnten nicht zurückgezahlt werden, deshalb stiegen die Kosten der Versicherung von Staatsanleihen und die Zinssätze auf 10 bis 15 Prozent. Angesichts der Höhe der Staatsschuld und der schlechten wirtschaftlichen Aussichten war damit die Rückzahlungsmöglichkeit tatsächlich nicht mehr gegeben. Die Staatsschuldenkrise ist in erheblichem Ausmaß eine sich selbst erfüllende Prophezeiung der vom Herdentrieb geprägten spekulativen Finanzmärkte.

In den Krisenländern war der Anstieg der Staatsschulden seit 2007 besonders ausgeprägt, doch auch in den wirtschaftlich erfolgreichen Ländern wie Österreich und Deutschland erhöhte sich die Staatsschuld um 10 bis 20 Prozent des Bruttoinlandsprodukts. Die gemeinsame Ursache dieser enormen Verschlechterung der Staatsfinanzen bildet die Finanz- und Wirtschaftskrise 2008/09. Der mit dem stärksten Konjunktureinbruch seit den 1930er Jahren verbundene Rückgang der Beschäftigung und der Einkommen löste einen Ausfall an Steuereinnahmen in Milliardenhöhe aus und machte zusätzliche Konjunkturprogramme zur Stabilisierung der Wirtschaft notwendig; in ganz Europa wurden zudem Banken durch den umfangreichen Zuschuss von Staatskapital gerettet. Wer die großen Probleme der europäischen Politik, die hohen Staatsschulden und die Rekordarbeitslosigkeit, verstehen will, muss sich mit der Finanz- und Wirtschaftskrise auseinandersetzen.

Die Krise beunruhigte die Öffentlichkeit zum ersten Mal im Lauf des Jahres 2007, als eine Reihe von amerikanischen und deutschen

Banken in wirtschaftliche Schwierigkeiten geriet, die man zunächst als kurzfristige Liquiditätsprobleme abtat. Doch spätestens im Herbst 2008 zeigte sich, dass das gesamte internationale Finanzsystem am Rand des Abgrunds stand. Ihren Ausgangspunkt nahm die Krise in den USA, wo durch die Liberalisierung von Kreditstandards und den Abbau von Regulierungen für Derivatgeschäfte einerseits die Verschuldung der privaten Haushalte stark ausgeweitet und damit der Häusermarkt angeheizt wurde und andererseits die Finanzspekulation enorm gefördert wurde. Dies führte zwar für ein paar Jahre zu einem wirtschaftlichen Boom, doch das Platzen der spekulativen Blase war in der falschen Politik der Liberalisierung von Immobilien- und Finanzmärkten schon angelegt. Die Schockwellen der Finanzkrise in den USA breiteten sich wegen der weitgehenden Globalisierung der liberalisierten Kapitalmärkte und der verbreiteten Spekulationsaktivitäten von Vermögenden und Banken auch in der EU rasch aus und brachte das Finanzsystem weltweit in Liquiditäts- und Solvenzprobleme. Das neoliberale Vertrauen in die Selbstregulierungsfähigkeit der Finanzmärkte hat sich einmal mehr als unbegründet herausgestellt.

Hinter den Finanzblasen, deren Platzen die Wirtschaft in Nordamerika und Europa in eine tiefe Rezession stürzte, stand neben dem Abbau staatlicher Regulierungen auch die zunehmende Ungleichheit der Verteilung von Vermögen und Einkommen. Die großen Finanzvermögen und die Spitzeneinkommen drängten auf die Finanzmärkte und befeuerten das internationale Finanzcasino. Dazu trugen auch die wachsenden Ungleichgewichte in der Weltwirtschaft bei: In den USA boomte die Verschuldung der privaten Haushalte, die auch zu einer enormen Ausweitung des Defizits in der Leistungsbilanz, dem Saldo aus Exporten und Importen, führte. Demgegenüber forcierten Deutschland und China die Ausweitung des Exports, was zu hohen Überschüssen in der Leistungsbilanz führte. Die goldene Brücke zwischen den kapitalimportierenden Defizitländern und den kapitalexportierenden Überschussländern wurde durch die Schaffung neuer Finanzinstrumente gebaut. In Bezug auf die zentralen Ursachen der Finanzkrise zeigt dieses Buch, dass der Wirtschaftspolitik bislang kaum entscheidende Reformen gelungen sind: Bei der Regulierung von Finanzmärkten und Banken sind ein paar Schritte gemacht worden, viel bleibt noch zu tun; die Ungleichheit der Verteilung und die Ungleichgewichte in der Weltwirtschaft drohen sich sogar weiter zu verschärfen.

Auch die Folgen der Finanzkrise zeichnen sich klar ab und werden uns selbst in Österreich sowohl wirtschaftlich als auch sozial noch sehr lange beschäftigen: hohe Arbeitslosigkeit, besonders unter Jugendlichen, zunehmende Finanzierungsschwierigkeiten im Sozialstaat und eine weitere Zunahme der wirtschaftlichen und sozialen Ungleichheit. Das sind die Kosten der Krise und vor allem die sozial Schwachen haben sie zu tragen. Viele Menschen befürchten darüber hinaus wegen der im Zuge der Krisenbewältigung erfolgten Aufblähung der Geldmenge und des hohen Niveaus der Staatsschulden eine Hyperinflation wie in den 1920er Jahren. Ich halte das für wenig realistisch und lege die Gründe dafür im Buch ausführlich dar: Zwar wäre eine Inflationierung der Staatsschuld für viele Regierungen verlockend, weil sie eine Umverteilung von den Gläubigern zu den Schuldnern mit sich bringt; doch die durch Arbeitslosigkeit und Unterauslastung geprägten wirtschaftlichen Umstände sprechen ebenso gegen sehr hohe Inflationsraten wie die ökonomischen Interessen der Finanzeigentümer.

Die Staatsschuldenkrise muss auf anderen Wegen gelöst werden: Der Rettungsschirm der EU stellt ein hilfreiches Instrument dar, weil er kurzfristig die Macht der spekulativen Finanzmärkte gegenüber den Staaten, die das Finanzsystem und die Banken eben noch gerettet hatten, eindämmt. Mittelfristig kann jedoch nur eine wirtschaftliche Erholung, begleitet von einem merklichen Rückgang der Arbeitslosigkeit, und eine aktive Verteilungspolitik gegenüber den großen privaten Vermögensbeständen die ökonomische Basis für die Verringerung der Staatsschulden bilden. Ohne eine Lösung der sozialen Probleme ist eine Lösung der Schuldenproblematik nicht möglich. Dies bedarf einer europäischen Initiative, die unmittelbar bei der Bekämpfung der hohen Jugendarbeitslosigkeit ansetzen muss.

Österreich ist weit weg von einer Staatsschuldenkrise und von

»griechischen Verhältnissen«, denn Budgetdefizit und Staatsschuld liegen heute wie in den letzten Jahrzehnten merklich niedriger als im Durchschnitt der EU. Dennoch ist die Konsolidierung des Staatshaushalts notwendig. Dabei haben zwar die Steuererhöhungen im Bereich von Vermögen und Ressourcenverbrauch die sozialen Kosten der Konsolidierung in erheblichem Ausmaß verringert, doch Kürzungen bei sozialen Dienstleistungen und manchen Sozialtransfers treffen die Schwächsten der Gesellschaft. Erhebliche Risiken für Österreichs Staatshaushalt und Gesamtwirtschaft bestehen nach wie vor im Bankensektor. Dieser ist in den letzten beiden Jahrzehnten viel zu rasch gewachsen, vor allem aufgrund der Expansion in den Osten. Die Banken haben dabei gut verdient, doch ihr wirtschaftlicher und politischer Einfluss ist zu hoch und eine Verschärfung der wirtschaftlichen Schwierigkeiten selbst nur in einzelnen osteuropäischen Ländern würde das Bankensystem und damit den gesamten Staatshaushalt vor ernste Probleme stellen. Die Bedeutung des Bankensektors muss verringert werden, weil er zum Entstehen der Krise beigetragen hat und sein Expansionsdrang hohe gesamtwirtschaftliche Risiken mit sich bringt. Im Buch werden Maßnahmen diskutiert, mit denen das erreicht werden kann.

Österreich ist auch in Bezug auf die Arbeitslosigkeit besser durch die Krise gekommen als die meisten anderen EU-Länder. Doch die Zahl der Arbeitslosen liegt noch immer deutlich über dem Niveau vor der Krise. Gleichzeitig wird allerdings in der Öffentlichkeit eine Debatte über eine bevorstehende Knappheit an Arbeitskräften geführt. Im Folgenden wird gezeigt, welche Potenziale an Arbeitskräften in Österreich bestehen und wie sie genutzt werden können. Ein Rückgang des Arbeitskräfteangebots lässt Vollbeschäftigung erreichbar werden und bildet damit eine wichtige Voraussetzung für sozialen Fortschritt.

Der Sozialstaat hat sich in der Finanzkrise als stabilisierender Faktor bewährt und seine Überlegenheit gegenüber privaten, auf den Kapitalmärkten basierenden Sicherungssystemen einmal mehr unter Beweis gestellt. Doch um den Problemen der Demografie, der Verschiebung in den Familienstrukturen, der zunehmenden Armut und Ungleichheit zu begegnen, muss der Sozialstaat um- und ausgebaut werden: Er muss besser nach unten absichern und dem großen Bedarf an zusätzlichen sozialen Dienstleistungen im Bereich der Kindergärten und Ganztagsschulen, der Sozialarbeit und der Pflegeleistungen rasch nachkommen. Dabei gilt es vor allem, die Interessen von Frauen zu berücksichtigen, die jetzt den Großteil der unbezahlten privaten Betreuungs- und Pflegearbeit leisten und dadurch erhebliche Nachteile bei Erwerbseinkommen und eigenständiger sozialer Absicherung erleiden. Ein Ausbau der sozialen Dienstleistungen kann als Investition in Frauen und Kinder angesehen werden, die nicht nur sozialen Fortschritt mit sich bringt, sondern auch gesamtwirtschaftlich sehr positive Wirkungen hat.

Die von Banken und Finanzmärkten ausgelöste Krise führt zu einer Zunahme der Ungleichheit der Verteilung des Wohlstandes. Arme und Mittelschicht haben schon in den letzten Jahrzehnten nur recht eingeschränkt an der Zunahme des wirtschaftlichen Wohlstandes partizipiert. Ein großer Teil des Wachstums kam Spitzenverdienern und Vermögenden zugute. In der medialen Debatte wird die Mittelschicht, die von Leistungseinkommen aus selbständiger und unselbständiger Arbeit lebt, gerne als großer Verlierer der staatlichen Umverteilung dargestellt. Das ist falsch: Der Sozialstaat ist auf die Bedürfnisse der Mittelschicht zugeschnitten, und sie profitiert genauso wie die Armen vom Ausbau sozialer Dienstleistungen. Die Gewinner der wirtschaftlichen Entwicklung waren in den letzten Jahren die Reichen, die die obersten 10 Prozent der Haushalte bilden, mehr als die Hälfte des Finanz- und Immobilienvermögens (von insgesamt gut 1400 Milliarden Euro) besitzen und für die leistungslose Vermögenseinkommen eine große wirtschaftliche Rolle spielen. Die enorme Konzentration der Vermögen bringt negative Wirkungen auf Leistungsbereitschaft, den sozialen Zusammenhalt und die Gesamtwirtschaft mit sich; sie stellt aber auch eine Gefährdung der demokratischen Mechanismen unserer Gesellschaft dar. Konkrete Vorschläge für eine stärkere Besteuerung von Vermögen und für eine Eindämmung der vielen Begünstigungen in der

Einkommensteuer, die vor allem den Spitzenverdienern nutzen, werden hier genauso diskutiert wie das Aufkommen und die Verteilungswirkungen dieser Maßnahmen. Mit den gewonnenen Mitteln kann die wünschenswerte Verbesserung des Sozialstaates finanziert werden.

Besteuerung von Vermögensbeständen, Ausbau sozialer Dienstleistungen, Verkürzung der geleisteten Arbeitszeit und Erhöhung der Effizienz des Einsatzes natürlicher Ressourcen stellen wichtige Elemente jener emanzipatorischen Reformstrategie dar, die dazu beitragen würde, die soziale Entwicklung ein wenig vom Wirtschaftswachstum abzukoppeln. So könnte eine Gesellschaft entstehen, die wirtschaftliche und soziale Leistung honoriert, solidarisch gegenüber den Schwachen ist, die Endlichkeit der Ressourcen berücksichtigt und die Lebensqualität für alle Menschen deutlich erhöht.

Ich versuche in diesem Buch, zum emanzipatorischen Reformprojekt durch die Vermittlung von Zahlen und Fakten sowie die Klärung grundlegender wirtschaftlicher Zusammenhänge beizutragen. Damit sollen auch den wirtschaftspolitisch interessierten Laien jene Argumente an die Hand gegeben werden, mit denen es gelingen kann, in den Debatten der nächsten Jahre die großen vorhandenen Gestaltungsspielräume der Politik aufzuzeigen und diese auch zu nutzen.

Liberalisierung und Ungleichheit: Verursacher der Finanzkrise

Deutungen der Krise

Die Finanz- und Wirtschaftskrise prägt auch mehrere Jahre nach ihrem Ausbruch 2007/08 nicht nur die wirtschaftliche und soziale Entwicklung, sondern auch die Berichterstattung in den Medien. Doch beobachtet man die internationale Debatte genauer, dann fällt eines auf: Mit den Ursachen der Krise setzen sich fast nur noch die großen, international beachteten US-Ökonomen auseinander. Viele von ihnen haben in Büchern, die sich weniger an die akademische Welt als an die interessierte Öffentlichkeit wandten, ihre Sichtweise über die Entstehungszusammenhänge der tiefsten Wirtschaftskrise seit den 1930er Jahren dargestellt. Der Nobelpreisträger für Ökonomie Joseph Stiglitz, der Professor für Ökonomie an der Stern School of Business der New York University Nouriel Roubini, der durch seine frühzeitige Vorhersage der Krise bekannt wurde, oder der ehemalige Chefökonom des Internationalen Währungsfonds Raghuram Rajan setzen sich in ihren Zwischenbilanzen sehr kritisch mit dem mangelnden Funktionieren des amerikanischen und internationalen Finanzsystems, mit den Fehlern der Wirtschaftspolitik vor und während der Krise und auch mit den Unzulänglichkeiten der Wirtschaftswissenschaften und deren Unfähigkeit, die Ursachen der Krise zu erkennen oder die Krise vorherzusagen, auseinander (Stiglitz 2010, Roubini und Mihm 2010, Rajan 2010).

In der praktischen Wirtschaftspolitik und der aktuellen Wirtschaftsberichterstattung hingegen wird nicht über die Ursachen, sondern über eine spezifische Folge der Krise diskutiert: den enormen Anstieg der

Staatsverschuldung in fast allen Industrieländern. Während eben noch die Banken und das internationale Finanzsystem vom Staat vor dem Zusammenbruch gerettet werden mussten, zittern nun schon wieder die Staaten vor den Finanzmärkten: Sind sie noch bereit, Staatsanleihen zu kaufen, zu welchem Zinssatz und zu welchen Konditionen? Die wirtschaftspolitische Debatte hat sich verschoben: Sie konzentriert sich auf die Vermeidung des Staatsbankrotts und die Konsolidierung der Budgets. Damit wird die wirtschaftspolitische Debatte von der Streichung von Jobs und Einkommen im öffentlichen Dienst, drastischen Kürzungen im öffentlichen Pensionssystem und bei den Sozialleistungen sowie von Vorschlägen zur härteren Bestrafung von Defizitsündern im Rahmen des EU-Stabilitätspaktes dominiert.

Die Frage nach den Ursachen der Krise scheint abgehakt: Es handelte sich um einen bedauerlichen Betriebsunfall in Zusammenhang mit dem fehlenden Risikobewusstsein der US-Banken, der überbordenden Gier von Anlegern und Bankmanagern und dem Versagen der Ratingagenturen. Die Pleite der Investmentbank Lehman Brothers im September 2008 habe das System von einem Tag auf den anderen an den Rand des Absturzes gebracht. Grundsätzlich würden die freien Finanzmärkte aber gut funktionieren und sie hätten der Welt eine enorme Mehrung des Wohlstandes gebracht. Wenn dennoch einmal ein Problem auftaucht, dann könne man, so der ehemalige Vorsitzende des US Federal Reserve Board Alan Greenspan, nicht viel mehr tun, als anschließend die Scherben zusammenzuklauben (Greenspan 2007). An diesem Punkt sei man jetzt angelangt, die Wirtschaftspolitik muss sich mit den Folgen der Krise auseinandersetzen.

Diese Sichtweise entspricht dem neoliberalen Zugang zu wirtschaftlichen Fragen, der in der österreichischen wie in der internationalen Wirtschaftspresse dominiert und das zentrale wirtschaftliche Problem ohnehin nicht im Versagen der freien Finanzmärkte, sondern immer im ineffizienten Staat sieht. Ursache der Krise seien die schlechte Regulierung der Finanzmärkte, das Versagen der Aufsichtsbehörden und eine Niedrigzinspolitik, die zu einer Blase auf den Häuser- und Aktienmärkten führte. Nun kämen die wahren wirtschaftlichen Probleme zum Vorschein: Die enorme Staatsverschuldung zeige, in welchem Ausmaß die Industrieländer über ihre Verhältnisse gelebt hätten; der westliche Sozialstaat sei unter dem Druck von fehlender Leistungsbereitschaft, den Problemen der Demografie und der Billigkonkurrenz aus den jungen Volkswirtschaften Asiens nicht länger finanzierbar. Die Krise bringe die Notwendigkeit des raschen Abbaus der Staatsverschuldung durch die radikale Kürzung von Staatsausgaben und der anschließenden Senkung von Abgabenbelastung und Staatseinfluss nur zum Ausdruck. So gesehen ist sie fast willkommen. Zumindest für die politische Rechte, die damit das Kernelement ihres Programmes, den Abbau des Sozialstaates, wieder in die Offensive zu bringen versucht.

Diese Debatte zeigt, wie außerordentlich wichtig die Deutung der Krisenursachen für die soziale und wirtschaftliche Zukunft ist. Die Fragen, welche Faktoren die Finanz- und Wirtschaftskrise verursacht haben und welche Akteure dafür verantwortlich sind, sind entscheidend für die Art der Schlussfolgerungen, die aus der Krise gezogen werden. Sie bestimmen, ob sich eine derartige Krise in Zukunft wiederholen wird und welchen Weg die Wirtschaftspolitik einschlägt. Wenn wir über unsere Verhältnisse gelebt haben, dann müssen wir uns einschränken, wenn das Pensions- und Gesundheitssystem unfinanzierbar sind, müssen Leistungen gekürzt werden, wenn der Staat schuld an der Krise ist, dann muss sein Einfluss abgebaut werden. Damit dominiert wieder die neoliberale politische Agenda. Die einseitige Ausrichtung der europäischen Wirtschaftspolitik auf die rasche Sanierung des Staatshaushalts zeigt, wie rasch sich das Blatt der Wirtschaftspolitik gewendet hat.

Mitten in der Krise sah es gar nicht danach aus, als würde die neoliberale Agenda wieder in den Vordergrund rücken können. Der drohende Zusammenbruch des weltweiten Finanzsystems hatte ein Kernelement der neoliberalen Ideologie, die These, unregulierte Finanzmärkte würden Wohlstand schaffen, vollständig diskreditiert. Denn es war das Nichtfunktionieren der freien Finanzmärkte, das die Weltwirtschaft an den Rand des Abgrundes gebracht hat. Nur durch den Eingriff des Staates konnte ein Finanzcrash vermieden, das Bankensystem gerettet und eine tiefe Depression im Ausmaß der 1930er Jahre verhindert werden. Der Wirtschaftshistoriker und Keynes-Biograf Robert Skidelsky sagte wegen des Scheiterns des neoliberalen Deregulierungsprojekts sogar einen Pendelschlag nach links voraus (Skidelsky 2008): Neue staatliche Regulierungsrunden würden den Finanzsektor unter Kontrolle bringen, ein neuer »linker Zyklus« des Ausbaus öffentlicher Interventionen sei am Entstehen.

Sozialdemokratie und Gewerkschaften waren zwar insofern sehr erfolgreich, als es der von ihnen geforderten keynesianischen Wirtschaftspolitik gelang, mithilfe antizyklischer Konjunkturprogramme den Wirtschafts- und Beschäftigungseinbruch zu mildern. Diese Politik war in der Krise breit akzeptiert: Plötzlich waren alle wieder Keynesianer. Dies hielt allerdings nicht lange an, und die Linke scheint außerstande, von der Krise des neoliberalen Finanzkapitalismus auch ideologisch zu profitieren. Diese Schwäche hat viele Gründe: Über Jahre hinweg haben in vielen Ländern sozialdemokratische Parteien versucht, modern zu wirken, und sind dabei dem moralischen Klima erlegen, in dem das Geldverdienen auf den Finanzmärkten über alle anderen wirtschaftlichen und sozialen Werte gestellt wurde. In Großbritannien hat die Labour Party Gordon Browns zwar mit dem Ausbau öffentlicher Dienstleistungen recht erfolgreich nach unten umverteilt, doch gleichzeitig der Finanzwelt der City of London jeden Wunsch von den Lippen abgelesen. In Deutschland hat die SPD zur gesellschaftspolitischen Modernisierung beigetragen, doch geprägt wurde die Politik von den antisozialen Hartz-IV-Reformen und den Pensionskürzungen. Viele andere sozialdemokratische Regierungsparteien haben da und dort emanzipatorische Akzente gesetzt, doch der voranschreitenden Umverteilung des Wohlstandes nach oben hatten sie nichts entgegenzusetzen. Noch gravierender: Selbst in der Krise haben sie die Frage nach der Verantwortung nicht gestellt. Rasch wurden die US-Banken als Verursacher der Misere akzeptiert. Doch warum die europäischen Banken sich mindestens im gleichen Ausmaß auf den Finanzmärkten verspekuliert hatten und woher das enorme Volumen des Spielkapitals im internationalen Finanzcasino kam, wurde nicht analysiert. Eine öffentliche Auseinandersetzung um die Ursachen der Krise hätte auch die konkrete Politik erleichtert, etwa was die Bedingungen angeht, die man von den Banken für Staatszuschüsse verlangt, oder was die Frage betrifft, wer die Kosten der Finanzkrise zu tragen hat. Voraussetzung für eine derartige Strategie wäre Mut zur Auseinandersetzung mit den einflussreichen Lobbys in Wirtschaft und Medien.

Auch aufgrund dieses Versagens gelingt es den sozialdemokratischen Parteien in der EU nicht, in der aktuellen wirtschaftspolitischen Auseinandersetzung das Ziel der Verringerung der Arbeitslosigkeit als zumindest gleichwertig mit jenem des Abbaus der Staatsschuld zu verankern. Dort, wo sie in Regierungsverantwortung stehen, scheinen sie unter dem gefühlten Druck von Sachzwängen und Finanzmärkten getrieben, die Budgetdefizite möglichst rasch abzubauen, um handlungsfähig zu bleiben. Auf EU-Ebene lassen sie von der Phalanx aus konservativen Regierungen, Europäischer Kommission und Europäischer Zentralbank die politische Tagesordnung bestimmen und sind nicht in der Lage, einem europäischen Projekt zur Bekämpfung der Arbeitslosigkeit auch nur einen Platz auf dieser zu verschaffen. Eine genaue Analyse der Ursachen der Krise bildet deshalb die notwendige Voraussetzung dafür, die richtigen Lehren zu ziehen und die Wirtschaftspolitik neu auszurichten.

Ausgangspunkt der Krise: Liberalisierung der Wohnungsfinanzierung in den USA

Der Ausgangspunkt der internationalen Wirtschaftskrise lag auf den Immobilienmärkten der USA. Dort überlässt die Politik traditionell die Schaffung von Wohnraum den privaten Märkten. Die Finanzierung erfolgt über Hypothekarkredite, die die Hauseigentümer bei Banken aufnehmen. Der Staat greift insofern ein, als er zwei halböffentliche, mit einer impliziten Staatsgarantie ausgestattete Institutionen, genannt Fannie Mae (Federal National Mortgage Association) und Freddie Mac (Federal Home Loan Mortgage Corporation), schuf. Ihre Aufgabe besteht darin, Hypothekardarlehen mit gewissen Mindeststandards von den Banken zu kaufen, diese in größere Gruppen zusammenzufassen und wieder als Wertpapiere (Mortgage Backed Securities) an Finanzanleger zu verkaufen. Damit wird es den Hypothekarbanken ermöglicht, weitere Kredite an Wohnungssuchende zu vergeben. Dieses System ist allerdings nicht in der Lage, eine soziale Wohnungspolitik zu betreiben. Denn eine betriebswirtschaftlich ausgerichtete Vergabe von Hypothekarkrediten muss genau prüfen, ob die Wohnungssuchenden über entsprechende Eigenmittel verfügen und die monatlichen Kreditraten leisten können. Das ist bei den unteren sozialen Schichten angesichts unsicherer Jobaussichten, mangelnden Vermögens und über Jahrzehnte fehlender Einkommenszuwächse nicht der Fall. Die Regierung unter Präsident Bill Clinton suchte zu Beginn der 1990er Jahre nach Wegen, Wohnungseigentum für die »working families« zu schaffen; die folgende Regierung unter Präsident George W. Bush nahm sich überhaupt vor, eine »ownership society« zu schaffen (Marcuse 2008). Beide setzten auf das Instrument der Hypothekarkredite: Mindeststandards für Kredite bei Fannie Mae und Freddie Mac wurden herabgesetzt, der Zugang zu Hypothekarkrediten liberalisiert (Rajan 2010).

Nun flossen große Finanzvolumina in den Wohnungssektor, denn Banken und Finanzmärkte waren außerordentlich erfindungsreich: Sie schufen Hypothekarkredite, die allen herkömmlichen Standards widersprachen und als Subprime-Kredite bezeichnet wurden: »Teaser Rates«, bei denen in den ersten Jahren Zins-, teils sogar Tilgungszahlungen ausgesetzt wurden; oder »Ninja-Kredite«, die ohne Überprüfung von Einkommen oder Vermögen vergeben wurden. Das Volumen der gesamten Hypothekarkredite erhöhte sich rasch, zum Höhepunkt im Jahr 2006 lag es bei 3000 Milliarden US-Dollar, um ein Drittel mehr als fünf Jahre zuvor. Besonders stark stiegen die Subprime-Kredite minderer Qualität, ihr Volumen lag 2006 bei 600 Milliarden US-Dollar, viermal so viel wie 2001. Damit wurde die Verschuldung der privaten Haushalte nach oben getrieben: Sie lag Anfang der 1990er Jahre noch bei etwa 80 Prozent des verfügbaren Haushaltseinkommen, bis 2007 stieg sie sprunghaft auf 130 Prozent. Der Anstieg der Verschuldung der privaten Haushalte und der damit einhergehende Boom der Konsum- und Baunachfrage war der Motor des kräftigen Wirtschaftsaufschwungs der USA in den 2000er Jahren.

Doch wie konnten die Hypothekarbanken Kredite vergeben, von denen sie annehmen mussten, dass sie niemals zurückgezahlt werden würden? Hier kommt der Hauspreisboom ins Spiel, der seit Mitte der 1990er Jahre anhielt. Der stetige Anstieg der Hauspreise ermöglichte es den Hypothekarbanken, Kredite zu vergeben, deren Volumen höher als der Hauswert war und die niedrige Zinssätze und Tilgungsraten aufwiesen, weil sie erwarten konnten, dass die Schuldner, sobald die Zins- und Tilgungszahlungen stiegen, über wertvollere Häuser verfügen würden und günstigere Refinanzierungsmöglichkeiten hätten. Er erleichterte die Weitergabe der Kredite an Fannie Mae und Freddie Mac, vor allem aber an die Wall-Street-Banken. Diese kauften die Hypothekarkredite und bündelten sie zu großen Tranchen aus mehreren tausend Einzelkrediten. Einen Teil dieser hypothekarisch besicherten Wertpapiere behielten sie selbst, den Rest verkauften sie an Pensionsfonds, Versicherungen und Banken auf der ganzen Welt weiter. Gleichzeitig schufen sie Kreditderivate wie Credit Default Swaps (CDS) und Collateralized Debt Obligations (CDO), mit denen die mit den Hypotheken-Wertpapieren verbundenen Risiken auf den internationalen Finanzmärkten gehandelt wurden. Der verschuldungsfinanzierte Hauspreisboom bildete die Basis für enorme Gewinne im Geschäft mit Hypothekarkrediten und Mortgage Backed Securities (MBS). Das heizte den Kapitalzufluss in den Immobiliensektor weiter an. Die Hauspreise stiegen rasant, allein von 2000 bis 2005 verdoppelten sie sich. Sie standen in keinem Verhältnis mehr zu den Errichtungskosten. Keynesianische Ökonomen wie Robert Shiller wiesen über Jahre auf die Überbewertung der Immobilienmärkte hin und sagten ein Platzen dieser Blase mit schweren gesamtwirtschaftlichen Schäden voraus; sie behielten recht (Shiller 2000, 2005, 2008). Der Rückgang der Haus-

Abbildung 2.1:

Entwicklung der Hauspreise in den USA

(1995 = 100)

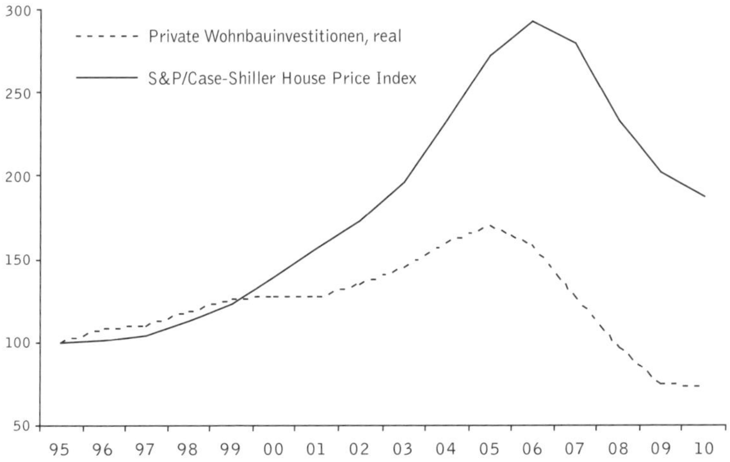

Quelle: BEA, S&P/Case-Shiller® Indices, Fiserv, Inc.

preise ab 2007 löste die schwerste Rezession seit den 1930er Jahren aus. *Siehe Abb. 2.1*

Dennoch wurde die in den USA oder Großbritannien betriebene Liberalisierung der Wohnungsfinanzierung anderen Ländern von einflussreichen internationalen Institutionen zur Nachahmung empfohlen: Noch im Jahr 2004 regten OECD-Ökonomen an, den staatlichen Eingriff auf dem Wohnungsmarkt abzubauen und stattdessen auf die Ausweitung der Hypothekarfinanzierung zu setzen (Catte u. a. 2004): Viele verschiedene Hypothekarkredite sollten angeboten werden, etwa durch ein höheres Kreditvolumen in Relation zum Immobilienwert, durch einen Übergang zu flexibel verzinsten Krediten, flexiblere Rückzahlungsmöglichkeiten oder mehrere Hypotheken auf das gleiche Haus, also die Ermöglichung zusätzlicher Kreditaufnahme bei gestiegenem Immobilienwert. Die neoliberalen Ökonomen drängten darauf, Haushalten mit geringer Kreditwürdigkeit den Zugang zum Hypothekarkreditmarkt zu eröffnen, die Kreditgebühren zu verringern und den Wertzuwachs bei Immobilien steuerlich zu entlasten. Mit diesen Maßnahmen könnte, so die Empfehlung, eine Ausweitung des Hypothekarkreditmarktes erreicht werden und das Angebot an Wohnungen würde steigen.

Doch der Versuch, über den freien Wohnungsmarkt die Versorgung der Bevölkerung mit Wohnraum zu verbessern, ist vollständig gescheitert und hatte gesamtwirtschaftlich verheerende Folgen. Bereits 2004/05 zeichnete sich ab, dass in den USA, Großbritannien, Irland und Spanien eine spekulative Blase bei Haus- und Wohnungspreisen bestand (The Economist 2004, IMF 2004). Ich habe mit meinem Kollegen Ewald Walterskirchen im Jahr 2005 darauf hingewiesen, dass das Wirtschaftswachstum in diesen Ländern vom Boom der Immobilienpreise und den expansiven Wirkungen auf die Konsum- und Baunachfrage getragen war, ein Platzen der Hauspreisblase könnte eine Rezession auslösen und schwere soziale Schäden anrichten (Marterbauer, Walterskirchen 2005). Diese Studie wurde mit dem Argument heftig kritisiert, die Immobilienpreise seien nur eine Folge, nicht die Verursacher wirtschaftlicher Entwicklung; die neoklassische ökonomische Schule hat darauf vertraut, dass sich die Märkte nicht irren können. Wären gesamtwirtschaftliche Erkenntnisse, über die die keynesianische Schule verfügt, früher ernst genommen worden und hätte die Wirtschaftspolitik rechtzeitig gehandelt und den Hauspreisboom durch den Einsatz von Steuern, Beschränkungen von Hypothekarkrediten oder staatlichen Wohnungsbau gedämpft, so wäre vielleicht eine weiche Landung der Konjunktur möglich gewesen. Heute muss man feststellen, dass die Deregulierung von Häuser- und Kreditmärkten zwar zu einem vorübergehenden kreditfinanzierten Boom führte, doch schließlich den Auslöser für die schwere Finanz- und Wirtschaftskrise bildete (Horn, Joebges, Niechoj u.a. 2009).

Das sozialpolitische Anliegen, den kleinen Leuten Zugang zu Wohnraum zu ermöglichen, wurde dem Gewinnstreben der privaten Finanzinstitutionen ausgeliefert. Die Hauspreisblase und die wackelige Finanzierung des Wohnbaus waren Ergebnisse politischer und finanzieller Interessen. Hätte die US-Regierung international nach einem

Beispiel für eine grosso modo gelungene Wohnungspolitik gesucht, sie wäre vielleicht auf Österreich gestoßen (Streimelweger 2009). Hier hat staatliche Wohnungspolitik eine lange Tradition: Ein wesentliches Element stellen Mietzinsobergrenzen für private Mietwohnungen dar. Da der Staat die Preise für Mietwohnungen aus sozialen Gründen begrenzt, sind die Anreize für Wohnungsvermietung beschränkt, deshalb muss die öffentliche Hand gleichzeitig für ein hohes Angebot an Wohnungen sorgen, sonst droht Wohnungsnot. Dies erfolgt durch 300000 Mietwohnungen der Gemeinden und den staatlich geförderten Wohnbau gemeinnütziger Bauvereinigungen, die über einen Bestand von einer halben Million Wohnungen verfügen. In Österreich werden vier Fünftel aller Neubauwohnungen staatlich gefördert. Das System wird durch Wohnbeihilfen an einkommensschwache Familien ergänzt. Mit den Instrumenten der Mietenregulierung, des öffentlichen Wohnbaus und der Wohnbeihilfen wird eine soziale Wohnungspolitik betrieben, die eine Grundversorgung der Bevölkerung mit leistbarem Wohnraum schafft. Der geförderte Bausparkredit stellt eine stabile, langfristig ausgerichtete Kreditgewährung für Wohnzwecke dar; Hypothekarkredite können bei den Banken nur in einer Höhe aufgenommen werden, die deutlich unter dem Wert der erworbenen Wohnung liegt. Durch Steuerung des Wohnungsangebots und der Preise hat die Politik erheblichen Einfluss auf den Immobilienmarkt und kann spekulative Blasen wie in den USA verhindern. Der Wohnungsmarkt ist zu einem wesentlichen Teil dem privaten Gewinnstreben entzogen.

Doch auch in der österreichischen Wohnungspolitik werden Fehler gemacht. Im Jahr 2004 wurden vier gemeinnützige Bundeswohnbaugesellschaften mit insgesamt 60000 Wohnungen privatisiert und dem sozialen Wohnbau gänzlich entzogen; schon 1993 wurden die Mietzinsobergrenzen gelockert; zunehmend wird mit öffentlichen Mitteln auch der Bau von Eigentumswohnungen gefördert, was keine soziale Begründung hat; die staatliche Wohnbauförderung kann wegen bestehender Eigenmittelerfordernisse oft von den untersten sozialen Schichten, darunter vielen Ausländerfamilien, nicht in Anspruch genommen werden; die Aufhebung der Zweckbindung von Wohnbaufördermitteln hat zu einem markanten Rückgang des Neubaus geförderter Wohnungen geführt. Zudem wirkt sich die Finanzkrise einmal mehr negativ auf die Sozialpolitik aus: Unter dem Druck der Budgetkonsolidierung sparen die Bundesländer massiv im geförderten Wohnbau. Der Wohnungsneubau ist trotz reger Nachfrage im Jahr 2011 auf etwa 37 000 zurückgegangen, das ist fast ein Viertel weniger als im Jahr 2006. Obwohl sich die österreichische Wohnungspolitik in dieser Krise als deutlich geglückter als jene der USA, Großbritanniens, Spaniens, Irlands und vieler anderer Länder erweist, wird sie so zum Opfer der Krise.

Ursachen der Krise I: Ungleichheit in der Verteilung

Die internationale Finanz- und Wirtschaftskrise wurde vom Zusammenbruch der Blase auf dem US-Immobilienmarkt ausgelöst. Doch ihre tiefer liegenden Ursachen sind vielfältig. Eine wichtige Ursache der Krise besteht in der weltweiten Ausweitung der Ungleichheit in der Verteilung von Vermögen und Einkommen seit den 1980er Jahren. Die Tendenz zu einer stärkeren Konzentration der Finanz- und Immobilienvermögen, zu einem Rückgang des Anteils der Lohneinkommen am gesamten Volkseinkommen und zu einer Zunahme der Spreizung zwischen hohen Einkommen einerseits und mittleren bzw. niedrigen Einkommen andererseits ist seit Beginn der 1980er Jahre in fast allen Ländern zu beobachten (vgl. Glyn 2005, OECD 2008); sie war in den USA besonders stark ausgeprägt, zeigt sich vor allem seit dem Jahr 2000 aber auch in Deutschland und in Österreich. *Siehe Abb. 2.2*

Die Ursachen der zunehmenden Ungleichheit sind vielfältig. Die hohe Arbeitslosigkeit, die die Industrieländer seit Mitte der 1970er Jahre prägte, spielt dabei eine zentrale Rolle. Sie hat die Macht der Gewerkschaften geschwächt und zu einer enormen Flexibilisierung der Arbeitsmärkte geführt. Deshalb wuchsen die Löhne langsamer als das gesamte Volkseinkommen, besonders litten die Einkommen der Jun-

Abbildung 2.2:

Lohnquote

Arbeitnehmerentgelte in % des Volkseinkommens

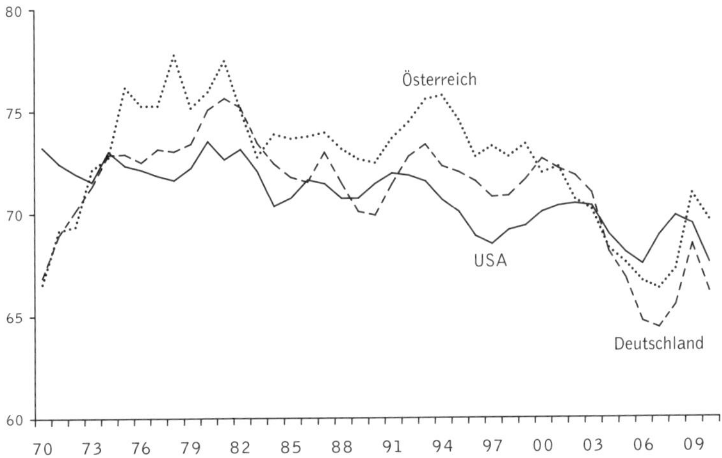

Quelle: AMECO, WIFO.

gen, der Frauen und der schlecht Qualifizierten. Auf der anderen Seite der Verteilung führte die Liberalisierung der Finanzmärkte zu einem starken Wachstum der Vermögenseinkommen, die aufgrund der hohen Konzentration des Vermögensbesitzes sehr ungleich verteilt sind, und der Einkommen im Finanzsektor. Die Dominanz konservativer Regierungen mit dem Ziel, den Wohlstand nach oben umzuverteilen, trieb diese Entwicklung an. Nobelpreisträger Paul Krugman hat gezeigt, wie von der neokonservativen US-Politik, die unter Präsident Ronald Reagan begann, vor allem das oberste Prozent der Haushalte profitierte (Krugman 2008). Der Anteil dieser ganz kleinen Schicht erhöhte sich von 9 Prozent am gesamten Haushaltseinkommen in den 1970er Jahren auf 23,5 Prozent vor der Finanzkrise und erreichte damit wieder die Werte vor der Weltwirtschaftskrise der 1930er Jahre. Von jedem Dollar realen Einkommenswachstums in den USA gingen in diesem Zeitraum 58 Cent an das oberste Hundertstel der Haushalte (Atkinson, Piketty, Saez 2011).

Abbildung 2.3:

Privater Konsum, real

2000 = 100

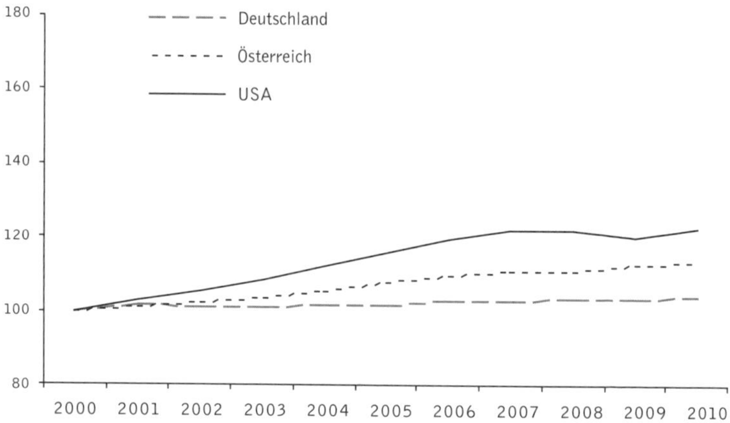

Quelle: Bureau of Economic Analysis, Eurostat.

In den USA wurde versucht, das Zurückbleiben der Mittelschicht in der Verteilung des Wohlstandes und ihre ungenügende soziale Absicherung durch eine Ausweitung der Verschuldungsmöglichkeiten zu kompensieren. Das politische Konfliktpotenzial der wachsenden Ungleichheit sollte so durch einen verstärkten Eigentumsaufbau, besonders an Häusern, entschärft werden. Dies ging nur so lange gut, als die Hauspreise stiegen und immer mehr Kapital in den US-Immobiliensektor floss. Die verschuldungsfinanzierte Expansion im Wohnungsbau führte zu hohem Investitions- und Konsumwachstum und löste einen beeindruckenden Rückgang der Arbeitslosigkeit aus. Doch mit dem Platzen der Blase auf dem Immobilienmarkt ging der Traum vom US-Wirtschaftswunder zu Ende: Der Einbruch des Häusermarktes löste eine tiefe Rezession aus, brachte die Hypothekenbanken und das gesamte Finanzsystem an den Rand des Zusammenbruchs und bewirkte eine Verdoppelung der Zahl der Arbeitslosen auf 15 Millionen. Dadurch stieg die Ungleichheit noch stärker: Die unteren Einkommensgruppen stehen nicht nur ohne Job, Einkommen und soziale

Abbildung 2.4:

Warenexporte, real

2000 = 100

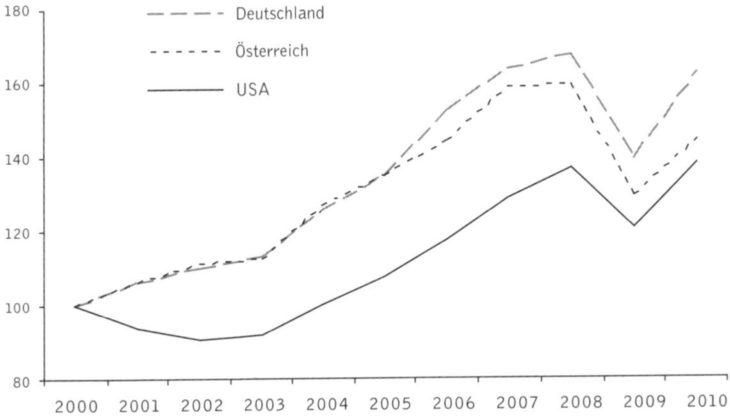

Quelle: Bureau of Economic Analysis, Eurostat.

Absicherung da, sondern nun auch ohne Haus, Pensionsvermögen und Eigentum.

Auch in vielen kontinentaleuropäischen Ländern, vor allem in Deutschland, stiegen die Realeinkommen der unteren und mittleren sozialen Schichten über Jahre nicht. Diese Haushalte haben deshalb auch ihre Konsumnachfrage nicht steigern können, die teils kräftigen Einkommenszuwächse im oberen Bereich wurden überwiegend gespart (Stein 2009, Marterbauer u.a. 2006). Dies spiegelt sich in der Stagnation der Konsumnachfrage, sie ist während des gesamten Jahrzehnts real nicht gestiegen. Während in den USA versucht wurde, fehlende Realeinkommenssteigerung durch höhere Verschuldung der privaten Haushalte zu kompensieren, war die deutsche Wirtschaftspolitik darauf ausgerichtet, die Konsumnachfrage durch einen höheren Export zu ersetzen. Begünstigt durch die konsequente Dämpfung des Lohnwachstums und der damit verbundenen Verbesserung der internationalen preislichen Wettbewerbsfähigkeit lagen die Ausfuhren im Jahr 2008 real um fast 70 Prozent höher als im Jahr 2000. Auch in

Österreich ist der Export kräftig gestiegen; die Reallöhne haben sich leicht erhöht, was ein mäßiges Konsumwachstum zuließ. *Siehe Abb. 2.3 und 2.4*

Die Zunahme der Ungleichheit in der Verteilung der Einkommen hat die gesamtwirtschaftliche Nachfrage in allen Ländern geschwächt. Den unteren sozialen Gruppen mit hohem Konsumbedarf fehlten die verfügbaren Einkommen. Bei den oberen Einkommensgruppen war zwar das Einkommen vorhanden, allerdings waren die Konsumwünsche weitgehend befriedigt. Sie wollten das überschüssige Einkommen investieren. So wuchs das Spielkapital, das meist über Banken auf den Finanzmärkten veranlagt wurde. Mit dem rasch steigenden Volumen des Finanzkapitals wurden die Anlageformen immer risikoreicher, Finanzinnovationen boomten. Anleger in Deutschland und Österreich suchten wegen der geringen inländischen wirtschaftlichen Dynamik meist nach Veranlagungsmöglichkeiten im Ausland, im Fall Deutschlands meist im US-Casino, in jenem Österreichs im goldenen Osten. Die internationalen Kapitalströme wurden dadurch aufgebläht. Die Ungleichheit der Verteilung hat aber auch die Nachfrage nach Krediten in den USA, Großbritannien und anderen Ländern ausgeweitet. Die wachsende Bedeutung des Finanzsektors ist deshalb eine direkte Folge der zunehmenden Ungleichheit der Verteilung.

Der Zusammenhang zwischen zunehmender Ungleichheit, wachsender Verschuldung, steigender internationaler Kapitalströme und einer Ausweitung des Finanzsektors, der schließlich die Finanzkrise verursachte, wurde von keynesianischen Ökonomen früh erkannt (Fitoussi und Stiglitz 2009, Horn u.a. 2009a). Er wird zunehmend aber auch von Ökonomen des Internationalen Währungsfonds und der Weltbank diskutiert (Kumhof, Ranciere 2010, Rajan 2010, Milanovic 2009): Der Direktor des Internationalen Währungsfonds, Dominique Strauss-Kahn, bezeichnete die Ungleichheit als eine der »stillen« Ursachen der Krise (Strauss-Kahn 2011).

Ursachen der Krise II: Ungleichgewichte in der Weltwirtschaft

Im Saldo der Leistungsbilanz zeigt sich eine zweite wichtige Determinante der Finanzkrise. Die Länder mit schwacher Binnennachfrage und hohen Exportüberschüssen, die mehr produzieren, als sie verbrauchen, weisen hohe Überschüsse in der Leistungsbilanz auf. Besonders stark wuchsen vor der Krise die Überschüsse der Schwellenländer. Lateinamerika und Südostasien hatten in den 1990er Jahren schwere wirtschaftliche und soziale Krisen erlebt, als der verschuldungsfinanzierte Boom der Inlandsnachfrage zusammenbrach. Sie zogen daraus die Lehre, eine Abhängigkeit von internationalen Kapitalzuflüssen möglichst zu vermeiden und ihre Wirtschaft auf Exporterfolge und Außenhandelsüberschüsse zu trimmen. Der Überschuss in der Leistungsbilanz in Singapur betrug 2008 26 Prozent des BIP, in Taiwan 9 Prozent und in Japan immer noch 5 Prozent des BIP. Vor allem in China ist der Export in den letzten beiden Jahrzehnten viel rascher gestiegen als der Import, zuletzt wurde pro Jahr um ein Zehntel der gesamten Produktion mehr aus- als eingeführt. Dies ist zum Teil das Ergebnis einer Überschwemmung der Weltmärkte mit Billigprodukten, die durch niedrige Lohnkosten, eine unterbewertete Währung und Umweltdumping gestützt wird; es ist aber auch eine Folge des hohen Vorsorgesparens: Aufgrund einer nicht ausreichenden sozialen Alters- und Krankenversicherung liegt der Sparanteil der privaten Haushalte bei einem Drittel des Einkommens. Dadurch werden Binnennachfrage und Import gedrückt. Hohe Überschüsse in der außenwirtschaftlichen Bilanz gab es aber auch innerhalb der EU, etwa in Deutschland (8 Prozent des BIP), den Niederlanden (9 Prozent), Schweden (8 Prozent) und Österreich (5 Prozent). Alle diese Volkswirtschaften erzielen im Export hohe Einnahmen, die sie nicht vollständig für den Import ausgeben. Mit dem übrig bleibenden Kapital werden Währungsreserven angehäuft, die auf den internationalen Kapitalmärkten angelegt werden. Die Währungsreserven Chinas lagen im Jahr 2000 noch bei knapp 200 Milliarden US-Dollar, 2011 überstie-

Abbildung 2.5:

Saldo der Leistungsbilanz

In % des BIP

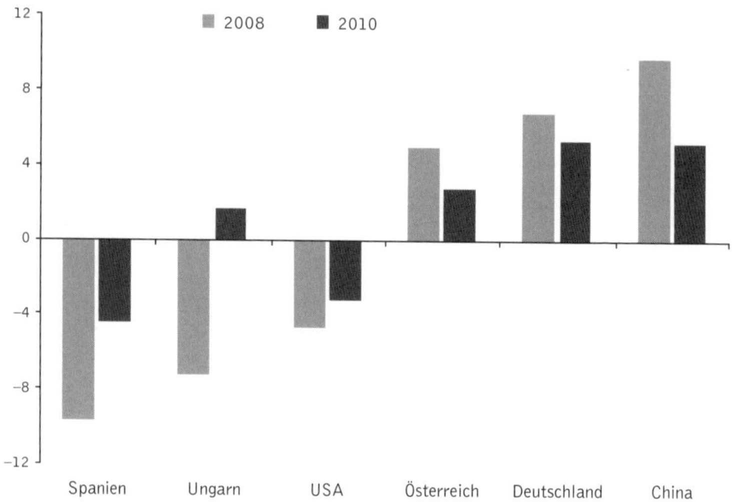

Quelle: IMF, OeNB.

gen sie die Marke von 3000 Milliarden, ein Drittel davon wird in US-Staatsanleihen gehalten.

Per Saldo sind Export und Import auf der Welt ein Nullsummenspiel. Exportieren die einen mehr Güter und Dienstleistungen, als sie importieren, so müssen andere Länder mehr verbrauchen, als sie produzieren. Zu dieser zweiten Gruppe gehören die USA, deren Leistungsbilanzdefizit vor der Krise 6 Prozent des BIP betrug, oder Großbritannien (3 Prozent), Spanien (10 Prozent), aber auch die meisten osteuropäischen Volkswirtschaften (z. B. Ungarn 7 Prozent, Rumänien 13 Prozent). Hohes, durch Verschuldung der privaten Haushalte finanziertes Wirtschaftswachstum zieht eine Ausweitung der Importe nach sich, beides wird durch den Import von Kapital finanziert. Auch Griechenland wies vor der Krise ein hohes Defizit in der Leistungsbilanz auf (14 Prozent des BIP), was allerdings eher eine Folge mangelnder Wettbewerbsfähigkeit der Wirtschaft und eines ineffizienten Steuersystems des Staates als eines Konsumbooms ist (Ederer 2010).

Die Ungleichgewichte im Saldo der Leistungsbilanz sind also zwei Seiten der gleichen Medaille. In der einen Gruppe von Ländern führt schwaches Lohnwachstum zu zurückhaltender Konsum- und Importnachfrage einerseits und zusammen mit einer guten industriellen Basis zu hoher preislicher Wettbewerbsfähigkeit im Export andererseits. Sie müssen Kapital auf den internationalen Finanzmärkten veranlagen. Für den Erfolg ihrer Strategie brauchen sie Volkswirtschaften, die mehr verbrauchen, als sie produzieren. Diese finden sie in der Ländergruppe, in der eine Ausweitung der Verschuldungsmöglichkeiten den privaten Haushalten Spielraum für Konsum- und Importnachfrage schafft, sie benötigen Kapitalzuflüsse. Die goldene Brücke zwischen den kapitalexportierenden Überschussländern und den kapitalimportierenden Defizitländern wurde durch die Ausweitung der Hypothekarkredite und die Schaffung neuer Finanzinstrumente in den USA gebaut (Rajan 2010). *Siehe Abb. 2.5*

Ursachen der Krise III: Deregulierung der Finanzmärkte

Die strenge Regulierung der Finanzmärkte und Banken war eine der Schlussfolgerungen, die die Wirtschaftspolitik aus den Erfahrungen der Weltwirtschaftskrise der 1930er Jahre gezogen hatte: internationale Kapitalverkehrskontrollen, feste Wechselkurse zwischen den Währungen, Trennung von Geschäftsbanken und Investmentbanken in den USA, Kreditbeschränkungen in Europa. Beginnend mit den 1970er Jahren wurden diese Regulierungen wieder abgebaut. Dies war zum Teil eine Folge neuer technologischer Entwicklungen, die die Umgehung der Regulierungen erleichterten, entsprach aber primär der Sichtweise der neoliberalen Wirtschaftswissenschaft und der konservativen Wirtschaftspolitik (Stiglitz 2010): Sie behaupteten, unregulierte Märkte, besonders Finanzmärkte, seien stabil, effizient und wohlstandsfördernd. So erfolgte der Übergang zu flexiblen Wechselkursen zwischen den wichtigen Währungen der Welt, Kapitalverkehrskontrollen wurden abgebaut, Regulierungen für die Banken verringert und neue Finanzinstrumente wurden legalisiert. Die staatlichen Behörden zogen sich aus der Regulierung zurück, das Modell der Selbstregulierung der Finanzmärkte, das in den angelsächsischen Ländern praktiziert wurde, entwickelte sich zum allgemeinen Orientierungsmaßstab (Mooslechner u. a. 2006). In der EU zeigte sich das zum Beispiel im Jahr 1999, als im Aktionsplan für Finanzdienstleistungen die Schaffung des Binnenmarktes für Kapital vorangetrieben wurde, der auf Selbstregulierung der Finanzmärkte und Finanzinstitutionen setzte und die staatliche Aufsicht vollständig vernachlässigte. Heute wird von neoliberaler Seite der staatlichen Finanzaufsicht vorgeworfen, sie hätte in der Krise versagt. Doch die unbestreitbare Schwäche der Aufsicht ist ja gerade eine Folge der neoliberalen Ablehnung der Kontrolle der Banken und Finanzmärkte.

Dies mündete vor allem in der Entwicklung einer Vielzahl neuer Finanzprodukte. Derivate, als Instrumente der Absicherung von Geschäften entworfen, wurden zuvor vielfach als Glücksspiel angesehen. Nun wurden sie erlaubt. Mit den Erfahrungen, die man in der Finanzkrise mit diesem und anderen Finanzinnovationen gemacht hat, stellt sich neuerlich die eminente Frage, ob es sich dabei um Kategorien des legitimen Finanzwesens oder des verbotenen Glücksspiels handelt. Finanzinnovationen erlebten einen enormen Aufschwung, sie wurden zunächst entwickelt, um in der unsicheren Welt der freien Finanzmärkte Risiken zu streuen und für die einzelnen Marktteilnehmer zu verringern: Mit dem Erwerb eines Derivats kann ein Getreideproduzent bei der Aussaat eine Versicherung bezüglich der in einigen Monaten zu erzielenden Verkaufspreise abschließen. Erst der Handel mit diesen Finanzinnovationen führte dazu, dass nicht mehr die Absicherung eines Grundgeschäftes im Mittelpunkt des Interesses stand, sondern die organisierte Wette auf das Eintreffen beliebiger Ereignisse (Arnoldi 2009). Besonders die synthetischen Derivate, hinter denen kein konkretes realwirtschaftliches Geschäft mehr steht, und jene

Derivate, die nicht mit Eigenkapital unterlegt sind, haben sich als außerordentlich gefährlich erwiesen. Viele neue Finanzinstrumente wurden ursprünglich für den US-Hypothekarmarkt geschaffen, doch sie haben sich auf die weltweiten Finanzmärkte ausgebreitet. Mit Credit Default Swaps (CDS), erfunden zur Absicherung gegenüber Kreditausfällen, wurden weltweite Spekulationsmärkte geschaffen, am Höhepunkt hatten sie nach Angaben der Bank für Internationalen Zahlungsausgleich ein Volumen von etwa 60000 Milliarden US-Dollar. Gehandelt wurden die Derivate meist nicht auf Börsen und damit unter Aufsicht, sondern außerhalb der Börsen. Der Finanzinvestor Warren Buffet bezeichnete diese komplexen Finanzinstrumente bereits im Jahr 2003 als »finanzielle Massenvernichtungswaffen«.

Die neuen Finanzinstrumente führten in Fantasiewelten: Sie machten aus biederen Hypothekarkrediten für den Hauskauf in den USA und unzähligen anderen normalen Finanzgeschäften international gehandelte Wertpapiere. Die Qualität der Grundgeschäfte konnte dadurch nicht mehr überprüft werden, die Investoren verließen sich auf das Rating internationaler Agenturen, die allerdings selbst an der Schaffung dieser neuen Wertpapiere beteiligt waren (Stiglitz 2010). Mit der Höchstbewertung von AAA waren 2007 16000 strukturierte Wertpapiere, die Anleihen einer Handvoll internationaler realwirtschaftlicher Konzerne und die Staatsschulden der 40 wichtigsten Industrienationen der Welt bewertet. Dies zeigt, wie absurd die Bewertungen durch die Ratingagenturen waren. Die deutschen Banken, japanischen Versicherungen und weltweiten Privatanleger, die hier investierten, stellten sich offensichtlich nie die Frage, wie der hohe Gewinn, der bei Veranlagung in diesen Wertpapieren zu erzielen war, mit dem von den Ratingagenturen behaupteten geringen Risiko in Einklang zu bringen wäre. Selbst die Wall-Street-Banken, die diese Wertpapiere erzeugten, zeigten sich blauäugig, sie hielten einen wesentlichen Teil in ihren eigenen Büchern. Der Ankauf der langfristigen Wertpapiere mit hohen Renditen wurde durch die Aufnahme günstiger kurzfristiger Kredite finanziert: ein immenses Geschäft. So dachten zumindest die Manager von Banken, Pensionsfonds und Versicherungen, die mit den erzielten kurzfristigen Gewinnen enorme Bonuszahlungen lukrierten, die den Großteil ihres Gehalts ausmachten. Sie waren die hochbezahlten Stars der 2000er Jahre, meist ohne dass sie die Risiken der von ihnen getätigten Finanzgeschäfte wirklich verstanden hätten, getrieben von einem Herdenverhalten, da alle anderen ja erfolgreich das Gleiche taten, ohne vernünftiges Risikomanagement und unter erheblichem Druck ihrer Shareholder, die immer noch mehr Gewinne sehen wollten. Auf die Prägung der Finanzmärkte durch Herdenverhalten und auf die außerordentlich gefährlichen Auswirkungen der Finanzspekulation auf die reale Wirtschaft hat John Maynard Keynes schon in den 1930er Jahren hingewiesen: An den gefährlichen Grundprinzipien unregulierter Finanzmärkte hat sich seither nichts geändert (Keynes 1936, Huffschmid 2002).

Es scheint paradox, dass Finanzinnovationen, die ursprünglich zur Verringerung des Risikos einzelner Finanzgeschäfte geschaffen wurden, selbst enorme Risiken erzeugt haben und schließlich 2007 und 2008 nahezu den Zusammenbruch des gesamten weltweiten Finanzsystems bewirkt haben (Arnoldi 2009). Dies konnte nur durch den Eingriff des Staates verhindert werden, der in einer Feuerwehraktion unter Einsatz umfangreicher öffentlicher Mittel das Finanzsystem stabilisierte und die Banken rettete.

Die Krise breitet sich aus

Den Auslöser der internationalen Finanz- und Wirtschaftskrise bildete das Platzen der Blase der Hauspreise in den USA: Schon ab Ende 2005 stiegen die durchschnittlichen Hauspreise nicht mehr, ab Mitte 2007 brachen sie ein. Die unmittelbare Folge war, dass für viele Haushalte die Verschuldung mit einem Schlag viel höher war als der Vermögenswert. Zudem stiegen die Zins- und Tilgungskosten, viele Haushalte konnten diese nicht mehr tragen, die Zahl der Kreditausfälle bei den Hypothekenbanken stieg. Damit geriet allerdings der weltweite Markt mit hypothekenbesicherten und anderen vermögensbesicherten Wertpapieren ins Wanken. Dies traf unmittelbar das Bankensystem, das einen erheblichen Anteil der Wertpapiere selbst in den Büchern hielt. Das Vertrauen zwischen den Banken schwand. Mit den Pleiten der Hypothekenbank Northern Rock in Großbritannien im Herbst 2007, der Investmentbanken Bear Sterns im Frühjahr und Lehman Brothers im September 2008 geriet das Bankensystem ins Wanken. Die Finanzinstitute waren nicht mehr bereit, einander Geld zu leihen, was sich in einer Liquiditätskrise auf den internationalen Interbankenmärkten und der Insolvenz Hunderter Banken in Nordamerika und Europa äußerte.

Parallel zur Finanzkrise setzte eine Krise der Realwirtschaft ein. Sie zeigte sich zunächst in den USA, wo wegen des Einbruchs bei den verschuldungsfinanzierten Investitions- und Konsumausgaben Ende 2007 eine Rezession begann. Der Rückgang der Importe der USA, bislang ein kräftiger Motor der Weltwirtschaft, bremste den Welthandel; vor allem aber stieg die Unsicherheit bei den Unternehmen über die weitere wirtschaftliche Entwicklung enorm, sie hielten deshalb in großem Stil Investitionsprojekte zurück; der plötzliche Einbruch in den Erwartungen der investierenden Unternehmen bewirkte eine schlagartige Verringerung der gesamtwirtschaftlichen Nachfrage; die Globalisierung trug dazu bei, dass sich ihr Rückgang rasant auf die ganze Welt ausbreitete: Handel und Industrieproduktion schrumpften innerhalb weniger Monate um 20 bis 30 Prozent. Für einige Monate im Herbst 2008 wies diese Krise klare Parallelen zum Jahr 1929 auf: das weltweite Finanzsystem am Rande des Zusammenbruchs, realwirtschaftlicher Handel und Produktion im freien Fall, die Arbeitslosigkeit in steilem Anstieg (Eichengreen, O'Rourke 2010). Doch im Unterschied zur jahrelangen Depression der 1930er Jahre gelang diesmal schon nach wenigen Monaten eine Stabilisierung. Während man in der Weltwirtschaftskrise unter den Rahmenbedingungen liberaler Wirtschaftspolitik, die vollständig auf das Funktionieren der Marktkräfte vertraute, keinen Anlass für einen Eingriff des Staates sah, war nun alles anders. Unter dem Eindruck des drohenden Zusammenbruchs des Kapitalismus erfolgte die Rückkehr zum Keynesianismus: Banken wurden

Abbildung 2.6:

Welthandel – Entwicklung der realen Warenimporte

Gleitender Dreimonatsdurchschnitt, Jänner 2008 = 100, saisonbereinigt

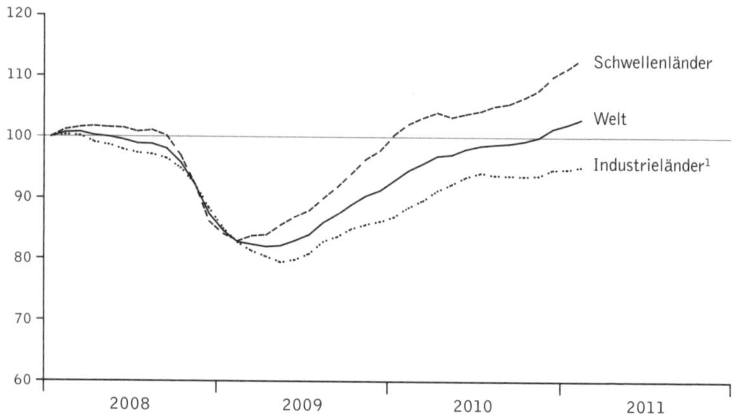

1) OECD ohne Türkei, Mexiko, Südkorea, Polen, Slowakei, Tschechien und Ungarn.
Quelle: CPB Centraal Planbureau.

mit großzügiger Liquiditätsversorgung, umfangreichen Kapitalspritzen und staatlichen Haftungen aufgefangen; der ausgebaute Sozialstaat federte die sozialen Folgen der Rezession ab, Konjunkturprogramme mit Erhöhung von Staatsausgaben und Senkung von Steuern griffen. *Siehe Abb. 2.6*

In den USA, der EU und Japan ging das BIP in der Rezession im Jahr 2009 real um 3 Prozent, 4 Prozent bzw. 5 Prozent zurück; auch in Österreich betrug der Rückgang der Wirtschaftsleistung real 4 Prozent. Damit führte die Finanzkrise zur schwersten Rezession der Nachkriegszeit; bislang hatte man von Rezessionen gesprochen, wenn das BIP wie in den Jahren 1975, 1978 oder 1981 leicht zurückging oder wie 1992 oder 2001 sogar geringfügig stieg. Die Krise blieb damit allerdings weit weniger stark ausgeprägt als in den 1930er Jahren: Von 1929 bis 1933 schrumpfte das BIP in Österreich um mehr als 20 Prozent, die Arbeitslosenrate erreichte im Jahr 1933 27 Prozent der Erwerbspersonen (Mooslechner 2009).

Doch mit der Stabilisierung von Finanzsystem und Konjunktur durch den Staat ist die Krise nicht überwunden. Erstens ist die Lage der Banken in Europa und den USA nach wie vor äußerst labil, zweitens ist weltweit die Arbeitslosigkeit auf Rekordniveau und drittens haben die Feuerwehraktionen des Staates tiefe Spuren in den Staatsfinanzen hinterlassen. Einige EU-Länder, die die Krise besonders schwer erwischt hat, weil sie neben der internationalen Finanzkrise auch unter dem Platzen eigener Immobilienblasen oder mangelnder Wettbewerbsfähigkeit ihrer Wirtschaft litten, befinden sich in einer schwerwiegenden Staatsschuldenkrise. Das heißt, sie müssen bei der Finanzierung ihrer Staatsschuld hohe Zinsen zahlen oder bekommen von den Gläubigern – Banken, Versicherungen und Pensionsfonds – gar kein Geld mehr. Internationale Hilfsprogramme und drastische Sparpakete sind die Folge. Der frühzeitige Schwenk zu budgetpolitischer Restriktion in der EU verschärft und verlängert die Rezession in diesen Ländern und lässt Zweifel darüber aufkommen, ob die Krise vorbei ist.

Anhaltende Krisenfolgen I: Hohe Arbeitslosigkeit

Eine der schwerwiegendsten Folgen der Finanzmarkt- und Wirtschaftskrise ist die markante Verschlechterung der Lage auf dem Arbeitsmarkt, sie wird noch lange zu spüren sein. Aufgrund des Rückgangs der Produktion brach die Beschäftigung ein, die Arbeitslosigkeit erhöhte sich kräftig. Weltweit ist die Zahl der Arbeitslosen im Zuge der Krise um 30 Millionen gestiegen. Besonders betroffen waren die Industrieländer. In den USA verdoppelte sich die Zahl der Arbeitslosen von Ende 2007 bis Herbst 2010 um 7 Millionen auf 14,7 Millionen; die saisonbereinigte Arbeitslosenquote war mit 10 Prozent der Erwerbspersonen fast doppelt so hoch wie vor der Krise. Seither ist sie nur leicht zurückgegangen. Viele Menschen, die sich mangels Jobaussichten vom Arbeitsmarkt abwenden und nicht mehr aktiv Beschäftigung suchen, sind hier gar nicht erfasst. In der EU sank die Zahl der Erwerbstätigen von Mitte 2008 bis ins Frühjahr 2010 um knapp 3 Prozent, seither stagniert sie. Die saisonbereinigte Zahl der Arbeitslosen nahm von 16 Millionen im Frühjahr 2008 auf 23 Millionen im Herbst 2010 zu. Die Arbeitslosenquote stieg in der EU krisenbedingt um die Hälfte, von 6,7 Prozent der Erwerbspersonen auf 9,7 Prozent.

Innerhalb der EU weist Spanien mit mehr als 20 Prozent der Erwerbspersonen die höchste Arbeitslosenquote auf, sie hat sich seit Ausbruch der Krise mehr als verdoppelt. In den drei baltischen Ländern war sie mit etwa 15 Prozent fast viermal so hoch wie vor der Krise, in Griechenland, Irland und Portugal steigt sie weiter. In diesen Ländern kommen zur internationalen Finanzkrise eigene strukturelle Probleme unterschiedlicher Natur, die die Beschäftigungssituation zusätzlich beeinträchtigen: der Zusammenbruch eines verschuldungsfinanzierten Bau- und Immobilienbooms, mangelnde Wettbewerbsfähigkeit der Industrie sowie vor allem der scharfe budgetäre Sparkurs unter dem Druck von Finanzmärkten und EU.

Doch es gibt innerhalb Europas auch Länder mit relativ günstigen Arbeitsmarktdaten. Neben den Niederlanden weist Österreich mit etwa 4,5 Prozent der Erwerbspersonen die niedrigste Arbeitslosenquote in der EU auf. Doch auch bei uns hinterließ die Krise tiefe Spuren auf dem Arbeitsmarkt: Die Zahl der aktiv Beschäftigten ging saisonbereinigt von knapp 3,3 Millionen Ende 2008 um etwa 70000 zurück. Der stärkste Einbruch war in der Industrie und bei den Leiharbeitskräften zu verzeichnen. Die Industriebeschäftigung ging von mehr als 620000 im Sommer 2008 auf nur noch 550000 Anfang 2010 zurück. Das auf wirtschaftliche Stabilität und soziale Kohäsion ausgerichtete Modell der Sozialpartnerschaft hat sich in der Krise einmal mehr bewährt. Mithilfe vieler unterschiedlicher Maßnahmen gelang es, den Einbruch auf dem Arbeitsmarkt im Vergleich zu anderen Ländern zu dämpfen. Als besonders wirkungsvoll erwiesen sich Maßnahmen, die die Beschäftigung direkt sichern: Kurzarbeit in der Industrie, der Ausbau überbetrieblicher Lehrwerkstätten und die Ausweitung anderer Formen der aktiven Arbeitsmarktpolitik. Auch die stabilisierende Wirkung des Sozialstaates und die Konjunkturpakete sicherten viele Jobs. Im Zuge der im Vergleich zu den meisten anderen EU-Ländern zügigen, exportorientierten Konjunkturerholung belebte sich die Beschäftigung wieder, im November 2010 übertraf sie in Österreich zum ersten Mal wieder das Vorkrisenniveau. Auch die Industriebeschäftigung nahm wieder zu, allerdings nur um etwa 20 000 gegenüber dem Tiefstand. Die Krise dürfte damit dauerhaft etwa 50 000 gut bezahlte, technologisch hochausgestattete und von hohem gewerkschaftlichen Organisationsgrad geprägte Industriejobs gekostet haben. Die Zahl der Arbeitslosen hatte – um Saisoneinflüsse bereinigt – ihren Tiefstand in der Schlussphase der Hochkonjunktur im März 2008 mit 205 000. Krisenbedingt stieg sie bis zum September 2009 auf knapp 270 000. Dazu kamen etwa 20 000 Arbeitslose, die zusätzlich in Schulungsmaßnahmen des AMS untergebracht waren. Unmittelbar erhöhte die Krise die Zahl der Arbeitslosen also um mehr als 80 000. Seither ist sie dank der Konjunkturerholung um etwa die Hälfte zurückgegangen.

Die günstigste Arbeitsmarktentwicklung verzeichnete während der Krise allerdings Deutschland: Mithilfe von Kurzarbeit, dem Abbau von Zeitguthaben und der kollektivvertraglichen Verkürzung der Arbeitszeit konnte ein Anstieg der Arbeitslosigkeit weitgehend verhindert werden (Herzog-Stein u. a. 2010). Auch der Rückgang der Stundenproduktivität trug zur Stabilisierung des Arbeitsmarktes bei. Die Unternehmen nutzten den Produktionseinbruch zu interner Reorganisation und Weiterbildung der Beschäftigten und sahen von Personalabbau in großem Umfang ab. Aufgrund der kräftigen Erholung des Exports und verstärkt durch die demografische Entwicklung sinkt nun die Arbeitslosenquote bereits wieder, sie liegt 2011 bei etwa 6 Prozent der Erwerbspersonen. Der deutsche Erfolg scheint zwei spezifische politische Ursachen zu haben: Erstens haben die deutschen Industriegewerkschaften schon längere Zeit in stärkerem Ausmaß auf Beschäftigungssicherung, etwa durch Arbeitszeitverkürzung, als auf Lohnerhöhungen gesetzt. Zweitens scheinen die Arbeitgeber an die These vom Fachkräftemangel zu glauben, sie haben deshalb mehr Arbeitskräfte gehalten, als sie kurzfristig benötigen.

Abbildung 2.7:

Arbeitslosigkeit in der EU und den USA

In % der Erwerbspersonen

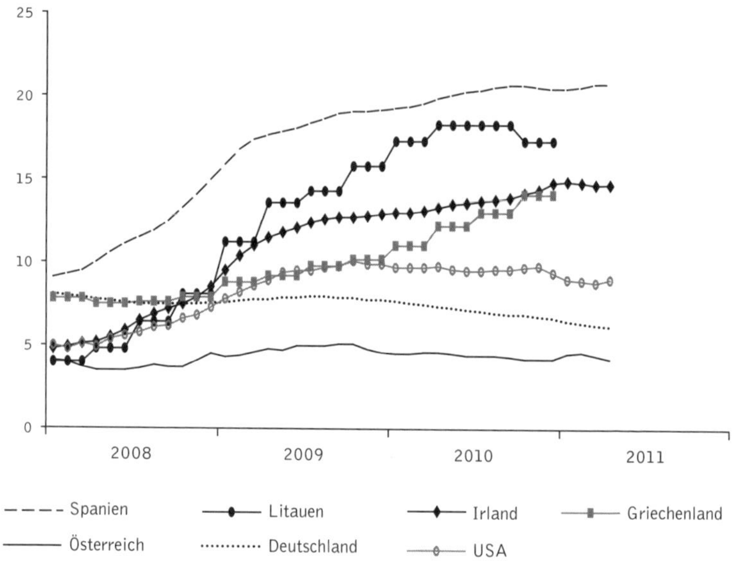

Quelle: Eurostat.

Langfristig negative soziale, gesellschaftliche und wirtschaftliche Folgen hat der drastische Anstieg der Jugendarbeitslosigkeit. Hier droht eine verlorene Generation als schwerwiegende und dauerhafte Folge der Finanzkrise. In der EU ist bereits ein Fünftel der Jugendlichen (15 bis 24 Jahre) arbeitslos. In Spanien liegt die Jugendarbeitslosenrate sogar bei 45 Prozent, in Griechenland bei nahezu 40 Prozent, in den baltischen Ländern bei 30 Prozent. Auch hier schneiden Deutschland, die Niederlande und Österreich mit einer Quote von 7 bis 9 Prozent relativ gut ab, allerdings nur in Relation zur katastrophalen Situation in anderen Ländern. In Österreich sind dennoch im Jahresdurchschnitt gut 40 000 Jugendliche arbeitslos, um fast 10 000 mehr als vor der Krise.

Die Stabilisierung der Konjunktur seit Mitte 2009 bringt langsam

Abbildung 2.8:

Jugendarbeitslosigkeit in der EU und den USA

In % der Erwerbspersonen

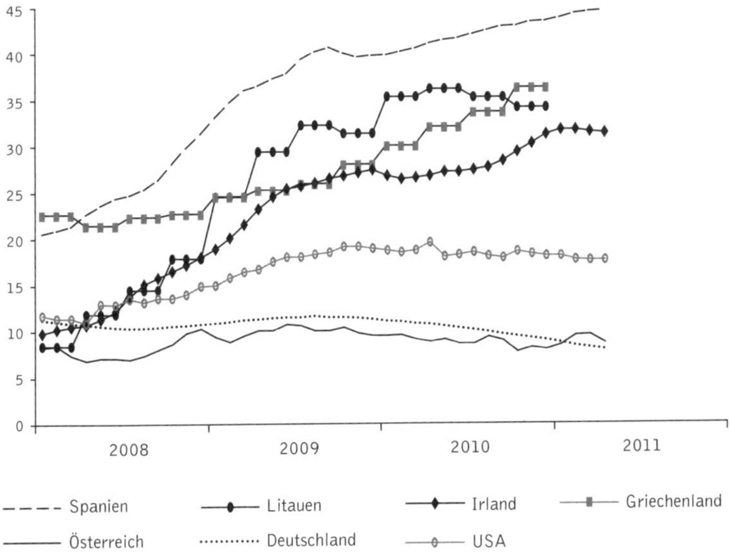

Quelle: Eurostat.

auch die Verschlechterung der Lage auf dem Arbeitsmarkt zum Stillstand. In den EU-Ländern, deren Wirtschaft sich rascher aus der Krise löst, hellt sich auch die Lage auf dem Arbeitsmarkt wieder auf, doch das Niveau der Arbeitslosigkeit ist meist noch deutlich höher als vor der Krise. Wo die Wirtschaft in der Rezession verharrt, steigt die Arbeitslosigkeit allerdings weiter ungebrochen.

Zudem beeinträchtigen die mittelfristigen Konjunkturaussichten die Perspektiven für den Arbeitsmarkt. Mit einem starken Wirtschaftsaufschwung bestünde die Chance, die Arbeitslosigkeit zurückzuführen, doch selbst wenn das Wirtschaftswachstum sich auf 3 Prozent oder mehr beschleunigen würde, würde es Jahre dauern, bis das Vorkrisenniveau bei der Arbeitslosigkeit wieder erreicht ist. Bleibt die Konjunktur hingegen schwach und verharrt das Wirtschaftswachstum in der EU bei 1,5 bis 2 Prozent, wie derzeit die meisten Prognosen annehmen, dann kann während des gesamten Jahrzehnts kein nennenswerter Rückgang der Arbeitslosigkeit erreicht werden. *Siehe Abb. 2.7 und Abb. 2.8*

Anhaltende Krisenfolgen II: Staatsverschuldung

Die Finanz- und Wirtschaftskrise hat zu einem starken Anstieg der Staatsverschuldung geführt. Dies erfolgt vor allem durch den mit dem Konjunktureinbruch verbundenen Ausfall an Steuereinnahmen, also der Wirksamkeit der sogenannten automatischen Stabilisatoren der öffentlichen Haushalte: Wenn die Gewinne der Unternehmen einbrechen, die Zahl der Beschäftigten zurückgeht, die Löhne je Beschäftigten sowie die Konsumnachfrage nur wenig steigen, dann trifft das unmittelbar die Staatseinnahmen; das Aufkommen an Gewinnsteuern bricht ein, jenes an Lohnsteuern und Sozialversicherungsbeiträgen stagniert oder geht ebenfalls zurück, die Einnahmen an Verbrauchssteuern steigen nur wenig; dazu kommen wachsende Ausgaben für Arbeitslosigkeit und Frühpensionierungen. In Österreich bedeutet ein Rückgang des BIP um ein Prozent automatisch eine Dämpfung der Staatseinnahmen um ein Prozent und einen Anstieg des Budgetdefizits um 1,3 Milliarden Euro (0,5 Prozent des BIP). Der Rückgang des BIP im Jahr 2009 gegenüber einem Normalwachstum von 2 Prozent um 6 Prozentpunkte erhöhte das Budgetdefizit wegen des Steuerausfalls also um etwa 8 Milliarden Euro (fast 3 Prozent des BIP).

In fast allen Industrieländern wurden zudem zusätzliche Konjunkturprogramme mit der Senkung von Steuern und der Erhöhung von Staatsausgaben geschnürt, um den tiefen Wirtschaftseinbruch abzufedern. Im Durchschnitt der EU-Länder beliefen sich die Konjunkturpakete auf mehr als ein Prozent des BIP, in den USA und auch in Österreich waren sie etwa doppelt so groß. Dazu kamen die staatlichen Kapitaleinschüsse bei Banken, sie dürften in der EU bislang insgesamt mehr als 300 Milliarden Euro betragen haben, das entspricht etwa 3 Prozent des BIP. In Österreich belaufen sich die Staatsbeteiligungen an Banken auf knapp 6 Milliarden Euro (2 Prozent des BIP).

Diese Aufwendungen spiegeln sich im Budgetdefizit und in der Staatsschuld. In den USA verschlechterte sich der Finanzierungssaldo des Staates von −2,7 Prozent des BIP (2007) auf −11,2 Prozent (2010), die Staatsschuld erhöhte sich von 62 Prozent auf 92 Prozent des BIP. Im Durchschnitt der Europäischen Union verschlechterte sich der Finanzierungssaldo von −0,9 Prozent des BIP auf −6,4 Prozent, die Staatsschuld von 59 Prozent des BIP auf 80 Prozent. Doch in vielen Mitgliedsländern ist die Lage viel dramatischer. In Irland kletterte das Defizit wegen der kostspieligen Rettung der Banken auf 32 Prozent des BIP, in Griechenland auf 15 Prozent (2009), in Großbritannien auf 10 Prozent. Auch in Österreich sind die Spuren der Krise im Budget

Übersicht 2.1

Staatsfinanzen

In % des BIP

	Finanzierungssaldo des Staates				Staatsschuld, brutto			
	2000	2007	2010	2012	2000	2007	2010	2012
USA	+1,5	−2,7	−11,2	−8,6	+54,8	+62,2	+91,6	+102,9
EU 27	+0,6	−0,9	−6,4	−3,8	+61,8	+59,0	+80,0	+83,3
Euroraum	±0,0	−0,7	−6,0	−3,5	+69,1	+66,3	+85,3	+88,5
Deutschland	+1,3	+0,3	−3,3	−1,2	+59,7	+64,9	+83,2	+81,1
Österreich	−1,7	−0,9	−4,6	−3,3	+66,5	+60,7	+72,3	+75,4
Griechenland	−3,7	−6,4	−10,5	−9,3	+103,4	+105,4	+142,8	+166,1
Irland	+4,8	+0,1	−32,4	−8,8	+37,8	+25,0	+96,2	+117,9
Spanien	−1,0	+1,9	−9,2	−5,3	+59,3	+36,1	+60,1	+71,0
Portugal	−2,9	−3,1	−9,1	−4,5	+48,5	+68,3	+93,0	+107,4
Großbritannien	+3,6	−2,7	−10,4	−7,0	+41,0	+44,5	+80,0	+87,9

Abgrenzung nach dem Vertrag von Maastricht für alle EU-Länder.
2012: Prognose der Europäischen Kommission vom Mai 2011.
Quelle: Eurostat, IWF.

deutlich sichtbar, wenn auch die Daten im internationalen Vergleich wie gewohnt deutlich günstiger sind: Der Finanzierungssaldo verringerte sich von −0,9 Prozent des BIP auf −4,6 Prozent, die Staatsschuld stieg von 61 Prozent des BIP auf 72 Prozent.

Die von den Banken und internationalen Finanzmärkten ausgelöste Wirtschaftskrise hat wegen der Steuerausfälle, der hohen Arbeitslosigkeit und der Kosten der Bankenrettung direkt zu einer starken Ausweitung von Budgetdefizit und Staatsschuld geführt. Die aktuellen Budgetprobleme in ganz Europa sind primär eine direkte Folge der Finanzkrise und nicht, wie von den Konservativen behauptet, das Ergebnis der Unfinanzierbarkeit des Sozialstaates. *Siehe Übersicht 2.1*

Spiegelbildlich zur Wirkung des Budgets bei einem Wirtschaftseinbruch verhält es sich bei einem Aufschwung: Wenn Beschäftigung, Einkommen und Verbrauch kräftig wachsen, sinkt automatisch das Budgetdefizit. Der kräftige Wirtschaftsaufschwung, der dies auslösen könnte, ist in der EU allerdings nicht in Sicht. Die Krise ist nicht überwunden, die Wirtschaftsaussichten sind verhalten. Damit dürfte die Lage der Staatsfinanzen im gesamten Jahrzehnt prekär bleiben.

Anhaltende Krisenfolgen III: Zunehmende Ungleichheit

Die Ungleichheit der weltweiten Verteilung von Einkommen und Vermögen bildete nicht nur eine wesentliche Ursache für die Finanz- und Wirtschaftskrise, die Krise wird selbst dazu führen, dass die Ungleichheit weiter steigt. Wie auch in früheren Finanzkrisen brechen zwar die Vermögen in der Krise kräftig ein, doch sie erholen sich danach außerordentlich rasch. Dies zeigt sich etwa an der Entwicklung der Aktienindizes: Der Dow Jones Index erreichte 2011 die Marke von 13 000, damit nahezu den Spitzenwert vor der Krise, seit dem Tiefstand hat er sich um mehr als 5000 Punkte verbessert. Der Deutsche Aktienindex lag 2011 bei 7500 Punkten, nur noch wenig unter dem Höchststand von Ende 2007 und 3500 Punkte über dem Tiefstand. Der österreichische Aktienindex ATX lag Anfang 2011 bei 3000 Punkten, noch immer deutlich unter dem Höchststand, aber doppelt so hoch wie beim Tiefstand.

Die Krise führte unmittelbar auch zu einem vorübergehenden Einbruch bei den Vermögenseinkommen und Gewinnen. In Österreich gingen diese im Jahr 2009 nominell um 15 Prozent zurück, während das gesamte Volkseinkommen nur um 4,4 Prozent schrumpfte (Leoni u.a. 2010). Damit erhöhte sich kurzfristig auch der Lohnanteil am Volkseinkommen, zum ersten Mal seit Anfang der 1990er Jahre: Die Lohnabschlüsse für das Jahr 2009 wurden im Herbst 2008 vorgenommen, als das gewaltige Ausmaß der Rezession sich noch nicht abzeichnete. Sie lagen im Durchschnitt bei gut 2 Prozent. Die Beschäftigung sank während der Krise so stark, dass die Lohnsumme nur um knapp ein Prozent wuchs, dennoch stieg damit der Anteil der Löhne am gesamten Volkseinkommen. Die Zunahme der Lohneinkommen bildete ein wichtiges Element der Stabilisierung der Konjunktur, weil dadurch die Konsumnachfrage gestützt wurde. Die Lohnquote stieg auf 71 Prozent, sie erreichte damit allerdings bei weitem noch nicht das Niveau des Jahres 2000. Mittelfristig wird sie als Folge der Krise wieder deutlich sinken, dazu werden vor allem die kräftige Erhöhung der Arbeitslosigkeit, aber auch der anhaltende Druck durch die fortschreitende Globalisierung beitragen.

Die hohe Arbeitslosigkeit bildet auch einen zentralen Grund für die Ausweitung der Ungleichheit innerhalb der Beschäftigten. Arbeitslosigkeit trifft die nicht ausreichend Qualifizierten in besonderem Ausmaß, ihre Lohnerhöhungen bleiben damit deutlich hinter jenen anderer sozialer Gruppen zurück. Damit setzt sich ein Trend fort, der schon seit Ende der 1970er Jahre anhält (Guger, Marterbauer 2007). Der Anteil der unteren 60 Prozent an den gesamten Lohneinkommen betrug im Jahr 2008 nur noch 28,5 Prozent, drei Jahrzehnte zuvor lag er bei 35,8 Prozent. Dazu hat die starke Ausweitung der Teilzeitbeschäftigung von Frauen, aber auch das Zurückbleiben der Löhne von Menschen mit einfachen Tätigkeiten entscheidend beigetragen. Das oberste Fünftel, im Wesentlichen männliche Angestellte, konnte seinen Anteil an den gesamten Lohneinkommen hingegen merklich ausweiten, von 40,2 Prozent auf 47,1 Prozent.

Als Folge der Finanzkrise entstehen auch große Finanzierungsprobleme im Sozialstaat. Denn die umverteilende Wirkung der Staatsausgaben hat in den letzten Jahrzehnten die besonders krasse Zunahme der Ungleichheit, zumindest innerhalb der unselbständig Erwerbstätigen, wesentlich ausgeglichen. Doch nun schwindet das Verteilungspotenzial des Sozialstaates, weil er selbst mit Finanzierungsproblemen kämpft und diese zum Anlass für Ausgabenkürzungen genommen werden. Sie gehen grosso modo zulasten der Armen und der Mittelschicht.

Die von Banken und Finanzmärkten ausgelöste Krise hinterlässt nachhaltige soziale und wirtschaftliche Probleme. Sie bestehen in einer markanten Ausweitung der Staatsverschuldung, hoher Arbeitslosigkeit, besonders unter Jugendlichen, und einer eklatanten Verschärfung der Ungleichheit in der Verteilung des Wohlstandes.

Kapitel 3

Lehren aus der Krise

Funktionsfähige Finanz- und Immobilienmärkte brauchen staatlichen Eingriff

Eine große Finanzkrise wurde schon lange erwartet. Mitte der 1980er Jahre hat die britische Politologin Susan Strange in ihrem Buch mit dem paradigmatischen Titel »Casino Capitalism« vor einer solchen Krise gewarnt und ihre möglichen Ursachen benannt; zwölf Jahre später wies sie in »Mad Money. When Markets Outgrow Governments« erneut auf die Dominanz der Finanzmärkte gegenüber Politik und Realwirtschaft hin (Strange 1986, 1998). Der US-Ökonom Robert Shiller warnte über Jahre vor den gefährlichen Folgen der irrationalen Übertreibungen auf den Finanzmärkten (Shiller 2000, 2005), andere keynesianisch orientierte Ökonomen wie Paul Krugman, Nouriel Roubini und Joseph Stiglitz taten es ihm gleich. In Österreich hat vor allem der WIFO-Ökonom Stephan Schulmeister immer wieder die Gefahren dargestellt, die der spekulative Boom auf den deregulierten Finanzmärkten für Wohlstand und Beschäftigung mit sich bringt (Schulmeister 2006, 2007, 2010).

Alle diese Hinweise wurden während des Finanzbooms belächelt und gänzlich missachtet, die beschworenen Gefahren traten ja lange Zeit nicht ein. Ökonomie und Wirtschaftspolitik folgten in den USA wie in der EU der neoliberalen Ideologie der Stabilität der Finanzmärkte und ihrer wohlstandsfördernden Wirkung. Der Finanz- und Verschuldungsboom währte lange. Doch im Herbst 2007 tauchten die ersten Krisenzeichen nicht nur in Form von Liquiditäts-, sondern auch von Solvenzproblemen im amerikanischen und deutschen Bankensystem auf; Ende 2007 mehrten sich zunächst in den USA die Anzeichen einer wirtschaftlichen Abschwächung; bereits ab dem März 2008 war auch für Europa eine schwere Rezession klar absehbar (Marterbauer 2008), und nach der Insolvenz von Lehman Brothers im September 2008 befanden sich die Aktivitäten der Weltwirtschaft für einige Monate im freien Fall.

Die Wirtschaftspolitik wurde davon wegen ihres Grundvertrauens in die Stabilität der Märkte weitgehend überrascht: Obwohl ab dem zweiten Quartal 2008 das BIP zurückging und die Arbeitslosigkeit stieg, erhöhte die Europäische Zentralbank noch im Juli 2008 die Zinssätze, und die Europäischen Finanzminister sahen Anfang September noch keine Notwendigkeit für expansive Konjunkturpakete. Nach dem Überwinden der Schockstarre reagierte die Politik allerdings umfassend und richtig: Die Zinssätze wurden in großen und raschen Schritten auf ein Prozent gesenkt, Konjunkturpakete mit umfangreichen Steuersenkungen und höheren Staatsausgaben vorbereitet. Die Wirtschaftspolitik vollzog damit eine Kehrtwende wie selten zuvor in der Geschichte: Über Jahrzehnte hatte die Forderung nach dem Rückzug des Staates die Empfehlungen der internationalen Organisationen und die Wirtschaftspolitik vieler Staaten bestimmt. Fast über Nacht wich diese Ideologie der Grundorientierung einer aktiven Interventionspolitik des Staates. Der Keynesianismus, entstanden in der Weltwirtschaftskrise der 1930er Jahre, war zurück auf der Bühne. Selbst der Internationale Währungsfonds war in seinen Analysen und Politikvorschlägen in keynesianischer Stimmung (Blanchard u. a. 2010). Die Rückkehr zu antizyklischer Wirtschaftspolitik bewahrte die Industrieländer vor einer Depression im Ausmaß der 1930er Jahre. Doch der Stabilisierungserfolg einer keynesianischen Politik der Krisenbekämpfung bedeutet noch lange keine erfolgreiche Bewältigung der Krise selbst. Denn diese müsste bei den tieferen Ursachen ansetzen: der hohen Ungleichheit der Verteilung von Vermögen und Einkommen, den zunehmenden Ungleichgewichten in der Weltwirtschaft und der Dominanz der liberalisierten Finanzmärkte und Banken.

Ungleichheit:
Wohlstand weltweit gerechter verteilen

Nach der Wirtschaftskrise der 1930er Jahre zog US-Präsident Franklin D. Roosevelt weitreichende politische Schlüsse: Die enorme Ungleichheit der Verteilung von Vermögen und Einkommen muss verringert werden, um dynastische Machtkonzentration sowie eine neuerliche Finanzkrise zu vermeiden und die enormen Kosten der Krise zu bewältigen. Im New Deal wurden deshalb die Spitzensätze der Einkommensteuer für Einkommen über 5 Millionen US-Dollar auf 79 Prozent und die Nachlasssteuer für Erbfälle von mehr als 50 Millionen US-Dollar auf 70 Prozent angehoben.

Roosevelt lag richtig, denn die Konzentration von Vermögen und vor allem der Einkommen im Finanzbereich hat viele negative wirtschaftliche Wirkungen: Sie setzt die falschen Anreize für wirtschaftliche Aktivitäten, sie macht die Konjunktur volatiler und unsicherer, sie dämpft die Konsumnachfrage und beschränkt die Handlungsmöglichkeiten der Wirtschaftspolitik. Insgesamt beeinträchtigt sie die wirtschaftliche Entwicklung und bewirkt hohe Arbeitslosigkeit. Vor der Krise hat die Wirtschaftspolitik in keinem Land eine passable Antwort auf dieses Problem gefunden. In den USA hat man in den 1990er und 2000er Jahren als Ausgleich für die ungünstige soziale Lage die Verschuldungsmöglichkeiten der unteren Einkommensgruppen erhöht, was die Krise auslöste. In Deutschland versuchte man, das Zurückbleiben der Löhne für eine Exportexpansion zu nutzen und so Wachstum und Beschäftigung zu schaffen, letztlich verschärfte das die weltwirtschaftlichen Ungleichgewichte und trug wesentlich zum Entstehen der Krise bei.

Offensichtlich hilft es wenig, bei den Symptomen anzusetzen, helfen würde nur die von Roosevelt betriebene tatsächliche Verringerung der Ungleichheit. Doch das ist politisch schwierig und mühsam. Denn Umverteilung tangiert die Interessen der Mächtigen und muss von den Ohnmächtigen eingeklagt werden. Umverteilungspolitik muss sich nicht nur gegen die einflussreichen Besitzer großer Finanz- und Immobilienvermögen stellen, sondern auch den Widerstand jener mächtigen Institutionen überwinden, die wie Banken oder Steuerberater von der Betreuung der Vermögenden profitieren. Beide Gruppen haben großen Einfluss auf Medien und die öffentliche Meinung.

Der wichtigste Ansatzpunkt aktiver Verteilungspolitik beträfe heute die Vermögen. Sie sind weltweit äußerst ungleich verteilt. Das oberste Zehntel der privaten Haushalte besitzt in den meisten Ländern deutlich mehr als die Hälfte des gesamten Vermögens. Die Ungleichheit der Verteilung der Vermögen ist deshalb prägend, weil die Bestände an Vermögen aufgrund der jahrzehntelangen Akkumulation in den Industrieländern auf mehr als das Fünffache der jährlichen Wirtschaftsleistung gestiegen sind und weil die Vermögenskonzentration in immer größerem Ausmaß die Verteilung der laufenden Einkommen bestimmt. Der Konzentration der Vermögen kann primär mit zwei Strategien entgegengewirkt werden: mit der Beendigung der Privatisierung von öffentlichem Eigentum und mit der Erhöhung der Besteuerung von Vermögensbesitz. Das Aufkommen einer stärkeren Besteuerung von Vermögen für den Staatshaushalt wäre angesichts der enormen Vermögensbestände sehr hoch. Schon eine effektive Belastung der Vermögen mit einem Steuersatz von nur 0,5 Prozent würde in Österreich Staatseinnahmen von 6 bis 7 Milliarden Euro und in der EU von etwa 200 Milliarden Euro pro Jahr mit sich bringen. Die Einführung von vernünftigen Freibeträgen würde das Aufkommen deutlich schmälern, es allerdings immer noch in Milliardenhöhe belassen. Die so gewonnenen Mittel könnten für die Entlastung von Arbeitseinkommen und den Ausbau des Sozialstaates genutzt werden und damit verteilungspolitisch doppelt positiv wirken. Vermögensteuern müssten sowohl beim Finanz- als auch beim Immobilienvermögen ansetzen und vor allem eine höhere Besteuerung von Erbschaften mit sich bringen, um die dynastische Konzentration großer Vermögen und die damit einhergehenden wirtschafts- und demokratiepolitischen Gefahren wenigstens zu bremsen. Eine Finanzkrise könnten sie allerdings wahrscheinlich nicht verhindern.

Erhebliches Umverteilungspotenzial hätte auch die Korrektur des jahrzehntelangen Rückgangs der Löhne in Relation zu Gewinnen und vor allem Vermögenseinkommen. Ein kräftiger Anstieg der Lohneinkommen würde positive gesamtwirtschaftliche Wirkungen mit sich bringen, weil er die Anreize zu produktiver Tätigkeit ebenso erhöhen würde wie die Nachfrage nach Gütern und Dienstleistungen. Doch ein Lohnanstieg kann, mit Ausnahme der Mindestlöhne und der aktiven Bekämpfung prekärer Beschäftigungsverhältnisse mit besonders niedrigen Einkommen, nicht vom Staat verordnet werden; er obliegt den Verhandlungen auf Branchen- oder Betriebsebene. Kräftig und dauerhaft steigen die Löhne ohnehin nur bei einer Knappheit an Arbeitskräften, denn das stärkt die Gewerkschaften in den Lohnverhandlungen und wirkt dem Druck zur Flexibilisierung des Arbeitsmarktes entgegen.

Unmittelbarer bestehen Ansatzpunkte für die Umverteilungspolitik im Budget. Zum einen in der stärkeren Besteuerung von Vermögensbeständen, Vermögenseinkommen, Gewinnen und Spitzeneinkommen, zum anderen im Ausbau des Sozialstaates. Im Bereich des Steuersystems müssten dabei vielfach bestehende steuerliche Begünstigungen etwa von Vermögenseinkommen gegenüber Arbeitseinkommen beseitigt werden: Vor allem Finanzeinkommen entziehen sich oft der Besteuerung, weil sie in Steueroasen anfallen, oder werden begünstigt besteuert, wie etwa realisierte Wertzuwächse. Ein Ausbau des Sozialstaates würde weltweit nicht nur den Armen und der Mittelschicht zugutekommen, sondern wäre auch ein zentrales wirtschaftliches Instrument zur Bekämpfung der Ursachen der jüngsten Finanzkrise: In den USA wäre die Einführung einer guten sozialen Absicherung für Arbeitslose oder die Schaffung eines allgemeinen sozialen Gesundheitssystems die sinnvolle Alternative zur schiefgegangenen Ausweitung der Verschuldungsmöglichkeiten privater Haushalte. In China würde die Entwicklung einer öffentlichen Gesundheitsversorgung oder eines Pensions- und Arbeitslosenversicherungssystems den Abbau privater Ersparnisse für Vorsorgezwecke ermöglichen, so die Konsumnachfrage beflügeln und den weltwirtschaftlich notwendigen Anstieg des Imports und den Abbau der Überschüsse in der Leistungsbilanz nach sich ziehen. In Deutschland wären die Rücknahme der Kürzungen für Langzeitarbeitslose (»Hartz IV«) und Pensionisten (»Riester-Rente«) bedeutend für die Überwindung der anhaltenden Schwäche der Konsumnachfrage. In Österreich besteht hoher Bedarf in der Verbesserung der Versorgung mit sozialen Dienstleistungen. Ein Ausbau des Sozialstaates ist nicht nur wegen der hohen sozialen Kosten der Finanzkrise geboten, sondern auch, weil er die soziale und wirtschaftliche Unsicherheit verringert, positive Wirkungen auf die gesamtwirtschaftliche Konsumnachfrage hat und so eine der wichtigsten Ursachen der Finanzkrise beseitigt.

Ungleichgewichte I: Produktive Exportindustrie bewahren

Die enormen weltwirtschaftlichen Ungleichgewichte zwischen den kapitalexportierenden Überschussländern, von China über Deutschland bis Österreich, und den kapitalimportierenden Defizitländern, von den USA über Süd- bis Osteuropa, bildeten eine wichtige Ursache der Krise. In der weltweiten Rezession wurden Ungleichgewichte zunächst abgebaut: Der Welthandel ist eingebrochen und die exportorientierten Länder haben einen markanten Rückgang ihrer Ausfuhren hinnehmen müssen. So sanken in Deutschland die Warenexporte real vom zweiten Quartal 2008 bis zum zweiten Quartal 2009 kumuliert um 24 Prozent (62 Milliarden Euro), in Österreich vom ersten Quartal 2008 bis zum zweiten Quartal 2009 um 20 Prozent (26 Milliarden Euro); das war der wichtigste Grund für den Rückgang des BIP. Damit verringerte sich auch der Überschuss in der Leistungsbilanz deutlich: In Deutschland ging er von 185 Milliarden Euro (7,5 Prozent des BIP) im Jahr 2007 auf 117 Milliarden Euro (2009) zurück, in Österreich sank er von 14 Milliarden Euro (5 Prozent des BIP) im Jahr 2008 auf 8 Milliarden Euro (2009), selbst in China ging der Ausfuhrüberschuss merklich zurück, von 436 Milliarden US-Dollar (9,5 Prozent des BIP 2008) auf unter 300 Milliarden (2009).

Gleichzeitig verringert sich in vielen Defizitländern der Import an Gütern und Dienstleistungen. Das war eine Folge des Rückgangs der Binnennachfrage, die zunächst durch den Zusammenbruch des kreditfinanzierten Bau- und Konsumbooms bestimmt war. Anschließend dämpften vor allem in Südeuropa und auf den britischen Inseln die Kürzungen bei den Staatsausgaben und die Steuererhöhungen zum Zweck der Budgetkonsolidierung die verfügbaren Einkommen der Haushalte und damit die Konsumnachfrage, gleichzeitig brach auch die Investitionstätigkeit der Unternehmen ein. Dies führte zu einem Rückgang des Imports und einer Verringerung des Defizits in der Leistungsbilanz: In den USA verringerte sich der Saldo von 718 Milliarden Dollar (5 Prozent des BIP, 2007) auf 378 Milliarden Dollar (2009); in Spanien von 10 Prozent des BIP auf 4 Prozent (2011), in Griechenland von 15 Prozent auf 8 Prozent (2011).

Doch diese Verringerung der Ungleichgewichte zwischen Überschussländern und Defizitländern ist nicht dauerhaft, die Schere öffnet sich bereits wieder. Die exportorientierten Länder profitieren vom kräftigen Anziehen der Investitionskonjunktur in den Schwellenländern Asiens und Lateinamerikas. In Deutschland und Österreich überschritt der Warenexport im Herbst 2010 wieder das Niveau vor der Krise, entsprechend steigen die Überschüsse in der außenwirtschaftlichen Bilanz. Hingegen können viele Defizitländer vom internationalen Wirtschaftsaufschwung nicht profitieren. Dies zeigt deutlich, dass die Ungleichgewichte in den Leistungsbilanzen nicht nur eine Folge unterschiedlicher Nachfragedynamik und großer Differenzen in der lohnkostenbestimmten preislichen Wettbewerbsfähigkeit darstellen, sondern auch auf die enormen Unterschiede in der Wirtschaftsstruktur zurückzuführen sind.

In Deutschland lag der Anteil des Exports von Gütern und Dienstleistungen im Jahr 2010 am BIP bei 46 Prozent, 1991 betrug er noch 25 Prozent. In Österreich wurden 2010 55 Prozent aller im Inland erzeugten Güter und Dienstleistungen exportiert, 1991 nur 36 Prozent. Beide Länder zählen zu den erfolgreichsten Exportwirtschaften der Welt. Ihre Erfolge fußen auf einer Industrie, die nicht nur in Bezug auf die Kosten, sondern vor allem in Bezug auf die Art und Qualität der Produkte sehr wettbewerbsfähig ist. Sie hat sich auf die Herstellung hochwertiger Investitionsgüter wie Maschinen, Motoren und Spezialstahl sowie dauerhafte Konsumgüter wie Fahrzeuge spezialisiert. Zwar wird von den Unternehmern, besonders in Zeiten von Lohnverhandlungen, in einem eingespielten Ritual die Bedrohung der Wettbewerbsfähigkeit unserer Industrie durch teure Arbeitsstunden und hohe Sozialkosten beschworen, doch in der Realität zeigt sich, dass die Arbeitskosten laufend sinken und die Wettbewerbsfähigkeit steigt. Relevant sind die Lohnkosten, das heißt die Direktlöhne und die Lohnnebenkosten, pro erzeugter Einheit, das sind die Lohnstückkosten. In der heimischen Sachgütererzeugung sind die Lohnstückkosten seit Mitte der 1990er Jahre nominell nicht gestiegen. Obwohl sich die Preise für Energie, Investitionsgüter, Dienstleistungen und alle anderen Produkte laufend erhöht haben, liegen die Lohnstückkosten heute so hoch wie vor 15 Jahren. In Relation zum gesamtwirtschaftlichen Preisniveau sind die Lohnstückkosten der Industrie in diesem Zeitraum um 20 Prozent gefallen. Arbeit wird in der Industrie immer billiger. Dies hat vor allem damit zu tun, dass die Arbeitsproduktivität sehr rasch und viel schneller als die Löhne steigt. Die Produktivität pro Arbeitsstunde liegt 2011 in der Sachgütererzeugung um 60 Prozent höher als 1995: Pro Stunde wird also um die Hälfte mehr an Wertschöpfung produziert als vor 15 Jahren. *Siehe Abb. 3.1*

Vonseiten der Arbeitskosten ist die Industrie außerordentlich wettbewerbsfähig. Gefahr droht ihr mittelfristig höchstens vonseiten des Wechselkurses: Wertet der Euro stark gegenüber dem Dollar und anderen Währungen auf, so bremst das die Industrie merklich; noch schlimmer wäre ein Auseinanderbrechen der Währungsunion, denn dann würde die exportabhängige Ländergruppe um Deutschland und Österreich rasch und stark aufwerten und der Industriestandort wäre in Frage gestellt.

Das enorme Wachstum der Produktivität stellt den entscheidenden Erfolgsfaktor für die Wettbewerbsfähigkeit der Industrie dar. Sie basiert auf der langen Industrietradition des Landes, der guten Ausbil-

Abbildung 3.1:

Nominelle Lohnstückkosten in der Sachgütererzeugung

1995 = 100

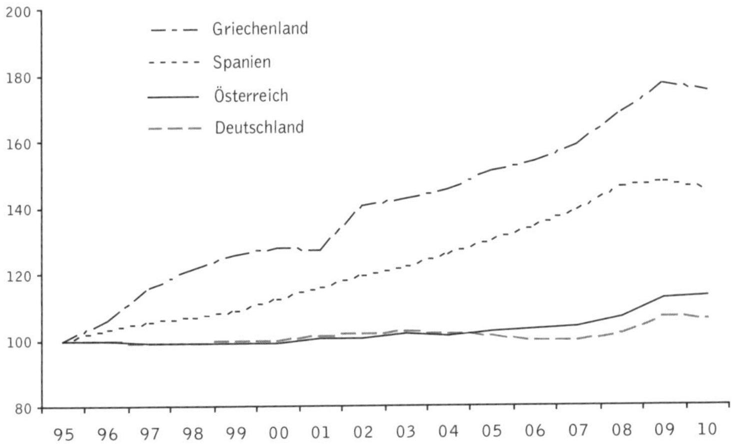

Quelle: Europäische Kommission (AMECO).

dung der Facharbeitskräfte, der starken Rolle von Betriebsräten, die sich mit dem Erfolg der Unternehmen identifizieren, sowie auf der Innovationsfähigkeit der Industriebetriebe, die laufend investieren und viel Energie in Forschung und Entwicklung stecken. Nahezu jedes Produkt, das in Österreichs Industrie hergestellt wird, wird direkt exportiert oder zu einem anderen heimischen Exportbetrieb zugeliefert. Über Jahrzehnte haben sich außerordentlich erfolgreiche Produktionsstrukturen entwickelt. Um die Leitbetriebe, die in ihrem Bereich meist zu den internationalen Technologieführern zählen, haben sich unzählige kleinere Betriebe entwickelt, die ihre Kompetenz in der Zulieferung von Spezialprodukten haben. Zusammen bilden sie die Cluster der erfolgreichen Industrieregionen in Oberösterreich, der Steiermark, aber auch in Wien, die ihre Basis vor allem im Fahrzeugbau, der Stahl- und Metallindustrie haben.

Trotz aller über Jahre hörbaren Unkenrufe über das bevorstehende Ende des Industriestandorts Österreich ist dieser von Jahr zu Jahr

Übersicht 3.1:

Bedeutung der Sachgütererzeugung

Anteil an der gesamten nominellen Wertschöpfung in %

	1995	2007	2009
USA	17,6	12,8	12,9
EU 27	20,1	17,2	14,9
Österreich	19,6	20,4	18,6
Deutschland	22,6	23,8	19,1
Frankreich	16,5	12,5	10,6
Italien	22,2	19,0	16,1
Spanien	18,5	15,0	12,7
Griechenland	12,0	9,2	10,3
Irland	30,2	21,8	24,2
Portugal	18,5	14,6	13,0
Tschechien	24,3	26,6	23,6
Slowakei	26,8	23,8	19,6
Großbritannien	21,2	12,4	11,1

Quelle: Eurostat, UN data.

noch erfolgreicher. Dies zeigt sich etwa am Anteil der Wertschöpfung der Industrie an der Gesamtwirtschaft: Er beträgt in Österreich und Deutschland etwa ein Fünftel, in der Krise ist er vorübergehend merklich zurückgegangen; auch Tschechien und die Slowakei weisen eine lange industrielle Tradition und einen Anteil von etwa einem Viertel an der gesamten Wertschöpfung auf. Demgegenüber liegt der Industrieanteil in der Wertschöpfung in den USA und in Großbritannien, einst erfolgreiche Industrieländer, oder auch in Spanien und Griechenland nur halb so hoch. Österreichs Industrie entwickelt sich dabei noch deutlich erfolgreicher als die deutsche. Im Jahr 2010 produzierte die heimische Industrie um ein Viertel mehr als im Jahr 2000, obwohl die Produktion im Zuge der Krise temporär um ein Fünftel eingebrochen war. In Deutschland lag die Industrieproduktion 2010 um ein Zehntel höher als 10 Jahre zuvor. Hingegen liegt die Produktion in den USA 2010 sogar niedriger als im Jahr 2000. *Siehe Übersicht 3.1 und Abb. 3.2*

Abbildung 3.2:

Industrieproduktion

2000 = 100

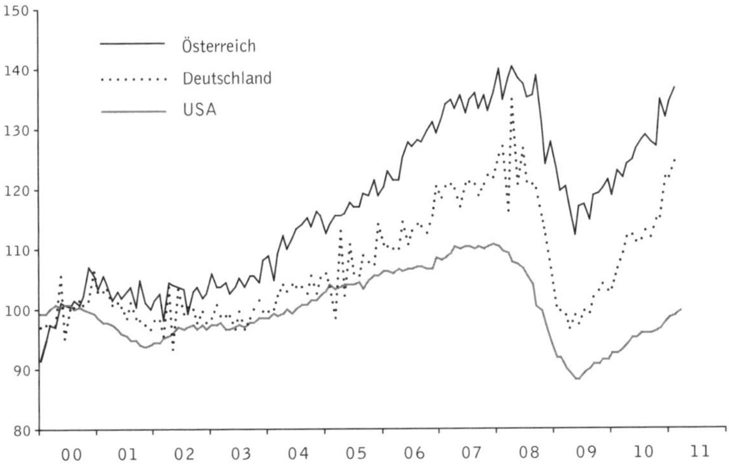

Quelle: OECD.

Ähnlich die Struktur der Beschäftigung: Der Anteil der Sachgütererzeugung an den gesamten unselbständig Erwerbstätigen liegt in Österreich und Deutschland bei etwa 15 Prozent, in Österreich sind 550 000 Personen direkt in der Industrie beschäftigt, in Deutschland 6,2 Millionen. In Tschechien und der Slowakei sind mehr als ein Fünftel der Beschäftigten in der Industrie tätig; in den USA hingegen weniger als 10 Prozent.

Der Finanzsektor weist vor allem in den angelsächsischen Ländern einen hohen Anteil an der gesamten Wertschöpfung der Volkswirtschaft von 8 Prozent auf, in Irland waren es vor der Finanzkrise sogar 10 Prozent. Noch größer ist der Finanzsektor in der Schweiz. In einigen Ländern ging der Finanzboom der letzten Jahre mit einem kreditfinanzierten Bauboom einher. Sie haben deshalb auch einen hohen Bauanteil: so etwa in Spanien und Irland mit 10 Prozent der Wertschöpfung. Hingegen weisen die Länder ohne Immobilien- und Finanzblase deutlich niedrigere Werte auf: In Deutschland macht die

Übersicht 3.2:

Bedeutung des Finanz- und Bausektors

Anteil an der gesamten nominellen Wertschöpfung in %

	Bauwesen			Kreditinstitute und Versicherungen		
	1995	2007	2009	1995	2007	2009
USA	4,0	4,4	4,6	–	–	–
EU 27	6,0	6,4	6,3	5,1	5,5	5,8
Österreich	7,9	7,0	7,3	5,7	5,5	4,5
Deutschland	6,8	4,0	4,3	4,6	4,0	4,3
Frankreich	6,0	6,3	6,4	–	4,7	5,1
Italien	5,3	6,1	6,3	4,7	5,3	5,4
Spanien	7,5	11,9	10,8	5,1	5,3	6,6
Griechenland	6,0	6,6	4,6	–	5,1	5,4
Irland	5,3	9,7	5,6	8,1	10,7	9,8
Portugal	6,5	6,8	6,1	6,3	7,7	–
Tschechien	6,6	6,4	7,4	3,2	3,8	3,9
Slowakei	5,1	8,2	9,5	5,7	3,5	4,1

Quelle: Eurostat, UN data.

Wertschöpfung des Finanzsektors 4 Prozent aus, in Österreich 5 Prozent, ähnlich in der Beschäftigung. *Siehe Übersicht 3.2*

Nun könnte man einwenden, dass es egal sei, ob in einer Volkswirtschaft Industriegüter oder Finanzdienstleistungen produziert würden, solange mit dieser Produktion Einkommen und Arbeitsplätze geschaffen werden. Doch die Unterschiede sind erheblich: Nach den Erfahrungen in der Finanzkrise ist fraglich, ob in Teilen des Finanzsektors überhaupt volkswirtschaftliche Werte geschaffen werden. Dies steht zwar beim traditionellen und seriösen Bankgeschäft von Spareinlagen und Kreditvergabe außer Zweifel. Doch selbst in der Kreditvergabe für Hausbau oder Erwerb von Eigentumswohnungen haben in den letzten Jahren spekulative Elemente in großem Stil Einzug gehalten: etwa durch Fremdwährungskredite und Tilgungsträger, mit denen die Banken ihr Risiko auf die Kunden abwälzen. Das Finanzgeschäft der letzten Jahre war generell von hochspekulativen Aktivitäten mit

Wettcharakter geprägt, die enormen gesamtwirtschaftlichen Schaden angerichtet haben, statt Werte zu schaffen. Auch die Beschäftigungsbilanz des Finanzbooms ist nicht erfreulich: Im Finanzdienstleistungsbereich entstehen wenige hochspezialisierte und hochbezahlte Jobs, doch für die kleinen Leute bleibt wenig übrig: Sie müssen sich etwa in der City von London mit schlecht bezahlten Dienstleistungsjobs als Reinigungskräfte, Hamburgerverkäufer und Leiharbeitskräfte abfinden. Zudem sind die Mieten und Hauspreise in den Finanzzentren enorm gestiegen, was die unteren und mittleren Einkommensgruppen an die Peripherie verdrängt.

Anders im Industriebereich: Hier werden gut, wenn auch nicht exorbitant bezahlte Jobs geschaffen, die auf der handwerklichen Tradition basieren. Der amerikanische Soziologe Richard Sennett sieht in seinem Lob des Handwerks das Materialbewusstsein des Handwerkers als Charakteristikum: »Sein ganzes Bemühen um qualitativ hochwertige Arbeit hängt letztlich ab von der Neugier auf das bearbeitete Material.« (Sennett 2008) Auf Basis ihrer handwerklichen Prägung sind die Facharbeitskräfte in der Lage, den Produktionsprozess selbst zu beeinflussen und in Zusammenarbeit mit den Ingenieuren dessen Effizienz laufend zu erhöhen. Die Wertschöpfung wird von der Qualität der Facharbeit abhängig. Die Industrie schafft damit Jobs, die relativ hohe Qualität und Einkommen aufweisen. Sie bilden die Basis für hohe gewerkschaftliche Organisation und den Sozialstaat.

Gefährdet scheint der erfolgreiche Industriestandort in Österreich und Deutschland neben dem Wechselkursrisiko nur durch zwei Phänomene: erstens die immer geringere Umsetzung der hohen Exportgewinne in Investitionen und Löhne; bleiben Finanzinvestitionen und Dividendenausschüttungen so hoch, dann entzieht sich die Industrie selbst ihre realwirtschaftliche Basis. Zweitens die ungenügenden Investitionen in den Nachwuchs an Facharbeitskräften; unmittelbar droht hier keine Gefahr und die Arbeitskräftereserven sind sehr hoch, doch wenn die Qualität der Grundausbildung und vor allem die Integration von Kindern aus Migrantenfamilien weiterhin vernachlässigt werden, dann ist das die größte Gefahr für den Industriestandort.

Ungleichgewichte II: Mehr importieren

Die Forderung nach Abbau der außenwirtschaftlichen Ungleichgewichte innerhalb der Europäischen Union wurde vor allem in der deutsch-französischen Debatte bewusst auf die dumme Frage reduziert, ob denn die Deutschen ihren Export an Industriegütern beschränken müssten, um nicht noch höhere Außenhandelsüberschüsse zu erzielen. Das ist Unsinn. Selbstverständlich wäre es falsch, bestehende Nachfrage aus dem Ausland nach einer deutschen Maschine oder einem österreichischen Motor nicht zu erfüllen, weil man bereits viele Maschinen und Motoren exportiert. Die relevante Frage lautet vielmehr: Was passiert mit den hohen Einnahmen der Exportbetriebe?

Werden die Exporteinnahmen in Form von Dividenden an die Kapitaleigner ausgeschüttet oder direkt auf den internationalen Finanzmärkten veranlagt, dann bleiben die realwirtschaftlichen Wirkungen auf das BIP und die Beschäftigung im besten Fall bescheiden. In den österreichischen Aktiengesellschaften der Sachgütererzeugung sind die Finanzaufwendungen enorm gestiegen, vor allem die Dividendenzahlungen: In den 1980er Jahren lagen sie noch bei etwa 2 Prozent der Wertschöpfung dieser Unternehmen, in den 1990er Jahren bereits bei 5 Prozent und in der Phase des internationalen Finanzbooms bei mehr als 10 Prozent (Cetkovic, Stockhammer 2010). Diese Einkommen sind für die Realwirtschaft weitgehend verloren. Nur wenn der Exportgewinn zu einer Ausweitung der Investitionen im Inland und höheren Einkommen der Beschäftigten genutzt wird, zieht dies einen zusätzlichen Anstieg des BIP und eine Ausweitung der Nachfrage nach Importen nach sich, die die Leistungsbilanz ausgleichen. Dadurch wird auch der Wohlstand erhöht, denn der Wert der Produktion und des Exports eines Motors materialisiert sich ja nicht in dem Moment, in dem man dafür US-Dollar oder japanische Yen erhält, sondern dann, wenn man diese Einnahmen in andere Güter oder Dienstleistungen umtauscht.

Das Problem der Exportüberschüsse Deutschlands und Österreichs besteht nicht im hohen Export selbst, sondern in seiner mangelnden

Umsetzung in Inlandsnachfrage, die auch höhere Importe nach sich ziehen würde. Fragen die Unternehmen mit den im Export erwirtschafteten Mitteln zusätzliche Maschinen oder Elektrogeräte nach, oder werden sie in Form höherer Löhne und Beschäftigung ausgeschüttet, so stimuliert das die Investitions- und Konsumnachfrage. So entstehen Wertschöpfung, Beschäftigung und Einkommen auch in anderen Wirtschaftsbereichen, und der gesamtwirtschaftliche Wohlstand steigt. Gleichzeitig zieht die Nachfragesteigerung auch eine Ausweitung des Imports nach sich: Bei Ausrüstungsinvestitionen beträgt der Importanteil in Österreich vier Fünftel, bei der Konsumnachfrage der privaten Haushalte etwa 40 Prozent. Hingegen bleibt der Anstieg von Wertschöpfung, Einkommen, Nachfrage, Import und Wohlstand bei der Verwendung von Exporterträgen für Dividendenausschüttung und Finanzanlagen der Unternehmen sehr gering: Sie erhöhen das Sparen, fließen ins Ausland und lösen sich in Finanzkrisen in nichts auf.

Wie können die Exporterträge in eine volkswirtschaftlich sinnvolle Richtung gelenkt werden? Hier muss die Wirtschaftspolitik eingreifen:

- Sie kann versuchen, Realinvestitionen gegenüber Finanzanlagen zu begünstigen. Das Steuersystem bildet hier einen sinnvollen Ansatzpunkt.
- Sie muss ein günstiges Umfeld für Lohnerhöhungen schaffen. Starke Gewerkschaften und Vollbeschäftigung bilden hierfür wichtige Voraussetzungen, hilfreich ist auch die politische Überzeugung, dass hohe Löhne allen nutzen.
- Die Wirtschaftspolitik kann dafür sorgen, dass Exportgewinne entsprechend besteuert werden und die Steuereinnahmen nachfragesteigernd ausgegeben werden.
- Will sie die Exportgewinne volkswirtschaftlich sinnvoll verwenden, muss sie sich intensiv um Verteilungsfragen kümmern. Typischerweise geben die unteren Einkommensgruppen einen besonders hohen Anteil ihres verfügbaren Einkommens für Konsum aus, die oberen Einkommensgruppen sparen besonders viel. In Österreich steigert ein Zusatzeinkommen in der Höhe von 100 Euro beim unteren Drittel der privaten Haushalte die Konsumnachfrage sofort

um 80 Euro. Das obere Einkommensdrittel hingegen erhöht das Sparen um 60 Euro (Marterbauer u.a. 2006).

Höhere Konsumnachfrage zieht automatisch auch eine Ausweitung des Imports nach sich; wobei die Importneigung der Haushalte mit Ausnahme des Bereichs der Auslandsreisen recht ähnlich ist. Eine Politik der Umverteilung von den sparfreudigen oberen Einkommensgruppen zu den konsumfreudigen unteren Schichten bildet das wichtigste Instrument einer Förderung der Inlandsnachfrage und eine Ausweitung des Imports in den Ländern mit Exportüberschüssen.

Die außenwirtschaftlichen Ungleichgewichte sind im Zuge der Krise auch in den Fokus der europäischen Wirtschaftspolitik gerückt. In der Europäischen Union sollen sie im Rahmen der makroökonomischen Überwachung laufend beobachtet werden. Die Europäische Kommission versucht vor allem, Länder mit einem anhaltend hohen und nicht nachhaltigen Außenhandelsdefizit zu disziplinieren: Eine Verringerung des Ungleichgewichts soll durch verbesserte Wettbewerbsfähigkeit und Lohnsenkung erreicht werden. Sanktionen zum Beispiel in Form von Strafzahlungen für dauerhafte Überschüsse oder Defizite im Leistungsbilanzsaldo ab einer gewissen Höhe werden als mögliches Instrument diskutiert.

Der Keynesianismus kritisiert an diesen Überlegungen vor allem die restriktive Ausrichtung: Entstehen außenwirtschaftliche Ungleichgewichte dadurch, dass in einem Land wegen einseitiger Exportorientierung und Lohnzurückhaltung zu wenig nachgefragt und in einem anderen Land wegen raschen Wachstums von Löhnen und Inlandsnachfrage zu viel nachgefragt wird, dann würde eine Bestrafung der Defizitsünder dazu führen, dass die gesamte Nachfrage in beiden Ländern sinkt. Produktion und Beschäftigung würden im Defizitland durch die Beschränkung der Inlandsnachfrage und im Überschussland wegen der dadurch ausgelösten Dämpfung des Exports zurückgehen.

Die Sanierung der Leistungsbilanz durch die Verringerung der Nachfrage im Defizitland kann gesamtwirtschaftlich nur dann erfolgreich sein, wenn das Überschussland gleichzeitig seine Nachfrage ausweitet. Nachdem Leistungsbilanzdefizite und -überschüsse nur zwei

Seiten der gleichen Medaille sind, kann eine erfolgreiche Anpassung nur auf beiden Seiten erfolgen. Wenn die Defizitländer ihre Nachfrage verringern, müssen die Überschussländer mehr verbrauchen, um die Gesamtnachfrage zu stabilisieren. Von der damit verbundenen Expansion der Importe geht eine Sogwirkung für die wirtschaftliche Erholung der Defizitländer aus. Die Voraussetzung ist allerdings, dass diese Länder auch Produkte und Dienstleistungen haben, die exportierbar sind. In Südeuropa besteht Potenzial im Tourismus und in anderen Dienstleistungsbereichen, notwendig wäre aber wohl auch die Entwicklung einer industriepolitischen Strategie. Das ist nicht leicht, denn es bedarf vor allem einer institutionellen Basis. Dafür müssten die Innovationskraft der bestehenden Industriebetriebe gestärkt, die Investitionen in Sachanlagen gefördert und die Ausbildung von Facharbeitskräften vorangetrieben werden. Notwendig wäre auch ein Wandel im Lohnverhandlungssystem, denn in manchen Ländern hat die Konkurrenz zwischen den verschiedenen Gewerkschaften und die Zersplitterung der Arbeitgeberverbände die Löhne weiter nach oben getrieben, als es die Produktivität des Landes erlaubt. Dadurch ist es zu einem starken Anstieg der Preise und einem Verlust der Wettbewerbsfähigkeit gekommen. Die Schaffung von Einheitsgewerkschaften und koordinierten Lohnverhandlungen nach österreichischem oder skandinavischem Vorbild könnten helfen, die Lohnpolitik gesamtwirtschaftlich auszurichten.

Die Verringerung der Leistungsbilanzdefizite kann nur dann erfolgreich sein, wenn die Überschussländer mehr verbrauchen, dadurch auch mehr importieren und den Leistungsbilanzüberschuss verringern. Diese Notwendigkeit hat John Maynard Keynes schon in den 1940er Jahren erkannt (Keynes 1980). Er hat vorgeschlagen, eine internationale Institution zu schaffen, die einen Ausgleich zwischen Überschuss- und Defizitländern herbeiführt, indem sie die Anreize für Überschüsse und Defizite systematisch verringert. Keynesianisch orientierte Ökonomen haben diese Ideen aufgegriffen. Dazu zählen die Vorschläge von Paul Davidson für eine »International Money Clearing Unit« (Davidson 2002) und von Bruce Greenwald und Joseph Stiglitz zur Reform der internationalen Finanzarchitektur (Greenwald und Stiglitz 2006, Stiglitz 2006). Während der Finanzkrise schlug der US-Ökonom Barry Eichengreen in einer Studie für den IWF einen automatischen Prozess zur Kontrolle von Ungleichgewichten in der Weltwirtschaft durch die Einführung einer progressiv wachsenden Abgabe für Länder, die für drei Jahre einen Überschuss von mehr als drei Prozent ihres BIP aufweisen, vor (Eichengreen 2009). Damit sollen Anreize zur wirtschaftspolitischen Förderung von Inlandsnachfrage und Importen gesetzt werden. Charles Goodhart von der London School of Economics schlägt eine ähnliche Steuer vor, sie sollte aber auf den Kapitalexport der Überschussländer und den Kapitalimport der Defizitländer erhoben werden (Goodhart, Tsomocos 2010).

Doch die neoliberale Ökonomie sieht gar keinen Bedarf der wirtschaftspolitischen Intervention bei Ungleichgewichten, das Problem kann ihrer Meinung nach von den Marktkräften gelöst werden. Etwa durch die Mobilität der Produktionsfaktoren: Wenn die Wirtschaft in einem Land nicht konkurrenzfähig ist, dann müssen die Arbeitskräfte in die Länder mit konkurrenzfähiger Wirtschaft abwandern. Innerhalb der Europäischen Union scheint das wegen unterschiedlicher Sprachen und engerer sozialer Bindungen schwierig. In den USA funktioniert die wirtschaftliche Anpassung zwischen Bundesstaaten mit Defiziten und jenen mit Überschüssen tatsächlich so. Die USA verfügen jedoch gleichzeitig über ein umfangreiches Transfersystem zwischen den Bundesstaaten. Zum Beispiel durch die öffentliche Pensionsversicherung oder die Arbeitslosenversicherung. In den boomenden Bundesstaaten wächst die Beschäftigung, sie zahlen mehr in die Sozialversicherungstöpfe ein als die strukturschwachen Bundesstaaten mit niedrigem Prokopfeinkommen, in denen die Empfänger überwiegen. In den einzelnen Mitgliedsstaaten der Europäischen Union erfolgt das genauso, in Österreich durch Sozialversicherung, Staatshaushalt und Finanzausgleich in besonders starkem Ausmaß. Doch in der EU insgesamt sind die Transferströme zwischen den Mitgliedsländern mit hohem und jenen mit niedrigem Prokopfeinkommen sehr gering. Innerhalb der EU müsste also eine stärkere Zentralisierung zumindest einiger Elemente der Steuer- und Sozialpolitik erfolgen, um diesen Ausgleich zwischen den wirtschaftlich starken und schwachen Mitgliedsländern zu ermöglichen.

Eine andere Marktlösung sehen die Neoliberalen in freien Wechselkursen. Die Währung wirtschaftlich schwacher Länder mit Defiziten in der Leistungsbilanz muss gegenüber den starken Überschussländern abwerten. So verschiebt sich die preisliche Wettbewerbsfähigkeit und es kommt zu einem automatischen Ausgleich. Doch die Erfahrungen mit flexiblen Wechselkursen in den letzten Jahrzehnten haben gezeigt, dass es zu keinem automatischen Ausgleich kommt, da die Wechselkurse zwischen den Währungen nicht den gesamtwirtschaftlichen Fundamentalfaktoren folgen, sondern von der Spekulation auf den Devisenmärkten bestimmt werden und stark schwanken (Schulmeister 2007). Zwar zeigt sich, dass Auf- und Abwertungen von Währungen die Marktanteile am Welthandel erheblich beeinflussen, doch Exporte und Importe werden in viel stärkerem Ausmaß von den Unterschieden in der gesamtwirtschaftlichen Nachfrage und der Industriestruktur zwischen den Ländern bestimmt. Die freien Marktkräfte führen selten zu einem ökonomischen Ausgleich.

Innerhalb der europäischen Währungsunion sind zudem Abwertungen nicht mehr möglich. Oft wird Griechenland, Spanien, Portugal oder Italien das Ausscheiden aus der Währungsunion empfohlen. Die Folgen wären schwerwiegend: Zwar würde die damit verbundene Währungsabwertung zu einer Verbesserung der preislichen Wettbewerbsfähigkeit der Exportwirtschaft führen, doch da die Schulden von Staat, Unternehmen und privaten Haushalten in Euro gemacht wurden, käme es zu einem Bankrott von Staat und Banken. Zudem würde durch eine Abwertung auch die Verunsicherung von Unternehmen und Haushalten steigen, und die wirtschaftliche Entwicklung wäre instabiler. Unter dem Ausscheiden der Schwachwährungsländer würden die verbleibenden Hartwährungsländer leiden, denn eine markante Aufwertung der Währung verschlechtert die Wettbewerbsfähigkeit der Exportindustrie, für viele Länder das einzige kräftige wirtschaftliche Standbein.

Finanzmärkte I: Finanzsektor verkleinern

Die Finanzmärkte wurden international seit den 1970er Jahren unter dem Einfluss der neoliberalen Vorstellung, freie Märkte seien stabil und wohlstandsmehrend, liberalisiert. Der Abbau staatlicher Regulierungen hat zur Aufblähung des Finanzsektors geführt, Einkommen zugunsten der Finanzwirtschaft umverteilt und bildete eine der entscheidenden Ursachen für die tiefe Finanz- und Wirtschaftskrise. In der Finanzmarktkrise hat sich die neoliberale Finanzmarkttheorie als falsch herausgestellt: Die freien Finanzmärkte haben zwar zu einer enormen Zunahme der Bedeutung des Finanzsektors an der Gesamtwirtschaft und zu hohen Einkommen der dort Beschäftigten geführt, doch die Gesamtwirtschaft selbst hat unter den Aktivitäten des Finanzsektors grosso modo gelitten (Tobin 1984). Nun werden politisch die Weichen neu gestellt: Bereits während der Krise begannen die Arbeiten an einem neuen Regulierungsrahmen. Beim Treffen der 20 größten Industrie- und Schwellenländer im April 2009 in London stand die Reform der Finanzmärkte im Mittelpunkt der Beratungen. Die Vorschläge zur Reform der Finanzmarktregulierung werden allerdings erst auf Länderebene konkretisiert. Am schnellsten waren hierbei die USA: Im Juli 2010 wurde das Gesetz zur »Wall Street Reform« beschlossen. Es stellt die umfassendste Reform der Finanzmärkte seit den 1930er Jahren dar und folgt dem Prinzip, dass kein Finanzmarktteilnehmer und kein Finanzmarktprodukt mehr unreguliert sein sollen. Wesentliche Elemente der Regulierung betreffen die Schaffung eines Financial Stability Oversight Councils (FSOC), das die Risiken des Finanzsystems untersucht, strenge Regeln für die Banken etwa in Bezug auf deren Eigenkapitalausstattung und ihre Geschäftsverbindungen zu Hedgefonds, die Schaffung von Clearingstellen für die Derivate zur Erhöhung der Transparenz, die Schaffung einer Verbraucherschutzbehörde mit weitreichenden Kompetenzen gegenüber Finanzanbietern und die Regulierung der Hypothekarkreditmärkte. Die Regierung von Präsident Barack Obama hat mit der Wall Street Reform rasch und umfassend reagiert und einen neuen Rahmen für die Regulierung des Finanzsektors geschaffen. Doch entscheidend ist die Umsetzung, die in vielen Ausführungsgesetzen erst erfolgen muss.

In allen Industrieländern werden wesentlich Teile der Bankenregulierung vom Basler Ausschuss für Bankenaufsicht vorbereitet. Er hat neue Regeln für die Eigenmittelvorschriften für Banken gesetzt (»Basel III«), die in den nächsten Jahren schrittweise umgesetzt werden. Das Eigenkapital der Banken soll in Relation zu den vergebenen Krediten und sonstigen Veranlagungen auf 10,5 Prozent erhöht werden. Mit einer höheren Kapitalisierung der Banken können die Auswirkungen von Finanzkrisen abgefedert werden; die Banken wären dazu in der Lage, einen größeren Teil der Verluste selbst zu tragen, ohne auf den Staat angewiesen zu sein. Eigenkapitalerfordernisse könnten auch antizyklisch variiert werden, in Phasen boomender Kreditnachfrage wären sie dann höher als in einer konjunkturellen Stagnation. Höhere Eigenkapitalstandards sind sinnvoll, auch wenn sie in der Periode des Übergangs das Volumen der Kreditvergabe einschränken könnten. Eine neuerliche Finanz- und Bankenkrise werden sie allerdings nicht verhindern können (Mooslechner 2010a, Jäger 2011).

Auch in der Europäischen Union ist die Reform der Finanzmärkte vorangekommen (Mooslechner 2010b): Ähnlich den USA wird ein neues Gremium geschaffen, das European Systemic Risk Board (ESRB), das die gesamtwirtschaftlichen Risiken des Finanzsystems überwachen soll. Dazu entsteht ein Europäisches System der Finanzaufseher, das mit drei Institutionen die Banken, Versicherungen und Wertpapiermärkte beaufsichtigt. Doch grundsätzlich bleibt die Finanzmarktaufsicht in der EU auf nationalstaatlicher Ebene, die neuen europäischen Instanzen dienen primär der Koordination. Das könnte sich als eine Schwachstelle herausstellen. In der Regulierung des Derivathandels haben in der EU zwar die Beratungen begonnen, eine Einigung konnte bislang nicht erzielt werden.

Ähnlich den USA bleiben auch die EU-Regeln für Hedgefonds zu schwach. Mit der Schaffung eines »EU-Passes« soll lediglich die Transparenz erhöht werden. Die wirtschaftlich und politisch mächtigen

Hedgefonds könnten sogar zum Gewinner der Neuregulierung in den USA und der EU werden: Mit der recht strikten Regulierung der Banken, etwa was Eigenkapitalerfordernisse und Geschäftsfelder betrifft, steigt der Freiraum für die Schattenbanken der Hedgefonds. Sie haben schon bislang ihr Geschäftsmodell in der Umgehung von Bankenregulierungen gesehen und betreiben ein außerordentlich intensives politisches Lobbying. Die EU hat bislang auch keine konkreten Maßnahmen zur Entmachtung der amerikanischen Ratingagenturen entwickelt. Notwendig wäre wahrscheinlich weniger die Schaffung eigener EU-Ratingagenturen als der Abbau staatlicher Vorschriften, die die Verwendung von Ratings etwa durch Pensionskassen festschreiben.

Insgesamt hat die Finanzkrise eine neue Welle von Regulierungen der Finanzmärkte ausgelöst. Angesichts des sozialen und wirtschaftlichen Schadens, den Banken und Finanzsystem verursacht haben, ist dies verständlich und sinnvoll. Dennoch gehen die Regulierungen zu wenig weit. Dies hat mit der großen wirtschaftlichen und politischen Macht des Finanzsystems zu tun. In den USA spielen die großen Banken eine wesentliche Rolle in der Finanzierung der Politik, allen voran verfügt die größte Investmentbank Goldman Sachs über eine hervorragende Vernetzung in Regierung und Kongress, Nobelpreisträger Joseph Stiglitz hat dies eindrucksvoll dargestellt (Stiglitz 2010). Doch auch in der Europäischen Union haben Banken und andere Finanzinstitutionen während der Beratungen der Finanzreformen ein enorm effizientes und zu einem erheblichen Teil erfolgreiches Lobbying betrieben. In Deutschland stellen die größte Bank, die Deutsche Bank, und der größte Versicherungskonzern, die Allianz, wichtige politische Einflussfaktoren dar. In Österreich haben die Raiffeisengruppe und die Erste Bank einen großen Einfluss auf die Finanzpolitik.

Die neuen Regulierungen verbessern im Wesentlichen die Aufsicht über das Finanzsystem, erhöhen die Transparenz und verlangen von den Banken höhere Eigenmittel. Diese Reformen sind sinnvoll. Doch eigentlich würde es wirtschaftspolitisch darum gehen, den Anteil des gesamten Finanzsektors an der Wirtschaft stark zu verringern (Zeise 2010). Banken und Finanzsystem haben in den letzten Jahren enormen

Übersicht 3.3:

Bilanzsumme der Banken

In % des BIP

	1990	1995	2000	2005	2009[1)]
Österreich	225,1	205,8	266,9	309,4	363,0
Deutschland	136,5	157,7	259,7	265,9	262,2
Irland		140,6	327,6	680,6	927,7

1) Österreich: Werte für 2008.
Quelle: OECD, Bank Profitability Statistics.

Schaden angerichtet und ihr Beitrag zur Schaffung von Wohlstand ist gering, wenn nicht sogar negativ geworden. Das Bankengeschäft müsste so wie in den 1950er und 1960er Jahren wieder auf die Interessen der realen Wirtschaft, also der privaten Haushalte und der investierenden Unternehmen ausgerichtet werden. Dies bedürfte strenger Regulierungen der Finanzaktivitäten, einschließlich des Verbotes vieler Finanzinnovationen und der Einschränkung der Geschäftstätigkeit von Finanzinstituten. Die wirtschaftlichen Möglichkeiten, im Finanzsektor Gewinne und Einkommen zu erzielen, müssen verringert werden. Das Gewinnstreben der Firmen und die Jobs, die für junge, gut ausgebildete Menschen aufgrund des mit ihnen verbundenen Sozialprestiges und der Höhe der Einkommen attraktiv sind, müssen sich so vom Finanzsektor auf die realwirtschaftlichen und sozialen Aktivitäten verlagern. *Siehe Übersicht 3.3*

Zur Eindämmung der Finanzaktivitäten tragen die höheren Eigenkapitalerfordernisse der Banken durch »Basel III« bei. Ein weiteres Instrument könnte die Besteuerung des Sektors darstellen. Auf internationaler Ebene werden drei Steuerarten diskutiert. Die Idee einer Finanztransaktionssteuer wurde im Grundsatz von John Maynard Keynes 1936 für den Aktienmarkt und von James Tobin 1978 für den Devisenmarkt entwickelt (Keynes 1936, Tobin 1978). In der heute diskutierten Form würde die Steuer auf alle Formen des Handels mit Finanztiteln, also Aktien, Anleihen, Devisen und Derivate, ähnlich einer Umsatzsteuer für Güter und Dienstleistungen erhoben

(Schulmeister 2009, Schulmeister u.a. 2008). Der Steuersatz wäre mit 0,01 Prozent bis 0,1 Prozent sehr gering. Mit der geringen Steuer würden kurzfristige Finanzgeschäfte merklich, langfristige Geschäfte allerdings kaum belastet. Eine derartige Steuer hätte erhebliche Auswirkungen. Sie würde zum einen die kurzfristigen Schwankungen und die sich daraus ergebenden längerfristigen Trends der Preisentwicklung auf den Märkten für Wertpapiere, aber auch Wechselkurse und Rohstoffe mildern. Damit werden die enormen Schwankungen auf den Vermögensmärkten gedämpft, die wesentlich zum Entstehen der jüngsten Wirtschaftskrise beigetragen haben. Generell verringert sich dadurch die Unsicherheit in der Wirtschaft, und die Erwartungen der Unternehmen und Haushalte werden stabilisiert. Dies würde zu einer stetigeren gesamtwirtschaftlichen Entwicklung beitragen. Eine Finanztransaktionssteuer wäre zum anderen mit einem erheblichen Steueraufkommen verbunden: Selbst bei einem niedrigen Satz von 0,05 Prozent würde sie wegen des hohen Handelsvolumens auf den Finanzmärkten zu Staatseinnahmen von ein bis zwei Prozent des BIP beitragen (Schulmeister u.a. 2008), in der EU wären das also 100 bis 200 Milliarden Euro. 2011 beträgt das gesamte Budget der EU gerade 127 Milliarden Euro. Eine Finanztransaktionssteuer könnte einen wesentlichen Beitrag zur Verringerung der Größe des Finanzsektors leisten. Sie wird allerdings weder vom Internationalen Währungsfonds noch von der US-Regierung und der Europäischen Kommission unterstützt. Innerhalb der EU sprechen sich bislang nur einige Mitgliedsländer, darunter Frankreich, Deutschland und Österreich, für die Einführung einer derartigen Steuer aus.

Im Zuge der Finanzkrise und der Budgetkonsolidierung wurde in einigen EU-Ländern eine Abgabe auf den Bankensektor eingeführt (OeNB 2010a). In Schweden wurde bereits nach der Bankenkrise der frühen 1990er Jahre eine Stabilitätsgebühr eingeführt, deren Ertrag einen Fonds speist, aus dem im Krisenfall die Rekapitalisierung von Banken erfolgen würde. Ähnliche Abgaben werden seit Anfang 2011 auch in Österreich, Deutschland, Großbritannien, Frankreich, Belgien, Dänemark, Zypern, Ungarn und Polen eingehoben, ab 2012 auch in Slowenien. Der Steuersatz ist sehr gering, in Österreich beträgt er 0,055 Prozent für Banken mit einer Bilanzsumme zwischen ein und 20 Milliarden Euro und 0,085 Prozent darüber; er wird auf die Bilanzsumme erhoben, meist unter Abzug einiger Positionen; zudem werden Derivate mit einer Abgabe von 0,013 Prozent belastet; die Einnahmen fließen in manchen Ländern in einen Stabilitätsfonds, in anderen wie in Österreich, wo der Ertrag 500 Millionen Euro pro Jahr betragen soll, direkt ins Budget.

Die Stabilitätsabgabe für Banken kann sowohl als eine Versicherungsprämie für die impliziten staatlichen Garantien als auch als Instrument der Beteiligung der Banken an den Kosten der Finanzkrise angesehen werden. Sie eignet sich zudem dazu, langfristig das Wachstum der Bankbilanzen bzw. des Finanzsystems in Relation zur Realwirtschaft zu begrenzen. Dafür müssten die Bankenabgaben allerdings deutlich höher sein als in der Praxis. Oft wird argumentiert, dass Bankenabgaben in vollem Umfang auf die Bankkunden überwälzt werden. Die Frage, wer die Bankenabgabe trägt, kann erst im Nachhinein wissenschaftlich untersucht werden. Die Banken könnten die zusätzliche Steuerlast jedenfalls leicht selbst tragen: Die Jahresüberschüsse der österreichischen Banken lagen von 2005 bis 2008 im Durchschnitt bei mehr als 2 Milliarden Euro pro Jahr, sie wurden durch Gewinnsteuern nur wenig geschmälert. Die Überschüsse wurden etwa zur Hälfte an die Eigentümer ausgeschüttet (OeNB 2010a). Nur im Jahr 2009 verzeichneten die Banken keine Gewinne, 2010 lagen sie schon wieder bei etwa 4 Milliarden Euro.

Um die Bedeutung des Finanzsektors zu verringern, müssten die Steuersätze erhöht werden und die Einnahmen direkt ins Budget fließen und nicht in einen Fonds, auf den die Banken implizit einen Anspruch haben. Die direkte Übertragung der Einnahmen in den Staatshaushalt ist vor allem deshalb vollständig gerechtfertigt, als die Kosten der Finanzkrise im Staatshaushalt bereits angefallen sind; der Versicherungsfall ist also bereits eingetreten.

Sinnvoll wäre es, die Einhebung einer Bankenabgabe auf EU-Ebene vorzutreiben. Ihr Aufkommen wäre hoch: Eine Bankenabgabe in der

Höhe von 0,2 Prozent der Bilanzsumme aller im Euro-Raum aktiven Banken würde ein jährliches Volumen von etwa 50 Milliarden Euro mit sich bringen. Der Ertrag der Steuer sollte zur Finanzierung der Krisenkosten und ihrer Bewältigung, etwa der notwendigen EU-Programme zur Bekämpfung der Arbeitslosigkeit, verwendet werden; damit wäre auch ein direkter Zusammenhang zwischen Verursachern und Kosten der Krise hergestellt.

Eine dritte Möglichkeit, den Sektor durch Steuern zu belasten, betrifft die Besteuerung oder Einschränkung von Bonuszahlungen, die im Bankensystem besonders verbreitet sind. Dies könnte dazu beitragen, den Finanzsektor als Arbeitgeber weniger attraktiv zu machen. Auf EU-Ebene wurde die Regulierung der Boni verschärft, vor allem indem eine längere Periode für die Bemessung der Boni vorgeschrieben wird. Doch die politische Diskussion über die Beschränkung von Bonuszahlungen im Finanzsektor hatte bislang primär symbolischen Charakter (Mooslechner, Schürz 2010). Eine griffige Besteuerung von besonders hohen Einkommen würde entscheidend darüber hinausgehen.

Finanzmärkte II: Banken, die der Realwirtschaft dienen

Die österreichischen Banken pflegen eifrig einen Opfermythos: Die internationale Finanzkrise sei über sie hereingebrochen, während sie selbst wie eh und je brav Kredite in Österreich und Osteuropa vergeben und sicherlich nicht mit strukturierten Wertpapieren in den US-Casinos spekuliert hätten (Czingon und Neckel 2010).

Das ist jedoch nur die halbe Wahrheit. Auch die österreichischen Banken haben mit Beginn der 1990er Jahre eine bewusste Internationalisierungsstrategie eingeschlagen. Im Rahmen des traditionellen Hausbankensystems, das von der Nachkriegszeit bis in die 1980er Jahre dominierte, sahen die Banken es als ihre zentrale Aufgabe an, jene Klein- und Mittelbetriebe mit Krediten zu versorgen, mit denen teils schon jahrzehntelange Geschäftsbeziehungen bestanden. Dabei erfolgte die Kreditvergabe unter enger staatlicher Regulierung, durch die das Volumen der Kredite begrenzt und Ober- und Untergrenzen für die Zinssätze vereinbart waren. Das Hausbankensystem war durch eine Orientierung an den Bedürfnissen der realen Wirtschaft gekennzeichnet, die Banken übernahmen eine industriepolitische Funktion und trugen zur gesamtwirtschaftlichen Stabilität bei. Doch das Hausbankensystem war auch mit geringer Rentabilität und immer wieder auftretenden Insolvenzen der Banken verbunden, sobald größere Kreditausfälle auftraten, vor allem bei den verstaatlichten Finanzinstituten.

Gegen Ende der 1980er Jahre änderten sich die internationalen Rahmenbedingungen, unter dem Einfluss der neoliberalen Ideologie wurden die internationalen Kapitalmärkte liberalisiert; auch in Österreich wechselten die Banken ihre Strategie: Sie drängten vehement ins Ausland (Kader 2010).

Das internationale Geschäft brachte zunächst umfangreiche Gewinne für die Unternehmen, hohe Renditen für die Eigentümer und enorme Einkommen für das Management, aber auch ein hohes Risiko. In der Finanzkrise mussten 2008 und 2009 Wertberichtigungen in Milliardenhöhe vorgenommen werden, die jedoch großteils unter den Teppich der weltweiten Finanzkrise gekehrt wurden und selten an die Öffentlichkeit gelangten. Beim Zusammenbruch der spekulativen isländischen Bankenhausse im Jahr 2008 dürften die heimischen Institute etwa 500 Millionen Euro verloren haben, auch der Konkurs von Lehman Brothers im Herbst 2008 ging nicht spurlos an ihren Bilanzen vorüber. Die Constantia Privatbank, eine Bank mit vermögenden Privatkunden und engen Verbindungen zur Immobilienfinanzierung, wurde als Erstes insolvent und konnte nur mit staatlicher Hilfe von den großen Geschäftsbanken aufgefangen werden. Die Medici Bank war in einem noch nicht geklärten Ausmaß Teil des Pyramidenspiels des US-Betrügers Bernard Madoff. Die umfangreichsten Verluste wies die eigentlich auf die Finanzierung von kommunalen Projekten spezialisierte Kommunalkredit auf, die unter Aufnahme kurzfristiger Mittel und ohne Unterlegung mit Eigenkapital massiv auf den Derivatmärkten spekuliert hatte. Der Staat übernahm die Bank und musste umfangreiche Kapitalspritzen zur Verfügung stellen. Notverstaatlicht wurde auch die Kärntner Hypo Alpe Adria, die offensichtlich unter Einsatz krimineller Machenschaften auf dem Balkan und in Österreich aktiv war und stark unter der politischen Einflussnahme des Landes Kärnten stand. Auch hier können Milliardenkosten für den Staat entstehen. Politisch ebenso problematisch sind die wirtschaftlichen Schwierigkeiten, in die manche österreichische Bausparkassen gerieten. Denn das Bauspargeschäft ist auf Spar- und Kreditseite eigentlich ein ziemlich simples Standardgeschäft, mit erheblicher staatlicher Regulierung und ohne großen Wettbewerb: Die Spareinlagen der Kunden werden durch staatliche Prämien gefördert; gleichzeitig sind die Kredite durch fixe Zinssätze und hypothekarische Besicherung reguliert. Aufgrund der attraktiven Verzinsung übertrafen die Einlagen die Kreditnachfrage, was das Management offensichtlich zu einer Veranlagung der überschüssigen liquiden Mittel auf den internationalen Finanzmärkten in hypothekenbasierte und andere strukturierte Wertpapiere veranlasste und zu hohen Verlusten führte. Im Zuge des ersten Konjunkturpakets wurde still und leise die durch staatliche Prämien begünstigte Einzahlungssumme um ein Fünftel erhöht, um den Bausparkassen zusätzliche Liquidität zur Verfügung zu stellen.

Das Spezifikum der heimischen Banken war aber ihr Expansionsdrang nach Osten. Es gelang ihnen sehr rasch, zahlreiche Banken in Mittel- und Osteuropa zu übernehmen, wo sie bald einen Marktanteil von etwa einem Fünftel erreichten; besonders stark sind die österreichischen Banken in Tschechien, der Slowakei, Rumänien, auf dem Balkan und in der Ukraine. Ihr Kreditvolumen hat sich alle vier Jahre verdoppelt, schließlich belief es sich auf mehr als 200 Milliarden Euro. Die heimischen Banken spielten eine bedeutende und positive Rolle als Begleiter österreichischer Exportunternehmen bei der Expansion auf den osteuropäischen Märkten und haben dabei über Jahre glänzend verdient. Doch die Strategie ist sehr risikoreich. Denn das stark kreditfinanzierte Wachstum der Nachfrage nach Konsumgütern und Bauten in Osteuropa hat auch ökonomisch wenig vernünftigen Projekten

Finanzierungen verschafft. Es führt generell zu hohen Importen und Defiziten in der Leistungsbilanz, die durch Kapitalimport finanziert werden müssen, der im Zuge der Finanzkrise abbrach; darauf wurden in vielen Ländern Sparpakete geschnürt, die die Inlandsnachfrage bremsten und zu einem Anstieg der Kreditausfälle führten.

Im Zuge der Rezession gab in vielen osteuropäischen Ländern die Währung gegenüber dem Euro nach. Das brachte die Kreditnehmer zusätzlich in Schwierigkeiten, denn die österreichischen Banken hatten viele Kredite als Fremdwährungskredite in Euro vergeben und damit zusammen mit den Kreditnehmern praktisch eine Wette auf die rasche Einführung des Euro abgeschlossen. Etwa die Hälfte aller Kredite in Osteuropa wurde in fremden Währungen vergeben, besonders hoch ist der Anteil in Ungarn und Rumänien, aber auch in Kroatien und der Ukraine (OeNB 2010b). Auch in Österreich selbst haben die Banken Fremdwährungskredite, meist in Schweizer Franken, im Ausmaß von 50 Milliarden Euro vergeben. Dieses spekulative Element der Kreditgeschäfte war für die Banken günstig, da es das Wechselkursrisiko an die Schuldner auslagerte, und schien zunächst auch für die Schuldner wegen der niedrigen Zinssätze attraktiv. Mit der Abwertung zum Beispiel des ungarischen Forint gegenüber dem Euro oder des Euro gegenüber dem Schweizer Franken entstanden allerdings erhebliche wirtschaftliche Probleme: Das Kreditvolumen war in der Währung der Schuldner mit einem Schlag viel höher. Die Kreditbelastung stieg stark. Vor allem in Osteuropa erhöhten sich die Kreditausfälle, und damit wurde die starke Kreditexpansion auch für die Banken zum Problem. In Ungarn droht ein Drittel der Haushaltskredite in Fremdwährungen auszufallen.

Die über Tochterbanken und Direktkredite vergebenen Kreditaußenstände der österreichischen Banken in Mittel- und Osteuropa machen fast vier Fünftel des österreichischen Bruttoinlandsprodukts aus. Die Bilanzsumme der österreichischen Banken hat sich im Lauf der 2000er Jahre von 270 auf 370 Prozent des BIP erhöht. Das veranlasste im Jahr 2008 den Wirtschaftsnobelpreisträger Paul Krugman, vor einer Gefährdung der österreichischen Banken und des Staatshaushalts im Rahmen der Finanzkrise zu warnen. Die Reaktionen waren heftig: Sie reichten von entrüsteter Zurückweisung des Arguments bis zu Beschimpfungen des US-Ökonomen. Krugman hatte selbstverständlich recht: Eine Verschärfung der Finanzkrise in Osteuropa verbunden mit steigenden Kreditausfällen hätte auch die Solvenz österreichischer Banken gefährdet, was Staatshaushalt und Gesamtwirtschaft in große Schwierigkeiten gebracht hätte. Die offiziellen österreichischen Stellen trugen deshalb sehr aktiv dazu bei, dass bereits im Jahr 2009, also noch lange vor dem Hilfspaket der EU für Griechenland, mithilfe von Mitteln des Internationalen Währungsfonds und der Europäischen Union im Rahmen der Vienna Initiative, Zahlungsbilanzhilfen im Volumen von 50 Milliarden Euro an Ungarn, Rumänien und die Ukraine vergeben wurden. Diese entschärften die Finanzkrise in der Region.

Die österreichischen Banken sind in Osteuropa ein enormes Risiko eingegangen, teils wegen der historisch bedingten günstigen Ausgangsposition der heimischen Wirtschaft im Zuge der Ostöffnung, teils wegen der hohen Gewinnerwartungen im internationalen Bankgeschäft. Bislang hatten sie Glück, auch weil IWF und EU den osteuropäischen Ländern mit Zahlungsbilanzproblemen frühzeitig halfen. Doch das Engagement der heimischen Banken in Osteuropa ist in Relation zur Wirtschaftskraft Österreichs weiterhin zu hoch; es nimmt sogar zu, weil die Banken weiterhin kräftig akquirieren. Damit bleiben auch die Risiken für die gesamte Volkswirtschaft und den Staatshaushalt hoch.

Ohne die im Herbst 2008 vereinbarten Bankenhilfspakete hätte es ohnehin schon damals für mehrere heimische Institute düster ausgesehen. Die Banken profitierten in vielfacher Hinsicht. An Partizipationskapital des Staates wurden in Österreich 5,9 Milliarden Euro ausgeschüttet, dazu kamen 1,3 Milliarden Euro an sonstigen Kapitalinstrumenten vor allem zugunsten der Kommunalkredit. In der gesamten EU waren das mehr als 300 Milliarden Euro, wobei die Mittel zu mehr als der Hälfte für insolvenzgefährdete Institute in Großbritannien und Deutschland anfielen. Der österreichische Staat übernahm Haftungen für Bankenanleihen im Ausmaß von 20,4 Milliarden Euro;

Übersicht 3.4:

Maßnahmen zur Finanzmarktstabilisierung

Stand März 2011 / In Mio. €

	Partizipationskapital	Kapitalerhöhung/ Gesellschafterzuschüsse	Besserungsschein	Übernahme von Haftungen für Emissionen
Hypo Alpe Adria AG	1.350			598
Erste Group Bank AG	1.224			4.050
Österreichische Volksbanken AG	1.000			3.000
Raiffeisen Zentralbank Österreich AG	1.750			4.250
Kommunalkredit Austria AG[1)]		384	1.000	7.047
BAWAG	550			
Insgesamt	5.874	384	1.000	18.946

1) Inklusive KA Finanz AG.

Quelle: Staatsschuldenausschuss, Bericht über die öffentlichen Finanzen 2010, Wien 2011.

in der EU hatte dieses Instrument ein Volumen von etwa 800 Milliarden Euro. Die Banken in Österreich und der gesamten EU profitieren darüber hinaus in enormem Ausmaß von den niedrigen Zinssätzen und der Bereitstellung von unbegrenzter Liquidität durch die Europäische Zentralbank: Die Banken bekommen so viel Geld, wie sie wollen, zu einem sehr niedrigen Zinssatz und können dieses Geld ertragreich in gut verzinste Staatsanleihen investieren. Dieses Instrument stellt wahrscheinlich die umfangreichste Subvention der Banken durch den Staat dar. In der EU wurden darüber hinaus zahlreiche Banken verstaatlicht. In Österreich betraf das die Kommunalkredit und die Hypo Alpe Adria, deren Restrukturierung Milliardenkosten für das Budget mit sich bringt. *Siehe Übersicht 3.4*

Die Banken sind die größten Nutznießer der staatlichen Eingriffe in der Krise. Das war mitten in der Finanzkrise insgesamt, wenn auch nicht in jedem Einzelfall, unvermeidbar, denn in einer Marktwirtschaft kann die Insolvenz des Bankensektors einen Zusammenbruch des Kreditgeschäfts, damit einen Einbruch der Wirtschaftsaktivitäten und eine Depression nach sich ziehen. Durch die Bankenrettungspakete wird allerdings die langfristig wünschenswerte Schrumpfung des Finanzsektors durch die Insolvenz wirtschaftlich nicht erfolgreicher Institute vermieden. Diesem Problem kann nur begegnet werden, indem die Bedingungen für die Rettung hart sind, damit der langfristig notwendige Schrumpfungsprozess des Bankensektors beibehalten wird. Doch hier war die Politik in Österreich gegenüber den Banken viel zu weich.

Die Banken bezeichnen die Hilfspakete oft als gutes Geschäft für den Staat. Tatsächlich können im Budget Zinseinnahmen und Haftungsentgelte verbucht werden, 2010 waren das Einnahmen in der Höhe von 500 Millionen Euro. Doch gleichzeitig muss der Staat das Geld selbst mit Zinskosten auf den Finanzmärkten aufnehmen (200 Millionen Euro) und er hat keine Garantie, dass die Banken das Kapital vollständig zurückzahlen oder verzinsen. So haben die Volksbanken und die Hypo Alpe Adria 2009 und 2010 überhaupt keine Zinsen für die staatlichen Hilfskredite zahlen können, der Einnahmenausfall für den Staat lag bei 165 Millionen Euro. Entscheidend ist allerdings, dass die Banken zum Zeitpunkt der Staatshilfe durchwegs viel höhere Zinsen für Partizipationskapital zahlen hätten müssen, als der Staat von ihnen verlangt hat. Zudem übersteigen die wirtschaftlichen, sozialen und budgetären Kosten der von Banken und Finanzmärkten ausgelösten Wirtschaftskrise die geringen Einnahmen des Staates aus Zinsen und Haftungsentgelten der Banken um ein Vielfaches. Die Banken haben die staatliche Hilfe dankbar angenommen, für viele Eigentümer, etwa jene der Ersten Bank, war die Staatshilfe die Rettung vor der Insolvenz. Seither sind die Aktienkurse vieler Banken wieder kräftig gestiegen. Die Staatshilfe hat also den Bankeigentümern zu enormen Wertzuwächsen verholfen. Nun wehren sie sich gegen Belastungen im Zuge der Budgetsanierung. Dies ist angesichts der Tatsache der enormen Subventionen, die die Banken in vielfacher Weise von Staatshaushalt und EZB bezogen haben, nicht gerechtfertigt.

Ausblick: Wirtschaft schwach, Budgetdefizit und Arbeitslosigkeit hoch

Ein Resümee über die Neuausrichtung der Wirtschaftspolitik nach der Krise fällt ernüchternd aus. Das neoliberale Vertrauen auf die stabilisierende und wohlstandsschaffende Wirkung der Marktkräfte hat sich als Illusion erwiesen. Zu dieser Erkenntnis sind selbst der Internationale Währungsfonds und die Weltbank gelangt. Dennoch ist kein klarer Wandel im wirtschaftspolitischen Leitbild absehbar. Am ausgeprägtesten war der Vormarsch des Keynesianismus inmitten der Krise, als es galt, mittels umfangreicher staatlicher Intervention den Zusammenbruch des Finanzkapitalismus zu verhindern. Doch die Krise ist noch nicht überwunden und schon rückt man von der keynesianischen Ausrichtung der Wirtschaftspolitik in großen Schritten wieder ab. Zwar bleibt die Geldpolitik mit umfassender Liquiditätsversorgung der Banken und niedrigen Zinsen vor allem im Interesse der Finanzwirtschaft weiterhin expansiv, doch in der Fiskalpolitik ist der Schwenk zur Restriktion bereits vollzogen. In Ländern wie Deutschland und Österreich erfolgt die Budgetkonsolidierung relativ maßvoll, doch viele Staaten mit hohen Budgetdefiziten werden aufgrund von Ausgabenkürzungen und Steuererhöhungen noch weiter in die Rezession getrieben. Die EU-Politik steht heute wieder für harte, antikeynesianische Positionen: Die Europäische Kommission und der Rat der Finanzminister fordern, die Sparbemühungen weiter zu verschärfen, und begründen dies mit Vertrauen schaffenden Wirkungen des Defizitabbaus. Doch die Kürzung von Staatsausgaben bremst die Konjunktur und führt zu steigender Arbeitslosigkeit; sie dämpft die Steuereinnahmen und führt zu zusätzlichen Budgetproblemen. Dies zeigt sich in Griechenland und Irland deutlich. Jedoch wird diese grundlegende keynesianische Erkenntnis einfach negiert. Die Renaissance des Keynesianismus bleibt somit eine vorübergehende Episode.

Dies betrifft nicht nur die Konjunkturpolitik, sondern auch die notwendigen Maßnahmen zur Bekämpfung der Ursachen der Krise. Besonders im Bereich der Verteilung von Vermögen und Einkommen.

Die Rettungsmaßnahmen in der Krise haben dazu geführt, dass Vermögensbestände gesichert wurden, damit wird die Ungleichheit weltweit verstärkt. Der starke Anstieg der Arbeitslosigkeit beeinträchtigt die Verhandlungsmacht der Gewerkschaften langfristig und dämpft damit die Lohneinkommen gegenüber den Vermögenseinkommen. Staatsschuldenkrise und Budgetkonsolidierung bringen den Sozialstaat finanziell und politisch unter Druck und schwächen sein Umverteilungspotenzial. Die Ungleichheit ist nach der Finanzkrise größer als vorher. Obwohl sie von der neoliberalen Ideologie ausgelöst wurde, hat die Finanzkrise jene politischen Kräfte geschwächt, die für eine gerechtere Verteilung des Wohlstandes eintreten. Eine politische Debatte über Verteilungsfragen fehlt. Diese müsste sich vor allem auf eine stärkere Besteuerung von Vermögen und den Ausbau des Sozialstaates konzentrieren. Die Stärkung der staatlichen Pensions- und Krankenversicherung und der Abbau aller direkten und indirekten staatlichen Förderungen für private Versicherungen wären besonders wichtig, weil sie nicht nur solidarische Lösungen mit positiven Verteilungswirkungen begünstigen, sondern auch den Zustrom von Kapital auf die Finanzmärkte bremsen.

In Bezug auf die Ungleichgewichte in der Weltwirtschaft findet wenigstens eine Debatte statt, sowohl auf Ebene der G-20, wo sie von den USA angestoßen wurde, als auch innerhalb der EU. Doch sie konzentriert sich vor allem in Europa viel zu stark auf die wirtschaftspolitischen Möglichkeiten zur Anpassung der Staaten mit Leistungsbilanzdefiziten. Restriktive Maßnahmen der Lohnzurückhaltung und der Budgetkonsolidierung dämpfen die gesamtwirtschaftliche Entwicklung, sofern sie nicht von expansiven Maßnahmen in den Überschussländern begleitet werden. Dafür gibt es zwar Vorschläge, doch in der Wirtschaftspolitik werden sie kaum aufgegriffen.

Am weitesten geht der Politikwandel noch in der Regulierung der Finanzmärkte. Die Änderungen werden zwar zögerlich vorangetrieben, doch wird immerhin die Aufsicht über die Finanzmärkte verbessert, die Regulierung der Banken verstärkt und zumindest die Transparenz auf den Märkten erhöht. Die Erkenntnis der Notwendigkeit staatlicher Aufsicht über Banken und Finanzmärkte wird auch zu einer Verbesserung der Qualität der Aufsicht führen. Ausreichend ist dies allerdings nicht. Die Investmentbanken haben schon in der Vergangenheit rasch innovative Lösungen gefunden, um neue staatliche Regeln zu umgehen. Bei der notwendigen Verkleinerung des Finanzsektors gibt es keine Fortschritte. Um diese zu erreichen, müsste der Zustrom von Kapital an die Finanzmärkte verringert werden, was Maßnahmen im Bereich der gerechteren Verteilung von Vermögen und Einkommen sowie eines Abbaus der Ungleichgewichte in der Leistungsbilanz weltweit und innerhalb der EU erfordert. Zudem müsste der Finanzsektor stärker besteuert werden. Den günstigsten Zeitpunkt hat die Politik bereits verstreichen lassen. In dem Moment, als die Finanzmärkte vor dem Zusammenbruch und die Banken vor der Insolvenz standen und sie nur durch den Eingriff des Staates gerettet werden konnten, wären umfangreiche Regulierungs- und Besteuerungsmaßnahmen durchsetzbar gewesen. Heute hat sich die ökonomische und politische Macht schon wieder verschoben und Finanzmärkte und Banken dominieren. Das zeigt sich besonders deutlich an den fehlenden Fortschritten der Finanzmarktregulierung, an der Staatsschuldenkrise der EU oder den überheblichen Forderungen von Bankenseite zum rascheren Abbau der Staatsschulden durch die Kürzung von Sozialausgaben.

Der Mangel an Auseinandersetzung mit den Ursachen der Finanzkrise und den Maßnahmen zu ihrer Behebung lässt neuerliche Finanzkrisen als wahrscheinlich erscheinen und deutet mittelfristig auf verhaltene Aussichten für die wirtschaftliche Entwicklung in den Industrieländern hin. In den USA war die Konjunktur vor der Krise von der Ausweitung der Verschuldung privater Haushalte getragen. Dies hat sich als nicht nachhaltig erwiesen und der Spielraum für eine derartige Politik ist angesichts der hohen Schuldenniveaus gering. Zusammen mit krisenbedingt hoher Arbeitslosigkeit dämpft das die Konsumnachfrage der privaten Haushalte. Die EU steht im Bann einer Staatsschuldenkrise, und die restriktiven Vorgaben für die Konsolidierung der Budgets beeinträchtigen zusammen mit der hohen Arbeitslosigkeit auch die wirtschaftlichen Aussichten. Doch innerhalb der

EU sind die Perspektiven recht unterschiedlich. Staaten, die neben der internationalen Krise auch von Problemen der Wettbewerbsfähigkeit oder dem Platzen von Immobilienblasen gekennzeichnet waren und nun über Jahre unter hohen Zinslasten und Sparpaketen leiden, haben ungünstige Konjunkturaussichten. Deutschland, Österreich und einige andere Länder mit geringer Verschuldung der privaten Haushalte, relativ günstiger Budgetlage und wettbewerbsfähigen Unternehmen haben Spielraum für binnenwirtschaftliche Expansion, auch wenn sie unter anhaltend schwacher Nachfrage der Handelspartner leiden.

1 2 3 5 6 7 8 9 10

Kapitel 4

Droht der Staatsbankrott?

Staatsschuldenkrise: Von Griechenland über Irland und Portugal bis …

Nach Banken und Finanzmärkten 2007 und 2008, BIP und Arbeitsmarkt 2008 und 2009, erfasste die Finanz- und Wirtschaftskrise 2009 und 2010 die Staatsfinanzen: Die enormen Kosten der Bankenrettung, die Wirkungen des Konjunktureinbruchs auf das Staatsbudget und die Konjunkturpakete führten zu einem erheblichen Anstieg der Staatsschulden; er betrug im Durchschnitt der EU mehr als 20 Prozent des BIP. In manchen Ländern verschlechterten sich die Staatsfinanzen so stark, dass zunehmend in Zweifel gezogen wurde, ob die Staatsanleihen überhaupt zurückgezahlt würden. Dies zeigte sich in einem drastischen Anstieg der Zinssätze. *Siehe Abb. 4.1*

Als Erstes erfasste die Staatsschuldenkrise Griechenland. Die im Herbst 2009 neu ins Amt gekommene sozialistische Regierung unter Ministerpräsident Giorgos Papandreou stellte nach und nach fest, dass die Neuverschuldung des griechischen Staates in den Jahren zuvor deutlich höher gewesen war, als an die EU-Statistikbehörde gemeldet. Griechenland wies schon im Jahr 2007 ein Budgetdefizit von 6 Prozent des BIP und eine Staatsschuld von 100 Prozent des BIP auf. Die Staatsausgaben wurden zu einem erheblichen Teil für eine aufgeblähte Verwaltung und unproduktive Militärausgaben aufgewendet, lagen mit 46 Prozent des BIP allerdings nur etwa so hoch wie im Durchschnitt der EU, demgegenüber waren die Staatseinnahmen mit 40 Prozent deutlich darunter; dem Land fehlt ein effizientes Steuereinhebungssystem, es leidet unter ausgeprägter Steuerhinterziehung. Aufgrund des Wirtschaftseinbruchs in der weltweiten Finanzkrise

Abbildung 4.1:

Zinsabstand zu Deutschland

Staatsanleihen mit einer Laufzeit von 10 Jahren (Benchmark); in Prozentpunkten

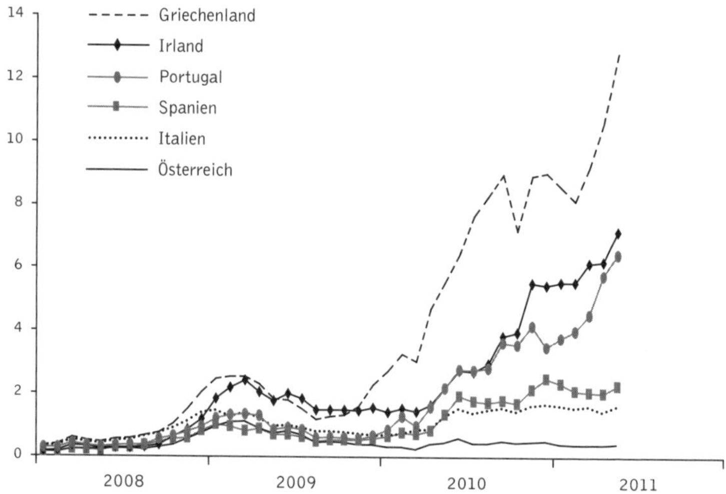

Quelle: OeNB.

stieg das Defizit des griechischen Staates auf 15 Prozent des BIP im Jahr 2009, die Staatsschuld erhöhte sich auf 127 Prozent des BIP, für Zinszahlungen mussten bereits mehr als 5 Prozent des BIP aufgewendet werden. Dies löste Befürchtungen über die Zahlungsunfähigkeit aus und die Zinssätze für neue Kredite stiegen rasch auf 15 Prozent. Bei der gegenwärtigen Verschuldung würde dieser Zinssatz dazu führen, dass bald 20 Prozent der Wirtschaftsleistung und damit nahezu die Hälfte der Staatsausgaben nur für Zinszahlungen verwendet werden müssten. Die griechische Regierung reagierte mit drastischen Budgetkürzungen und einigte sich Anfang Mai 2010 mit den anderen EU-Ländern und dem Internationalen Währungsfonds auf eine Finanzhilfe in der Höhe von 110 Milliarden Euro, die es der griechischen Regierung ermöglicht, das Defizit bis 2013 ohne Inanspruchnahme der Kapitalmärkte zu finanzieren. Das Hilfspaket war mit einer drastischen Verschärfung des Sparkurses verbunden. Diese bewirkt einerseits zwar einen Rückgang des Budgetdefizits auf etwa 9 Prozent des BIP im Jahr 2011, andererseits allerdings auch eine Verschärfung der Rezession: Das BIP schrumpft von 2009 bis 2012 um mehr als 10 Prozent. Gleichzeitig kämpft die griechische Wirtschaft mit fehlender Wettbewerbsfähigkeit, hohen Leistungsbilanzdefiziten und hoher Arbeitslosigkeit, die Wirtschaftsaussichten sind deshalb insgesamt ungünstig. Wegen des Rückgangs des BIP erhöht sich die Staatsschuld auf 150 Prozent des BIP im Jahr 2011.

Im Herbst 2010 erfasste die Staatsschuldenkrise Irland. Die Ausgangslage war dort ganz anders: Irland hatte seit Beginn der 1990er Jahre einen wirtschaftlichen Aufschwung erlebt, der das BIP pro Kopf des Landes vom Niveau eines Nachzüglers an die EU-Spitze führte. Dazu hatten umfangreiche Förderungen aus den Regional- und Strukturfonds der EU ebenso beigetragen wie die ausländischen Direktinvestitionen, die dank gut ausgebildeter Bevölkerung und besonders niedriger Unternehmenssteuersätze ins Land strömten. Gleichzeitig waren, getrieben von starkem Einkommens- und Bevölkerungswachstum, vor allem aber von einer leichtsinnigen Ausweitung der privaten Verschuldung mit Hypothekarkrediten, die Immobilien- und Hauspreise rasch gestiegen. Die spekulations- und verschuldungsgetriebene Preisblase bei privaten Häusern und gewerblichen Immobilien platzte 2007/08, was einen Rückgang der Konsum- und Baunachfrage auslöste und die überdimensionierten und völlig unzureichend beaufsichtigten Banken, die auf notleidenden Krediten sitzenblieben, an den Rand der Insolvenz brachte. Der irische Staat profitierte vom Boom lange Zeit durch rege Steuereinnahmen, 2006 wies er einen Budgetüberschuss von 3 Prozent des BIP auf, die Staatsschulden lagen bei nur 25 Prozent des BIP. Doch der drastische Wirtschaftseinbruch, das BIP schrumpft 2008 bis 2011 real um mehr als 10 Prozent, und die Übernahme des bankrotten Bankensektors belasteten den Staatshaushalt schwer. Das Budgetdefizit erreichte im Jahr 2010 32 Prozent des BIP, die Staatsschuld sprang auf 100 Prozent. Trotz eines budgetären Austeritätsprogrammes musste Irland im November Kredite von der EU und dem IWF im Umfang von 67,5 Milliarden Euro annehmen, um die Banken auffangen zu können und die Zahlungsunfähigkeit zu vermeiden.

Im Frühjahr 2011 stiegen auch die Zinssätze auf portugiesische Staatsanleihen kräftig. Das Land war rasch gezwungen, Hilfe von der EU und dem IWF im Umfang von 80 Milliarden Euro in Anspruch zu nehmen. Zwar liegt die Staatsschuld am BIP 2011 mit fast 100 Prozent über dem EU-Durchschnitt, doch die Wirtschaft leidet vor allem unter den Problemen einer veralteten, wenig wettbewerbsfähigen Industrie, die Defizite in der Leistungsbilanz sind hoch und die scharfen budgetären Einschnitte zum Abbau des krisenbedingt angestiegenen Budgetdefizits werfen Konjunktur und Beschäftigung noch weiter zurück. Auch für Portugal bildet der EU-Schutzschirm eine Entlastung, doch die gleichzeitig vereinbarte Verschärfung der Sparpakete stößt das Land noch weiter in die Rezession.

Spanien dagegen galt vor der Krise als europäisches Vorzeigemodell und hat tatsächlich wirtschaftspolitisch vieles richtig gemacht: In den Jahren des raschen wirtschaftlichen Aufholprozesses wurden anhaltende Budgetüberschüsse verzeichnet (2007: 2 Prozent des BIP), die Staatsschuld betrug nur 36 Prozent des BIP und die Regierung bemühte sich, die Ausgaben für Bildung und Infrastruktur zu erhöhen; gleichzeitig gehörte die Bankenaufsicht zu den professionellsten innerhalb der EU. Doch gegen den grassierenden Immobilienboom schien die Regierung machtlos, eine griffige Besteuerung und eine Beschränkung der Hypothekarkredite setzte sie nicht durch. Mit dem Platzen der Wohnungs- und Immobilienblase brach das BIP ein, die Arbeitslosenquote schoss um mehr als 10 Prozentpunkte nach oben, jeder zweite Jugendliche ist arbeitslos; die regionalen Sparkassen, die den Immobilienboom finanziert hatten, gerieten in Solvenzprobleme. Dies kam in einem Anstieg des Budgetdefizits auf 11 Prozent des BIP zum Ausdruck, die Staatsverschuldung erhöhte sich 2011 auf knapp 70 Prozent. Die Regierung reagierte mit drastischen Sparpaketen, die zwar zu einem Rückgang des Defizits führen, gleichzeitig aber die Rezession verschärfen und die Arbeitslosigkeit auf Rekordniveau treiben.

Drohende Zahlungsunfähigkeit wurde von Gläubigern und Medien auch in Belgien und Italien vermutet, deren Wirtschaft zwar von der Krise nicht so stark wie die genannten Länder betroffen war, doch die Staatsschuld war vor der Krise bereits gleich hoch wie das BIP und keines der beiden Länder verfügt über eine stabile, handlungsfähige Regierung. Für viele Länder droht eine Abwärtsspirale sich selbst erfüllender Prophezeiungen auf den Finanzmärkten: Befürchten die Finanzakteure eine Zahlungsunfähigkeit, so steigen die Zinssätze kräftig, was bei schwacher Konjunktur die Zahlungsunfähigkeit erst herbeiführt. Auch einige mittel- und osteuropäische Länder, darunter Ungarn, Rumänien und Bulgarien, Lettland und Litauen, kämpfen mit schweren wirtschaftlichen Problemen, Budgetdefizite und Staatsschulden sind von meist niedrigem Niveau ausgehend kräftig gestiegen. Sie geraten allerdings derzeit weniger ins Visier der Finanzmärkte, einerseits weil sie nicht Mitglied in der Währungsunion sind und damit weiterhin über das Instrument der Währungsabwertung verfügen, andererseits weil ihr BIP relativ klein ist und damit eine Rettung durch internationale Organisationen nicht sehr kostspielig wäre.

Auswege aus der Staatsschuldenkrise

In allen betroffenen Ländern bestimmten spezifische nationalstaatliche Probleme die Staatsschuldenkrise: von fehlendem Vertrauen in die offiziellen Statistiken und die wirtschaftspolitische Handlungsfähigkeit der Regierung über hohe soziale Krisenkosten in Form von Rekordarbeitslosigkeit bis zur Insolvenz von Banken. Doch es ist wichtig zu erkennen, dass die Staatsschuldenkrise in der EU das Ergebnis der Finanzkrise ist, die hohe Kosten für die Rettung von Banken und einen Einbruch der Staatseinnahmen bewirkt hat. Die Jahre 2008 und 2009 waren von der unter Einsatz großer Beträge an Steuergeld erfolgten Rettung der Banken geprägt. Nun hat sich die politische Situation umgekehrt. Die Gläubiger, also internationale Banken, Versicherungen und Pensionsfonds, sind nicht mehr bereit, die Staaten zu finanzieren. Zahlungsausfälle von Staaten drohen, der Staatsbankrott wird von den Medien an die Wand gemalt.

Derartige Zahlungsausfälle sind eigentlich nichts Ungewöhnliches, es hat sie in der Geschichte immer wieder gegeben, seit den 1950er Jahren ist allerdings kein westliches Industrieland in einen Staatsbankrott geraten. Nachdem ein Staat nicht wie ein privates Unternehmen in Konkurs gehen und verschwinden kann, bedeutet ein Staatsbankrott im Wesentlichen, dass Anleihen nicht in vollem Ausmaß oder zum vereinbarten Zeitpunkt zurückgezahlt oder die vereinbarten Zinssätze gesenkt werden (Reinhart, Rogoff 2009). So ging man in der lateinamerikanischen Schuldenkrise der 1980er Jahre vor, in Polen Anfang der 1980er Jahre, in Russland 1998 oder beim Bankrott Argentiniens 2001/02. Die Gläubiger erhielten für ihre Anleihen nur noch weniger als die Hälfte des Nennwertes zurück, meist war dies auch mit einer Streckung der Rückzahlung der Wertpapiere verbunden.

Eine derartige Restrukturierung von Staatsschulden wäre auch bei Griechenland, Irland oder Portugal möglich gewesen. Sie wurde aus drei Gründen zu vermeiden versucht:

- Erstens bedeutet eine Nichtbedienung der Staatsschuld, dass die Gläubiger wegen des gestiegenen Rückzahlungsrisikos nicht mehr bereit sind, neue Schulden des betreffenden Staates zu zeichnen, die Finanzierung des laufenden Budgetdefizits wäre damit in Frage gestellt. Eine Umschuldung hätte also in jedem Fall der Unterstützung der EU mittels umfangreicher Kredite bedurft.
- Zweitens erhöhen Zahlungsausfälle eines Staates das Risiko von Zahlungsausfällen anderer Staaten, treiben damit deren Finanzierungskosten nach oben und lösen dort eine Schuldenkrise erst aus. Dies wollte man in der angespannten Lage in der EU unbedingt vermeiden.
- Drittens hätten Zahlungsausfälle unmittelbar die Gläubiger, also internationale Banken, Versicherungen und Investmentfonds, getroffen. Die Finanzinstitute hatten das größte Interesse an der Vermeidung von Staatsbankrotten, vor allem die in den betroffenen Ländern und die politisch einflussreichen deutschen und franzö-

sischen Banken. Der Chef der Deutschen Bank, Josef Ackermann, forderte gleich zu Beginn der griechischen Schuldenkrise, dass das Land aufgefangen werden muss: »Wenn man Griechenland nicht stabilisiere, werde als nächstes das griechische Bankensystem zum Problem, was für deutsche Banken weitere Milliardenausfälle bedeuten würde«, resümiert die *Süddeutsche Zeitung* ein Gespräch mit Ackermann (18. März 2010).

Oft wird als Alternative zu Zahlungsausfällen des Staates das freiwillige oder unfreiwillige Ausscheiden der betroffenen Länder aus der Währungsunion empfohlen. Eine damit verbundene kräftige Abwertung der neuen oder alten Währung gegenüber dem Euro könnte die Wettbewerbsfähigkeit der Wirtschaft verbessern, so zu einer wirtschaftlichen Belebung des Landes führen und höhere Steuereinnahmen sowie eine Entschärfung der Lage der Staatsfinanzen bewirken. Doch diese Überlegung übersieht ein entscheidendes Problem: Die Verschuldung der von der Staatsschuldenkrise betroffenen Länder besteht in Euro. Eine Abwertung der Währung gegenüber dem Euro würde bedeuten, dass Staatsschulden wie auch private Schulden der Haushalte und Unternehmen in nationaler Währung kräftig steigen. Das Schuldenproblem würde also verschärft, ein Bankrott der Staaten und der Banken unausweichlich. Das Verlassen der Währungsunion bietet also keine Lösung.

Die Europäische Union hat sich für den Weg entschieden, den Krisenstaaten mit Gemeinschaftskrediten zu helfen. Zu diesem Zweck wurde die European Financial Stability Facility (EFSF) geschaffen, die Kredite im Ausmaß von 440 Milliarden Euro an Mitgliedsstaaten vergeben kann, die sich in einer Staatsschuldenkrise befinden. Ab 2013 wird sie von einem dauerhaften European Stability Mechanism (ESM) abgelöst. Der Zinssatz der Kredite beträgt im Durchschnitt mehr als 5 Prozent, die Haftungen übernehmen alle Mitgliedsländer. Dieses Volumen wird um andere Kreditzusagen, etwa des Internationalen Währungsfonds, erweitert, insgesamt stehen damit 750 Milliarden Euro zur Verfügung. Die Vergabe von Krediten aus dem EFSF ist, wie etwa in den Fällen Irland und Portugal, mit sehr strikten Auflagen verbunden. Diese betreffen harte Konsolidierungsmaßnahmen durch umfangreiche Staatsausgabenkürzungen, Steuererhöhungen und Privatisierungen.

Diese Politik bringt zwei Probleme mit sich: Sie verschärft die Rezession; als Faustregel kann gelten, dass ein Konsolidierungspaket im Ausmaß von 10 Prozent des BIP je nach seiner konkreten Ausgestaltung das BIP des betroffenen Landes um mindestens 5 Prozent verringert. Damit sinken die Staatseinnahmen, die in den meisten Ländern etwa die Hälfte des BIP ausmachen, um 2,5 Prozent des BIP. Trotz Konsolidierung verringert sich das Budgetdefizit deshalb nur um 7,5 Prozent des BIP. Die Staatsschuld steigt gemessen am BIP weiter, da das BIP rascher sinkt, als sich der Budgetsaldo verbessert. Zudem ist der Zinssatz für die Kredite sehr hoch: Wenn das BIP nicht wächst, dann besteht selbst bei ausgeglichenen laufenden Staatseinnahmen und -ausgaben ein Budgetdefizit wegen der hohen Zinsbelastung.

Länder mit hoher Staatsschuld können aus diesem Dilemma nicht allein herausfinden. Mit der Konsolidierung dämpfen sie die Konjunktur, ohne Wirtschaftswachstum kann der Weg aus der Staatsschuldenkrise allerdings nicht gelingen. Man kann sich aus einer Krise nicht heraussparen. Deshalb müssen die EU-Partnerländer den betroffenen Staaten die Hand reichen. Die Hilfe muss in zwei Bereichen erfolgen:

Erstens muss das Wirtschaftswachstum in den Krisenländern gefördert werden. Dies kann zum einen über die bevorzugte Vergabe von Mitteln aus den Regional- und Strukturfonds an diese Länder erfolgen. Besonders wichtig wäre ein umfangreiches europäisches Programm zur Bekämpfung der Arbeitslosigkeit in den Krisenländern, das besonders für Jugendliche in großem Stil Ausbildungsplätze und Jobs schafft. Das Volumen der Maßnahmen sollte nicht unter 2 Prozent des BIP dieser Länder liegen, im Fall Griechenlands, Irlands, Portugals, Spaniens und der baltischen Länder wären das gut 30 Milliarden Euro, das sind 0,25 Prozent des BIP der EU und ein Viertel des EU-Budgets. Mit einer derartigen Beschäftigungsoffensive könnte nicht nur unmittelbaren Krisenopfern geholfen werden, sondern auch Vertrauen in der gesamten Bevölkerung geschaffen, Unsicherheit und

Angstsparen verringert werden. Die Finanzierung des Programmes könnte über zusätzliche Einnahmen für den EU-Haushalt, etwa durch eine Finanztransaktionssteuer und eine Kerosinabgabe, die Aufnahme von Krediten durch den EU-Haushalt oder über den EFSF erfolgen. Die Krisenländer würden auch davon profitieren, wenn die EU-Ländergruppe um Deutschland mit einem Überschuss in der Leistungsbilanz und relativ geringer Staatsverschuldung ihre Binnennachfrage erhöhen würde, etwa indem sie zugunsten der unteren, konsumfreudigen Einkommensgruppen umverteilt. Denn das würde auch den Import, unter anderem aus den Krisenländern, erhöhen und so einen Wachstumsimpuls geben.

In der Öffentlichkeit der Länder mit relativ stabilen Finanzen wird von konservativer Seite gerne ein Vorurteil gepflegt: Es sei gefährlich, den Sündern aus dem Süden zu helfen, denn so werde falsches Verhalten belohnt und richtiges bestraft. Doch das ist Stimmungsmache und übersieht völlig die gesamtwirtschaftlichen Zusammenhänge: Erlegt man den Krisenländern harte Sanierungsmaßnahmen auf, unter denen Menschen und Wirtschaft leiden, so tut man sich selbst nichts Gutes. Die Maßnahmen führen zu einem Rückgang des BIP, damit des Imports der Krisenländer und schwächen den Export und das Volkseinkommen der Handelspartner. John Maynard Keynes hat in einer ähnlichen Situation die britische Delegation der Friedensverhandlungen von Versailles nach dem Ersten Weltkrieg verlassen, weil diese von Deutschland drastische Reparationszahlungen verlangte. Keynes sah, dass die Umsetzung des britischen Planes die deutsche Wirtschaft auf Jahre zurückwerfen und damit ganz Europa wirtschaftlich schaden würde. Er kehrte nach England zurück und schrieb innerhalb von fünf Monaten das Buch »The Economic Consequences of the Peace«, in dem er darlegte, wie der Verzicht auf untragbar hohe Reparationszahlungen des Kriegsverlierers Deutschland, die Förderung der gesamtwirtschaftlichen Nachfrage und Produktion in Deutschland und des Handels innerhalb Europas den Wohlstand auf dem gesamten Kontinent fördern und die politische Lage stabilisieren würde (Keynes 1920).

Zweitens muss das Niveau der langfristigen Zinsen in der EU generell und besonders in den Krisenländern möglichst niedrig gehalten werden. Dafür darf zunächst die Europäische Zentralbank ihre kurzfristigen Zinssätze nicht erhöhen. Gleichzeitig wäre der Zinssatz für die Kredite aus dem EFSF zu senken; es besteht wenig Grund, ihn über dem Niveau anzusetzen, zu dem sich der EFSF selbst verschuldet. Dann muss die Staatsfinanzierung der Krisenländer, aber auch der anderen EU-Länder, von den Finanzmärkten und ihrer spekulativen Ausrichtung entkoppelt werden. Diesem Zweck dient die Schaffung des EFSF, der sich deutlich günstiger verschulden kann als die meisten Mitgliedsländer, allerdings müsste das Volumen der Verschuldungsmöglichkeit erhöht werden. Den gleichen Effekt hätte die vieldiskutierte Ausgabe von Eurobonds, also einer gemeinsamen Anleihe der EU-Länder. Noch weiter gehen würde die Abkoppelung von den Finanzmärkten, wenn sich die Mitgliedsländer direkt bei der Europäischen Zentralbank verschulden könnten. Die Banken erhalten von der EZB Liquidität zu einem Zinssatz von gut einem Prozent, sie legen diese Mittel in Staatsanleihen mit Zinssätzen zwischen 4 und 15 Prozent an. Das ist eine ungeheure staatliche Subvention für die Banken, die besonders während einer Staatsschuldenkrise unangemessen ist. Eine im Volumen begrenzte direkte Verschuldung der Staaten bei der EZB würde die Kosten für die Steuerzahler markant vermindern. In den USA wird eine Politik mit ähnlicher Wirkung über den Kauf von Staatsanleihen durch die Notenbank betrieben: Die FED hält Staatsanleihen im Umfang von 1600 Milliarden US-Dollar und ist damit der größte Gläubiger des Staates noch vor China.

Gelingt es, die nationalstaatlichen Sparprogramme der Krisenländer um eine expansive Komponente seitens der EU und der anderen Mitgliedsländer zu ergänzen und die langfristigen Zinssätze niedrig zu halten, dann ist die Staatsschuldenkrise in der EU bewältigbar. Die Vermeidung von Schuldenstreichungen ist angesichts der labilen Lage des europäischen Banken- und Finanzsystems richtig. Dies ändert nichts daran, dass eine zeitliche Streckung der Tilgung bestehender Schulden ein sinnvolles Instrument zur Beruhigung der Situation wäre. Gleichzeitig muss die Wirtschaftspolitik in Erinnerung behalten, wer von der Vermeidung des Staatsbankrotts in besonderem Ausmaß profitiert: die Banken. Die EU-Wirtschaftspolitik darf sich zudem nicht auf das Problem der Staatsverschuldung allein konzentrieren, sondern muss die Bekämpfung der Arbeitslosigkeit als zumindest gleichwertig erkennen. Die Ausgangslage im Budget war vor der Finanzkrise innerhalb der EU grosso modo in Ordnung. Der Schuldenstand war rückläufig, ohne Einbeziehung der Zinszahlungen für vergangene Schulden wiesen fast alle Länder sogar Budgetüberschüsse aus. Die sprunghafte Verschlechterung der letzten Jahre ist eine direkte Folge der von Banken und Finanzmärkten ausgelösten Wirtschaftskrise. Auch das muss bei der Bewältigung der Kosten der Staatsschuldenkrise bedacht werden.

Mangelnde Gestaltungsfähigkeit der EU

Die Finanz-, Wirtschafts- und Staatsschuldenkrise legt den Mangel an politischer Gestaltungsfähigkeit innerhalb der Europäischen Union offen. Das verspätete Reagieren auf die Krise etwa im Vergleich mit den USA zeigt das Fehlen handlungsfähiger gemeinsamer europäischer Institutionen. Das ist eine Folge des von der Europäischen Kommission, zahlreichen Mitgliedsstaaten und dem Europäischen Gerichtshof vertretenen neoliberalen Integrationskonzepts, das der vollständigen Verwirklichung des Binnenmarktes immer Vorrang vor der Entwicklung eines sozialen Europa gegeben hat (Oberndorfer 2010). Das wichtigste Anliegen der EU-Wirtschaftspolitik ist es, Europa zu einem freien Markt für Güter, Dienstleistungen, Kapital und Arbeitskräfte zu machen. Diese Ausrichtung auf die Freiheit der Märkte wird als Angebotspolitik bezeichnet. Sie wird ergänzt um eine klare Orientierung der Wirtschaftspolitik an den Zielen Preisstabilität und Budgetkonsolidierung, für die eine mächtige Institution, die Europäische Zentralbank, und ein genaues Regelwerk, der Stabilitätspakt, geschaffen wurden. Demgegenüber fehlen einflussreiche Institutionen und schlagkräftige politische Instrumente, die sich um Vollbeschäftigung, gerechte Verteilung des Wohlstandes und soziale Sicherheit kümmern. Eine Politik, die diese Ziele für wichtig erachtet, muss den Aufbau handlungsfähiger europäischer Institutionen vorantreiben. Die Devise müsste also lauten: die EU zuerst vertiefen und erst dann erweitern.

Die notwendige Vertiefung der EU betrifft vor allem Herausforderungen, welche auf nationalstaatlicher Ebene nicht mehr zu bewältigen sind. Dazu gehören:

- die straffe Regulierung, die markante Besteuerung und die merkliche Verkleinerung des hypertrophen Finanz- und Bankensystems;
- die Schaffung der Grundlagen für einen zu entwickelnden europäischen Wohlfahrtsstaat, nicht indem rasch einheitliche soziale Sicherungssysteme geschaffen werden, sondern indem der Steuersenkungswettlauf, der die Finanzierbarkeit des Sozialstaates allerorts untergräbt, durch Mindestsätze bei Unternehmenssteuern und Kapitalerträgen verhindert wird;
- die Einführung von koordinierten Mindestlöhnen auf nationalstaatlicher Ebene, die an der jeweiligen Arbeitsproduktivität ausgerichtet sind und Lohndumping vermeiden;
- die Einführung und Verbesserung sozialer Mindeststandards in Sozialversicherung und sozialen Dienstleistungen;
- die Schaffung von Grundlagen einer besseren Finanzierung des Unionsbudgets durch die Einführung einer Finanztransaktionssteuer und einer Abgabe auf Kerosin;
- die Ausweitung des EU-Budgets, das die Union in die Lage versetzt, in einer Krise gegensteuern zu können und nicht auf Appelle an die Mitgliedsstaaten beschränkt zu sein.

Mit diesen und ähnlichen Instrumenten hätten wichtige Krisenursachen rechtzeitig bekämpft werden können, die Rezession wäre milder ausgefallen und eine Staatsschuldenkrise wäre vielleicht verhindert worden.

Die EU leidet schon in ihrer derzeitigen Form an einem ausgeprägten Demokratiedefizit. Die Ausweitung des Binnenmarktes hat dazu geführt, dass die demokratischen Errungenschaften, die mit der Schaffung des Nationalstaates verbunden waren, auf europäischer Ebene geopfert werden. Die notwendige Stärkung der Exekutivebene in der EU ist deshalb nur dann gerechtfertigt, wenn sie von einem gleichzeitigen Ausbau des demokratischen Systems begleitet würde. Eine die europäischen politischen Mehrheitsverhältnisse und die Ergebnisse von Wahlen spiegelnde Zusammensetzung der Kommission sowie eine Ausweitung der Kompetenzen des Europäischen Parlaments sind die Voraussetzung für eine handlungsfähige Wirtschaftsregierung, damit auch die Schaffung einer Kammer der Mitgliedsländer, die den Europäischen Rat der Regierungschefs ablöst: die EU auf dem Weg zum Bundesstaat.

Keine »griechischen Verhältnisse« in Österreich

Auch für Österreich wurden griechische Verhältnisse beschworen, als es im Frühjahr 2010 galt, die Weichen für die Budgetkonsolidierung zu stellen. Doch dabei ging es vor allem um politisches Kleingeld. Konservative Kräfte versuchten, angesichts des Anstiegs von Budgetdefizit und Staatsschuld die Unfinanzierbarkeit des Sozialstaates als Wurzel der Budgetprobleme darzustellen und damit drastische Einsparungen im Pensions- und Gesundheitssystem sowie in der Verwaltung zu begründen.

Doch weder ist Österreich nahe an griechischen Zuständen im Budget, noch ist der Sozialstaat die Ursache für die Budgetprobleme. Der Anstieg des Budgetdefizits auf 4,6 Prozent des BIP und der Staatsschuld auf 72 Prozent des BIP (2010) ist ausschließlich eine Folge der Finanz- und Wirtschaftskrise. Vor der Krise wies Österreich ein geringes Budgetdefizit auf (2007: 2,5 Milliarden Euro oder knapp ein Prozent des BIP) und eine Bruttoschuld von 61 Prozent des BIP. Besonders stark unter finanziellen Druck sind Städte und Gemeinden geraten. Sie finanzieren sich primär aus zwei eigenen Quellen: der Grundsteuer, deren Aufkommen stagniert, und der Kommunalabgabe auf die Lohnsumme, deren Einnahmen in der Krise einbrachen. Auch die Mittel aus

Abbildung 4.2:

Budgetdefizit seit 1970

In % des BIP

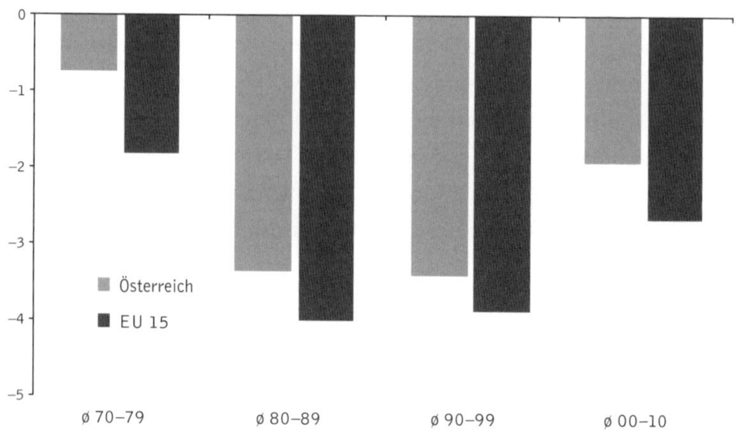

Quelle: Eurostat, Statistik Austria.

dem Finanzausgleich sind krisenbedingt zurückgegangen. Gleichzeitig steigen die Ausgaben vor allem im Sozialbereich rasch: Der Bedarf an Kindergärten und Pflegeleistungen wächst ebenso wie die Kosten der Mindestsicherung; die Kommunen müssen in steigendem Ausmaß zur Spitalsfinanzierung der Länder beitragen. Die Schere zwischen Einnahmen und Ausgaben öffnet sich, und der Spielraum der Städte und Gemeinden, dem Problem zu begegnen, ist gering. Damit drohen Kürzungen bei den kommunalen Investitionen und der sozialen Versorgung. Hier besteht eine der brisantesten Herausforderungen der Budgetpolitik.

So wie in der Vergangenheit ist die Budgetlage in Österreich insgesamt allerdings günstiger als in den meisten anderen EU-Ländern. *Siehe Abb. 4.2*

Dennoch ist es notwendig, das Budgetdefizit nach Überwindung der Finanzkrise wieder zu verringern, vor allem um mittelfristig den budgetpolitischen Spielraum zu erhalten. Österreich gab vor der Krise pro Jahr etwa 2,5 Prozent seines BIP, das sind gut 7 Milliarden Euro, für

Zinszahlungen aus. Ohne eine Rückführung des Defizits würde der Zinsaufwand deutlich steigen, Mittel, die in der Folge nicht mehr für Zukunftsausgaben im Bereich Bildung oder Soziales zur Verfügung stünden. Zudem muss mittelfristig dafür gesorgt werden, dass in einer nächsten Rezession wieder genügend budgetärer Spielraum vorhanden ist, um den Anstieg der Arbeitslosigkeit aktiv bekämpfen zu können.

Ein kräftiger Konjunkturaufschwung, der mehrere Jahre anhält, würde die idealen Rahmenbedingungen für eine erfolgreiche Konsolidierung des Staatshaushalts darstellen. Gemäß den Faustregeln der empirischen Wirtschaftsforschung für Österreich führt eine Beschleunigung des Wirtschaftswachstums um einen Prozentpunkt zu einem Anstieg der Staatseinnahmen um etwa ein Prozent (1,5 Milliarden Euro) und einem Rückgang des Budgetdefizits um 0,5 Prozent des BIP. Wollte man auf Basis dieser Zusammenhänge das Budgetdefizit gemessen am BIP innerhalb von 4 Jahren von mehr als 4 Prozent auf 2 Prozent reduzieren, so bräuchte man ein jährliches reales Wirtschaftswachstum von mehr als 3 Prozent pro Jahr. Rezessionen nach Finanzkrisen sind jedoch nicht nur tiefer als normale Konjunktureinbrüche und dauern länger, sondern sie sind meist auch von schwachen Erholungsphasen gefolgt (Reinhart und Rogoff 2009).

Somit stellt sich die Frage, wie Budgetkonsolidierung unter den Rahmenbedingungen moderaten Wirtschaftswachstums gelingen kann (Marterbauer 2010). Der Staat kann den Budgetsaldo nicht direkt kontrollieren, denn dieser ist das Ergebnis der wirtschaftlichen Entwicklung im privaten Sektor und der damit in Zusammenhang stehenden staatlichen Abgabeneinnahmen und Ausgaben für Arbeitslosigkeit. Mit der Kürzung von Staatsausgaben und der Erhöhung von Steuern kann der Staat den Budgetsaldo beeinflussen; doch beide Maßnahmen dämpfen zumindest kurzfristig die Nachfrage und das Wirtschaftswachstum. Diese dämpfenden Effekte bleiben dann gering und die Budgetkonsolidierung ist erfolgreich, wenn sich gleichzeitig zur Verbesserung des Finanzierungssaldos des Staates der Unternehmenssektor und das Ausland stärker verschulden oder die privaten Haushalte ihren Sparüberschuss verringern. Das staatliche Defizit würde

Abbildung 4.3:

Finanzierungssalden nach Sektoren

In % des BIP, 1995–2010

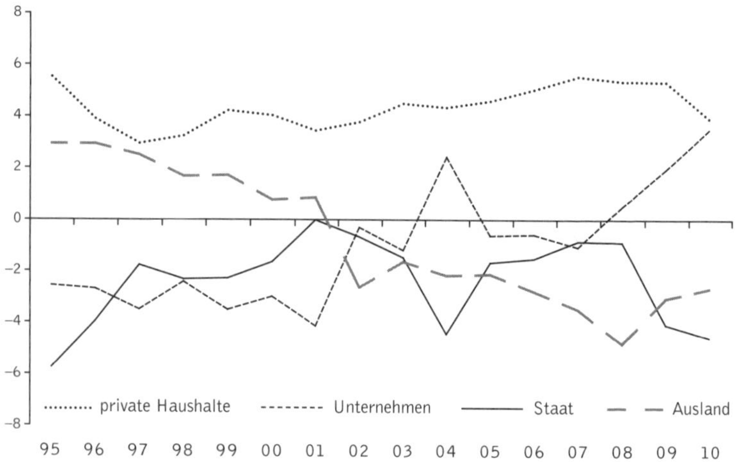

2010: Prognose. Quelle: Statistik Austria.

dann, vermittelt über den ökonomischen Kreislauf, von den anderen Sektoren übernommen. Die Budgetpolitik muss also danach trachten, im Rahmen der Konsolidierung Maßnahmen zu setzen, die eine entsprechende Anpassung des Finanzierungssaldos des Auslands, der Unternehmen oder der privaten Haushalte begünstigen.

In Österreich ist in den letzten Jahrzehnten der Finanzierungsüberschuss der privaten Haushalte, also der Saldo aus Sparen und Kreditaufnahme, stetig gestiegen und beträgt gut 5 Prozent des BIP. Das Finanzierungsdefizit des Unternehmenssektors hat sich deutlich verringert, es lag in den 1990er Jahren noch bei 3 bis 4 Prozent des BIP, seit 2000 wegen der schwachen Realinvestitionen und der starken Finanzanlagen der Unternehmen aber nur noch bei einem Prozent. Die österreichische Leistungsbilanz weist seit einigen Jahren einen wachsenden Überschuss auf, der Auslandssektor hat also bereits ein Defizit. *Siehe Abb. 4.3*

Viele andere Staaten haben in der Vergangenheit einen wesentlichen

Beitrag zur Konsolidierung ihrer Budgets durch die Abwertung ihrer Währung erreicht. Sie bewirkte eine Ausweitung von Export und Wirtschaftswachstum und damit steigende Staatseinnahmen. Die Verbesserung des Budgetsaldos ging also mit einer Verbesserung des Saldos der Leistungsbilanz einher. Eine markante Abwertung der Währung ermöglichte es, zusammen mit Ausgabenkürzungen sowie Steuererhöhungen etwa in Schweden nach der Finanz- und Bankenkrise 1990 bis 1993 das Budgetdefizit rasch zu reduzieren (Marterbauer 2008). Doch innerhalb einer Währungsunion steht die Möglichkeit der Währungsabwertung und einer exportgetriebenen Budgetkonsolidierungsstrategie nicht mehr zur Verfügung. Im Gegenteil, alle EU-Länder beabsichtigen, gleichzeitig ihr Budgetdefizit zu verringern. Dies dämpft das Wirtschaftswachstum in allen Ländern und die einzelnen Staaten können nicht auf den Export in die EU als Wachstumsmotor hoffen; allerdings profitieren Österreich und andere Länder mit wettbewerbsfähiger Exportindustrie vom Aufschwung in den asiatischen und lateinamerikanischen Schwellenländern.

Gesamtwirtschaftlich wünschenswert wäre eine Konsolidierung des Staatshaushalts über eine Ausweitung der kreditfinanzierten Investitionstätigkeit der Unternehmen. Diese würde das Wachstum von Wirtschaft und Beschäftigung beschleunigen und dadurch die Steuereinnahmen erhöhen sowie die Ausgaben für Arbeitslosigkeit verringern. Doch ein kräftiger Investitionsaufschwung ist angesichts der verhaltenen Wachstumsaussichten und der dadurch gedämpften Absatzerwartungen der Unternehmen wenig wahrscheinlich.

Somit bleibt als dritte Möglichkeit die Verringerung des Finanzierungsüberschusses der privaten Haushalte. Hier besteht aufgrund des in den letzten Jahren zu beobachtenden stetigen Anstiegs des Sparanteils am verfügbaren Einkommen der Haushalte ein erhebliches Potenzial. Eine Verringerung des Sparens der Haushalte würde eine Ausweitung der Konsumnachfrage mit sich bringen und damit positive Wirkungen auf die gesamtwirtschaftliche Nachfrage, das BIP und die Beschäftigung und somit auch auf den Finanzierungssaldo des Staates auslösen. Drei Faktoren bestimmen den Sparanteil am verfügbaren

Einkommen der privaten Haushalte in besonderem Ausmaß und wären von einer Wirtschaftspolitik zu beachten, die das Budget mit möglichst geringen gesamtwirtschaftlichen Kosten sanieren will:

- Die Verteilung der Einkommen: Zunehmende Ungleichheit begünstigt die oberen, sparfreudigen gegenüber den unteren, konsumfreudigen Haushalten. Eine Umverteilung nach unten würde automatisch die Konsumnachfrage beleben und damit die Budgetsanierung erleichtern. Das WIFO hat in einer Untersuchung für Österreich gezeigt, dass die Umverteilung von einer Milliarde Euro vom oberen zum unteren Einkommensdrittel aufgrund der unterschiedlichen Konsum- und Sparneigung der betroffenen sozialen Gruppen die Konsumnachfrage mittelfristig um etwa 400 Millionen Euro, das BIP um knapp 300 Millionen Euro, die Zahl der Beschäftigten um 3000 und den Finanzierungssaldo des Staates um 150 Millionen Euro erhöht (Marterbauer u.a. 2006). Die Gesamtwirtschaft lukriert eine Umverteilungsdividende.
- Die Erbschaften, die in der Vermögensökonomie besonders an Bedeutung gewinnen, sehr ungleich verteilt sind und zu einem hohen Teil wieder in Geldvermögen angelegt werden: Eine Besteuerung von Vermögen und im Besonderen von Erbschaften würde zur Budgetkonsolidierung beitragen, gleichzeitig vor allem die Ersparnisse der Haushalte verringern und damit die Nachfrage kaum dämpfen.
- Die Lage auf dem Arbeitsmarkt: Hohe Arbeitslosigkeit verstärkt die Einkommensunsicherheit und beeinträchtigt so die Konsumentenstimmung (»Vorsichtssparen«), die vor allem für den Kauf von dauerhaften Konsumgütern von Bedeutung ist. Aktive Beschäftigungspolitik könnte somit die Budgetkonsolidierung unterstützen (Leoni, Marterbauer, Tockner 2011).

In Österreich hat die Bundesregierung bereits im Frühjahr 2010 einen Plan zur mittelfristigen Konsolidierung des Budgets vereinbart, der im Zuge der Erstellung des Budgets für 2011 im Dezember 2010 im Detail beschlossen wurde. Die Konsolidierung erfolgt mit einem Mix an Ausgabeneinsparungen und Steuererhöhungen, der bis 2015 das Defizit auf etwa 2 Prozent des BIP drücken soll. Das Wachstum der

Staatsausgaben wird in nahezu allen Bereichen des Budgets gebremst, von den Personalkosten über die Sozialtransfers bis zu den Förderungen. Im Jahr 2011 werden Ausgaben im Umfang von 1,4 Milliarden Euro gekürzt, bis 2014 steigt dieser Betrag auf 2,5 Milliarden Euro (Schratzenstaller 2011). Schwere Einschnitte gibt es nur in wenigen Bereichen, dort fallen sie allerdings heftig aus: Die Streichung der Familienbeihilfe für 24- bis 26-jährige Studierende oder arbeitslose Jugendliche sowie die Kürzungen von Entwicklungshilfe sind massiv. Schwerwiegende Einschnitte entstehen zudem dadurch, dass auch die Bundesländer, Gemeinden und Städte zu Ausgabenkürzungen gezwungen sind. Zwar gibt es in den föderalen Beziehungen zahlreiche Möglichkeiten, die Effizienz zu verbessern und Ausgaben einzusparen, doch in vielen Fällen betreffen die Kürzungen die Pflegeleistungen oder die vielfältigen Bereiche der sozialen Dienstleistungen und belasten die sozial Schwachen in besonderem Ausmaß.

Neben Ausgabensenkungen werden auch Steuererhöhungen vorgenommen, die die Bereiche der Ökosteuern, von der Mineralöl- und Tabaksteuer über die Einführung einer Flugticketabgabe bis zur Erhöhung der Normverbrauchsabgabe für große Pkws, und der vermögens- und einkommensbezogenen Steuern durch die Einhebung einer Bankenabgabe und der stärkeren Besteuerung von Wertzuwächsen bei Aktien sowie Privatstiftungen betreffen. Die Erhöhung der speziellen Verbrauchssteuern belastet in Relation zum Einkommen vor allem die unteren und mittleren Einkommensgruppen, bringt aber positive ökologische Folgen mit sich. Die Erhöhung der vermögensbezogenen Steuern geht zulasten des oberen Zehntels der Haushalte und hat keine nennenswerten negativen Nachfragewirkungen. Insgesamt führen die Steuererhöhungen zu zusätzlichen Staatseinnahmen im Ausmaß von 1,2 Milliarden Euro im Jahr 2011, dieser Betrag steigt bis 2014 auf 2,3 Milliarden Euro.

Mit Ausnahme einzelner Maßnahmen erfolgt die Budgetkonsolidierung in Bezug auf Zeitpunkt und Tempo in vertretbarer Weise; die dämpfenden Effekte auf das BIP bleiben gering (2011: –0,3 Prozent). Die wichtigste Schwachstelle der österreichischen Konsolidierungsstrategie ist, dass die Bewältigung der beiden wirtschaftlichen Hauptprobleme, Budgetdefizit und Arbeitslosigkeit, nicht als gleichwertig angesehen wird. So hätte etwa als gesamtwirtschaftlich vernünftiges Ziel formuliert werden können, die Budgetdefizitquote und die Arbeitslosenquote, die 2010 beide deutlich über 4 Prozent lagen, innerhalb von 2 bis 3 Jahren auf unter 3 Prozent zu verringern. Eine ausgewogene wirtschaftspolitische Strategie hätte parallel zur Budgetkonsolidierung expansive beschäftigungspolitische Maßnahmen setzen müssen, vom raschen Ausbau von Kindergärten und Pflege, zusätzlichen Investitionen in Bildung, Forschung, aktive Arbeitsmarktpolitik, öffentlichen Wohnbau bis zur Bekämpfung des Klimawandels. Spielraum für die Finanzierung der Beschäftigungsoffensive wäre insofern vorhanden, als neben der fehlenden Initiative in der Bekämpfung der Arbeitslosigkeit eine zweite Schwachstelle im Budget im Fehlen einer markanten Besteuerung von Vermögenden besteht. Die Vermögensbesitzer haben von den staatlichen Eingriffen zur Eindämmung der Krise in besonderem Ausmaß profitiert, nun sollten sie wesentlich zur Bewältigung der Krisenkosten beitragen. Eine dritte Schwachstelle betrifft die Art der Konsolidierungsmaßnahmen. Viele Einsparungen wären in gesamtwirtschaftlicher und sozialer Hinsicht in viel sinnvollerer Weise erzielbar gewesen. Etwa indem im Bereich der Familienförderung nicht die Beihilfen für Studierende und arbeitslose Jugendliche gekürzt, sondern die steuerliche Absetzbarkeit von Kinderbetreuungskosten und die Kinderfreibeträge gestrichen würde, von denen vor allem die oberen Einkommensgruppen profitieren; oder indem nicht die Förderungen im Bereich Entwicklungshilfe und außeruniversitäre Forschung gekürzt, sondern jene für private Pensionsvorsorge abgeschafft würden.

Eine mittelfristige Planung für den Staatshaushalt

In der Europäischen Union wurde im Zuge der Schaffung einer gemeinsamen Währung 1997 ein Pakt für Stabilität und Wachstum geschaffen, mit dem der zentralisierten Geldpolitik Regeln für die weiter auf nationalstaatlicher Ebene verbleibende Budgetpolitik beigestellt werden. Der Pakt strebt mittelfristig einen ausgeglichenen Staatshaushalt an, erlaubt ein jährliches Budgetdefizit von nur in Ausnahmefällen über 3 Prozent des BIP und verlangt eine Rückführung der Staatsschuld auf unter 60 Prozent des BIP. Im Rahmen dieses Paktes gelang es tatsächlich, die Budgetdefizite bis vor der Finanzkrise kontinuierlich zu verringern.

Doch die Finanzkrise hat die Schwächen des Paktes deutlich gemacht. Sie bestehen vor allem darin, dass er die Zusammenhänge zwischen wirtschaftlicher Entwicklung und Budgetsaldo des Staates völlig vernachlässigt (Angelo u. a. 2004): Das Budgetdefizit kann von der Politik nur teilweise beeinflusst werden, es ist zu einem wesentlichen Teil Ergebnis der Konjunktur. Der Stabilitätspakt sieht eine bedingungslose Rückführung des Defizits vor, der konjunkturunabhängige Teil des Defizits soll in jedem Fall verringert werden. Für eine Phase guter Konjunktur ist eine derartige Ausrichtung der Budgetpolitik angebracht und eine entsprechende Koordination innerhalb der EU vernünftig. Es fehlt allerdings ein zweiter Arm, der in einer schweren Rezession die notwendige expansive Budgetpolitik europaweit koordiniert. Das Fehlen dieses zweiten Armes des Stabilitätspaktes wurde in der lähmenden Verzögerung staatlicher Konjunkturprogramme im Wirtschaftseinbruch 2008/09 deutlich. Wegen der einseitigen Festlegung auf ein Defizitziel besteht in der Praxis des Stabilitätspaktes die Gefahr einer nicht konjunkturgerechten, sondern prozyklischen Budgetpolitik, die in der Hochkonjunktur nicht ausreichend spart, weil die angestrebte Verringerung des Defizits dank sprudelnder Steuereinnahmen leicht erreicht wird, und in der Rezession zu viel spart, weil der konjunkturbedingte Ausfall an Steuereinnahmen die Erreichung des Budgetziels nicht erlaubt. Ein zweites Problem des Stabilitätspaktes besteht darin, dass er nicht zwischen der Finanzierung laufender Staatsausgaben für Personal, Transfers einerseits und investiven Ausgaben andererseits unterscheidet. Die erste Ausgabengruppe muss mittelfristig durch Abgaben finanziert werden, die zweite kann wirtschaftlich gut begründet kreditfinanziert werden. Dieses Manko hat dazu geführt, dass manche Mitgliedsländer wie Österreich die staatlichen Investitionsausgaben im Schienen-, Straßen- und Hochbau in Institutionen außerhalb des Staatshaushalts (ÖBB, Asfinag, BIG) ausgegliedert haben, damit wurde die finanzielle Lage des Staates intransparent. Andere Länder wie Deutschland haben ihre öffentlichen Investitionen merklich gekürzt, was schwerwiegende langfristige Folgen für die wirtschaftliche Entwicklung nach sich zieht.

Der Stabilitätspakt muss reformiert werden. Er benötigt eine symmetrische, antizyklische Ausgestaltung für Hochkonjunktur und Rezession (»zwei Arme«) und muss sich mit der Förderung öffentlicher Investitionen auseinandersetzen. Sinnvoll wäre auch eine weitergehende Koordination der Budgetpolitik. Zum Ersten in Bezug auf die europaweite Abstimmung der Steuerpolitik. Hier gilt es, etwa durch Mindestsätze für die Körperschaftssteuer auf Unternehmensgewinne, einen Steuersenkungswettlauf oder – durch konsequenten Informationsaustausch über Zins- und Dividendeneinkommen von Ausländern zwischen den EU-Ländern – Steuerhinterziehung zu verhindern. Zum Zweiten indem Überschüsse und Defizite in der Leistungsbilanz der Mitgliedsländer berücksichtigt und Anreize für ihren Abbau gesetzt werden (Horn 2011). Im März 2011 haben die Regierungschefs der Mitgliedsländer der EU eine Anpassung des Stabilitätspaktes beschlossen, die allerdings dem Reformbedarf nicht gerecht wird, sondern im Gegenteil den Konsolidierungskurs unabhängig von der Wirtschaftslage verstärkt.

In Deutschland wurde 2008 die mittelfristige Budgetplanung in die Bundesverfassung aufgenommen und dadurch in Relation zum EU-Stabilitätspakt noch verschärft. Diese »Schuldenbremse« sieht vor, dass das strukturelle Budgetdefizit höchstens 0,35 Prozent des BIP betragen darf. Im Rahmen der Schuldenbremse werden die konjunkturellen Reaktionen des Budgets auf der Einnahmen- und der Ausgabenseite weitgehend unterschätzt, die Budgetpolitik wirkt dadurch prozyklisch (Horn u.a. 2008). Selbst bei schwacher wirtschaftlicher Entwicklung hat sich die deutsche Politik damit selbst verpflichtet, ein quantitativ festgelegtes Budgetziel zu erreichen. Dies schränkt den Spielraum der Budgetpolitik und damit auch des Parlaments als gesetzgebende Kraft in der Budgeterstellung weitgehend ein. Die Budgetpolitik kann mit dieser Selbstentmachtung in Verfassungsrang wichtigen gesamtwirtschaftlichen Zielsetzungen wie der Stabilisierungs-, Verteilungs- und Beschäftigungspolitik nicht mehr ausreichend gerecht werden.

In Österreich wurde mit dem neuen Bundeshaushaltsrecht im Jahr 2009 ein dritter, pragmatischer Weg der mittelfristigen Budgetplanung eingeschlagen (Steger 2009). Er sieht vor, dass die Staatsausgaben in 5 großen Rubriken für 4 Jahre im Vorhinein geplant und vom Parlament beschlossen werden: Recht und Sicherheit; Arbeit, Soziales, Gesundheit und Familie; Bildung, Forschung, Kunst und Kultur; Wirtschaft, Infrastruktur und Umwelt; Kassa und Zinsen. Der detaillierte Beschluss über den Voranschlag erfolgt weiterhin jeweils im Herbst für das darauffolgende Jahr. Die Abgabeneinnahmen und manche konjunkturabhängige Ausgaben, wie jene für Arbeitslosigkeit, werden mittelfristig variabel gehalten, sie schwanken mit der Konjunktur. Die Ausgaben in den 5 Rubriken werden so festgelegt, dass mittelfristige Budgetziele erreichbar sind. Darüber hinaus wird Planungssicherheit geschaffen, die Voraussetzung für die politisch angestrebten Strukturveränderungen etwa in Richtung von Schwerpunkten bei zukunftsorientierten Staatsausgaben ist. Dazu trägt auch der Grundsatz der Wirkungsorientierung bei: Die Staatsausgaben sollen regelmäßig auf die Effizienz in der Erfüllung ihrer Aufgaben untersucht werden.

Diese Verfolgung eines Ausgabenpfades bildet ein gesamtwirtschaftlich vernünftiges Konzept. Es akzeptiert im Unterschied zum Stabilitätspakt auf EU-Ebene und zur Schuldenbremse in Deutschland die Einflüsse der Konjunktur auf den Staatshaushalt und garantiert damit die volle Wirksamkeit der automatischen Stabilisatoren; es ermöglicht der Wirtschaftspolitik, mittelfristige Schwerpunkte in der Struktur der Staatsausgaben zu setzen und die bestgeeigneten Instrumente der Zielerreichung zu entwickeln; es legt sich nicht wie die deutsche Schuldenbremse auf rein buchhalterische Ziele ohne ökonomische Begründung fest, sondern eröffnet budgetpolitischen Gestaltungsspielraum; und es respektiert die Rechte des Parlaments als demokratisch legitimierte Institution der Budgetbeschlussfassung.

Mittelfristige Budgetplanung ist sinnvoll, besonders wenn die Struktur der Staatsausgaben durch Schwerpunktsetzungen der Politik etwa in Richtung Ausbau des Bildungssystems oder Bekämpfung der Armut verändert werden soll. Sie ersetzt allerdings nicht die Beachtung von Grundsätzen einer vernünftigen Budgetpolitik. Der wichtigste dieser Grundsätze ist die Finanzierung der laufenden Staatsausgaben etwa für Soziales und Personal durch laufende Einnahmen aus Steuern und Sozialbeiträgen. Wie hoch das Niveau der Einnahmen und Ausgaben des Staates ist, folgt primär historisch-institutionellen Bestimmungsgründen: In entwickelten Wohlfahrtsstaaten skandinavischen Typs ist das Angebot an sozialen Dienstleistungen und sozialer Sicherheit sehr hoch, die Menschen sind dort bereit, die umfangreichen staatlichen Leistungen mit hohen Abgaben zu finanzieren. In angelsächsischen und nun auch in den osteuropäischen Ländern sind die staatlichen Leistungen eingeschränkt: Für soziale Absicherung im Alter, Versorgung im Krankheitsfall oder bei Arbeitslosigkeit, die über eine Grundversorgung hinausgehen, müssen die Menschen privat sorgen, gleichzeitig ist die Abgabenlast niedrig. Selbst bei insgesamt gleich hohen Aufwendungen der Menschen für soziale Vorsorge resultieren daraus sehr unterschiedliche Staatsquoten. Der Anteil der Staatsausgaben am BIP lag vor der Rezession in den skandinavischen Ländern über 50 Prozent, in Österreich bei 49 Prozent; in den USA und vielen osteuropäischen Ländern aber deutlich unter 40 Prozent.

Von konservativer Seite wird oft der Eindruck gepflegt, die Staatseinnahmen würden in einem schwarzen Loch von Verwaltung und Verschwendung verschwinden. Ohne Zweifel gibt es in der Bürokratie Ineffizienzen und viele Staatsausgaben, von der Subventionierung privater Pensionsvorsorge bis zum Bau von zwei Krankenhäusern in wenigen Kilometern Entfernung, diese sind genauso wie die zahllosen steuerlichen Förderungen für Spitzenverdiener eine Verschwendung von Steuermitteln. Doch ein Großteil der Abgaben fließt in Form staatlicher Leistungen wieder an die Menschen zurück: 41,3 Prozent der Staatsausgaben entfallen auf den Bereich der sozialen Sicherheit im engeren Sinn; weitere 15,4 Prozent betreffen Gesundheitsleistungen, 10,9 Prozent Bildungsausgaben. Der Staat hebt Abgaben von den Erwerbstätigen und anderen Bevölkerungsgruppen ein und verwendet die Mittel für Pensionisten, Familien, Arbeitslose, Kranke und Schulpflichtige. Im Lauf des Lebens profitieren alle Menschen von staatlichen Leistungen, nur eben zu unterschiedlichen Zeitpunkten. In der hohen Staatsquote spiegelt sich das Bedürfnis nach sozialer Sicherheit, und gerade viele Länder mit hoher Staatsquote verbinden diesen Aspekt mit wirtschaftlichem Erfolg.

Zu den Grundsätzen vernünftiger Budgetpolitik zählt auch die antizyklische Ausrichtung. Das bringt mit sich, dass Steuersenkungen in einer Hochkonjunktur, in der die staatlichen Einnahmenerwartungen konjunkturbedingt übertroffen werden, zu vermeiden sind, weil sie mittelfristig eine Kürzung bei den Staatsausgaben nach sich ziehen. Budgetdefizite sind dann »gute Defizite« (Marterbauer 2007), wenn sie in einer Rezession auftreten, weil sie in diesem Fall Konjunktur und Arbeitsmarkt stabilisieren; und wenn sie zur Finanzierung von öffentlichen Investitionen eingesetzt werden, die langfristigen volkswirtschaftlichen Ertrag abwerfen, weil es falsch wäre, den Bau eines landesweiten Schienennetzes von der aktuellen Generation der Steuerpflichtigen finanzieren zu lassen, während alle zukünftigen Generationen davon wirtschaftlich profitieren. Budgetdefizite müssen aber in einem Rahmen gehalten werden, der den Anteil der Zinszahlungen am Budget begrenzt. Bei guter Konjunktur müssen jene Spielräume im Budget geschaffen werden, die ein Gegensteuern zur Bekämpfung der Arbeitslosigkeit in der nächsten Rezession erlauben. Budgetpolitik muss ein Eigeninteresse daran haben, Spielräume zu erhalten und mittelfristig tragfähig zu sein.

Kapitel 5

Die große Inflation kommt nicht

Angst vor Hyperinflation

»Es war die Zeit, in der die Inflation ihren Höhepunkt erreichte, der tägliche Sprung, der schließlich bis zur Billion ging, hatte für alle Menschen extreme Folgen ... was immer geschah, und es geschah sehr viel, hing von einer einzigen Voraussetzung ab, eben der in rasendem Tempo voranschreitenden Entwertung des Geldes ... Ich sah die Wirkungen nicht nur im großen, ich sah sie unverhüllt nah, in jedem Mitglied jeder Familie, das kleinste, das privateste, das persönlichste Ereignis hatte ein und dieselbe Ursache, die tobsüchtige Bewegung des Geldes.« (Canetti 1980, S. 62) In dem mit »Inflation und Ohnmacht« betitelten Teil I des zweiten Bandes seiner autobiografischen Erzählung »Die Fackel im Ohr« beschreibt Elias Canetti die Folgen der Hyperinflation der Jahre 1922 und 1923, die er in Frankfurt erlebte: die vollständige Destabilisierung von Wirtschaft, Gesellschaft und persönlicher Situation. In seinem Werk »Masse und Macht« vergleicht er die Tragweite von Inflationen mit jener von Krieg und Revolutionen: »Die Erschütterungen, die sie bewirken, sind so tiefer Natur, daß man es vorzieht, sie zu verheimlichen und zu vergessen.« (Canetti 1994, S. 202)

In Deutschland kam es zu Beginn der 1920er Jahre zu einer fast vollständigen Entwertung der Geldvermögen: Die Inflationsrate erreichte nach 1000 Prozent im Jahr zuvor 1923 einen Wert von 106 000 000 Prozent (Tober, van Treeck 2010). Dagegen nehmen sich die Inflationsraten in den Jahren der Hyperinflation in Österreich fast bescheiden aus: In den Jahren nach dem Ersten Weltkrieg betrug sie etwa 100 Prozent, im Jahr 1922 erreichte sie dann 2500 Prozent. In

Übersicht 5.1:

Verbraucherpreise in den Zwischenkriegsjahren

Veränderung gegen das Vorjahr in %

	Österreich	Deutschland	USA
1914	−1,2	+3,0	+1,0
1915	+57,8	+25,4	+1,0
1916	+113,4	+31,0	+7,8
1917	+99,7	+49,1	+17,3
1918	+73,1	+19,5	+17,8
1919	+114,2	+37,2	+14,5
1920	+105,3	+145,7	+16,1
1921	+95,1	+31,6	−10,9
1922	+2.544,3	+1.022,5	−6,1
1923	−100,0	+105.713.600,6	+1,8
1924	+13,2	−100,0	±0,0
1925	+13,0	+9,6	+2,9
1926	+6,9	+1,1	+0,6
1927	+2,2	+4,3	−1,7
1928	+2,1	+3,1	−1,1
1929	+3,1	+1,0	±0,0
1930	±0,0	−4,0	−2,9
1931	−5,0	−8,3	−8,3
1932	+2,1	−11,4	−10,4
1933	−2,1	−1,3	−5,1
1934	±0,0	+2,6	+3,1

Quelle: B. R. Mitchel, International Historical Statistics.

Kriegs- und Nachkriegsjahren kommt es oft zu Inflation, weil die vorhandene Nachfrage nach Gütern und Dienstleistungen auf einen zerstörten Kapitalstock und damit auf fehlendes Angebot trifft, so auch in den ersten Jahren nach dem Zweiten Weltkrieg, als die Inflationsrate zweistellig war. Doch seit dem Jahr 1953 blieb sie immer im einstelligen Bereich, auch während der Erdölkrisen der 1970er Jahre. Seit Anfang der 1980er Jahre beträgt die durchschnittliche Inflationsrate etwa 2 Prozent. Die Gesellschaft hat schon lange keine Erfahrung mehr mit hoher Inflation: Die Generation aller Menschen bis zu den heute 40-Jährigen erlebte ohnehin nur ein sehr stabiles Preisniveau, die Generation davor erinnert sich an einige wenige Inflationsjahre, in denen allerdings die Einkommen real weiter stiegen, die Großelterngeneration hat wirklich Erfahrungen mit höheren Inflationsraten gemacht, und Hyperinflation kannte nur die Generation der Urgroßeltern. *Siehe Übersicht 5.1*

Trotz der langen Periode geringer Geldentwertung tauchen Inflationsängste, die in Deutschland und Österreich in den Erfahrungen der Hyperinflation der 1920er Jahre begründet liegen, immer wieder auf. Sie sind offensichtlich von Generation zu Generation weitergegeben worden und heute nur noch diffus und unbestimmt. Das ändert nichts an ihrer Wirksamkeit und an der Notwendigkeit, möglichen Ursachen von Inflation nachzugehen, deren Relevanz für die aktuelle Situation zu überprüfen und mögliche Reaktionen der Wirtschaftspolitik zu überlegen.

Im März 2011 titelte das Magazin *Format* »Hilfe, Inflation! Warum Ihr Geld immer weniger wert wird«. Gewarnt wird vor einer bevorstehenden starken Beschleunigung der Inflationsraten, die ihren Ausgangspunkt im weltweiten Preisanstieg von Rohöl und anderen Rohstoffen hat. Tatsächlich verteuerten sich im Jahr 2011 – ähnlich der Situation 2008 – die Rohstoffe auf den Weltmärkten kräftig. Der Preisanstieg hat vielfältige Gründe. Die starke Nachfrage der asiatischen Schwellenländer führte zusammen mit der zunehmenden Aufmerksamkeit für die langfristige Endlichkeit der Vorräte und den Unruhen im arabischen Raum zu einem Anstieg der Notierungen für Rohöl auf deutlich über 100 US-Dollar je Barrel der Sorte Brent. Auch für die Verteuerung von Nahrungsmitteln, vor allem Weizen und Mais, spielt der starke Verbrauch in Asien eine wichtige Rolle, der zunehmende Wohlstand bewirkt einen verstärkten Konsum von Fleisch, dessen Produktion mit hohem Getreideeinsatz verbunden ist; dazu kommt der starke Anstieg der Nachfrage seitens der Agroindustrie, die aus Getreide Ethanol für Treibstoffe herstellt. Zudem wurde das Angebot durch Missernten in Russland, China und Australien verknappt. Die Verfügbarkeit von Industrierohstoffen wie etwa verschiedener Erze oder metallischer Erden ist begrenzt, die kräftige Expansion der Nachfrage infolge der regen Industriekonjunktur in China schlägt deshalb direkt auf die Preise durch.

Die durch starke Nachfrage und knappes Angebot bedingte Tendenz des Preisauftriebs wird durch spekulative Finanzinvestitionen verstärkt. Hedgefonds und Investmentfonds sind in die Spekulation auf den Rohstoffmärkten eingestiegen; sie versuchen vom Aufwärtstrend der Preise zu profitieren und verstärken damit diesen Trend. Finanzinvestitionen haben vor allem die Volatilität der Rohstoffpreise erhöht: Der Erdölpreis verteuerte sich von 60 US-Dollar je Barrel Anfang des Jahres 2007 auf 140 US-Dollar Mitte 2008; danach brach er bis Anfang 2009 auf 30 US-Dollar ein, um anschließend wieder auf über 120 US-Dollar zu steigen.

Preisveränderungen bei Rohstoffen werden auch auf Konsumentenebene rasch wahrgenommen. Ihre Verteuerung auf den Weltmärkten schlägt sich deshalb in einer leichten Erhöhung der Inflationsrate nieder: Im Euro-Raum stieg sie 2011 auf 2,5 Prozent, in Österreich auf 3 Prozent. Der Preisauftrieb ist etwa zur Hälfte durch die Verteuerung von Rohstoffen bedingt; doch insgesamt bleiben die Wirkungen auf die Verbraucherpreise sehr beschränkt. Das hängt mit dem geringen Anteil des Rohstoffverbrauchs am Konsumentenbudget zusammen. Die Rohölpreise sind auf Haushaltsebene vor allem bei den Ausgaben für Wohnung, Wasser, Energie und jenen für Verkehr relevant: Diese beiden Kategorien machen insgesamt gut 18 bzw. 14 Prozent am Warenkorb aus; doch für Mineralölprodukte werden direkt nur etwas über 4 Prozent der gesamten Haushaltsausgaben aufgewendet. Für Nahrungsmittel und alkoholische Getränke sowie für Freizeit und Kultur geben die Haushalte in Österreich jeweils 12 Prozent ihrer Konsumausgaben aus. Ausgaben in Restaurants und Hotels, Aufwendungen für Hausrat wie etwa Wohnungseinrichtung und die Ausgaben für Bekleidung machen 6 bis 8 Prozent der Gesamtausgaben aus. *Siehe Abb. 5.1*

Doch die seit Beginn der Finanzkrise latent grassierenden Inflationsängste gehen weit über die Sorgen bezüglich eines leichten, durch Rohstoffverteuerung bedingten Anstiegs der Verbraucherpreise hinaus: In

Abbildung 5.1:

Warenkorb im Verbraucherpreisindex 2011

Gewichte der Hauptverbrauchsgruppen in %

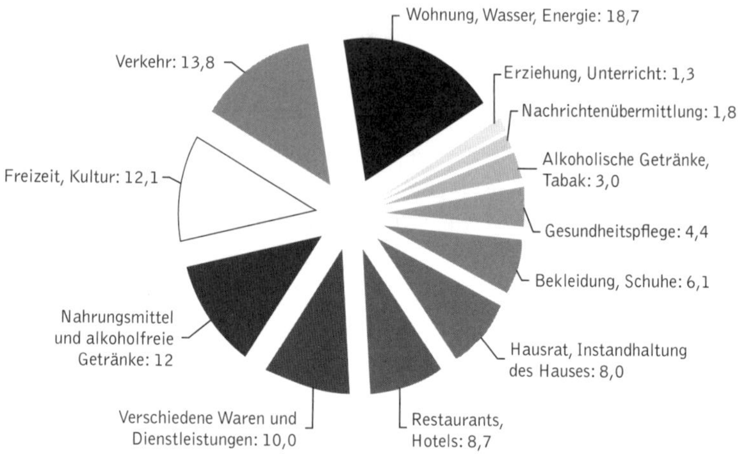

Quelle: Statistik Austria.

Medien und populärwissenschaftlichen Büchern wird für die nächsten Jahre vielmehr eine Hyperinflation prophezeit. Befürchtet wird also nicht ein Anstieg der Verbraucherpreise im einstelligen Bereich, sondern Inflationsraten in hohen zwei- und dreistelligen Kategorien, die sich noch dazu laufend beschleunigen. Damit kommt es zu einer Entwertung der Sparguthaben. Die möglichen Ursachen dieser Geldentwertung werden primär in der Wirtschaftspolitik in Zusammenhang mit der Finanzkrise gesehen: Zum Ersten hat die Europäische Zentralbank in den letzten Jahren das Bankensystem mit Geld geflutet. Zum Zweiten haben die Rettung der Banken, der Einbruch der Steuereinnahmen in der Rezession und die Konjunkturprogramme zur Stabilisierung der Wirtschaft zu einer kräftigen Ausweitung der Staatsschulden geführt. Diese Ausweitung der Geldmenge und die Höhe der Staatsschulden werden gemeinhin für die Vorboten einer Hyperinflation gehalten. Die Ängste vor einem drohenden Verlust der Kaufkraft überwiegen alle anderen Sorgen rund um die Finanzkrise. Die Menschen fürchten um ihre Ersparnisse; selbst viele Besserverdiener suchen, weil sie enttäuscht von den Ertragschancen der Finanzmärkte und von ihren persönlichen Anlageberatern in den Banken sind, nach »sicheren« Anlageformen. Die Inflationsängste kommen in konkreten Symptomen zum Ausdruck: Die Münze Österreich fährt Sonderschichten zur Befriedigung der hohen Nachfrage nach Goldmünzen. In den Städten steigen die Preise für Immobilien gehobener Kategorien, die als Wertanlage dienen. Diese verbreiteten Ängste vor Hyperinflation suchen nach Bestätigung. Wirtschaftsjournalisten beschwören in Büchern den »Sprengsatz Inflation« (Henrik Müller), fordern »Rettet unser Geld!« (Hans-Olaf Henkel) und landen damit auf den Bestsellerlisten.

Geldversorgung und Inflation

Den in der Öffentlichkeit am weitesten verbreiteten Ausgangspunkt der Inflationsgefahr bildet die Flutung des Finanzsystems mit Geld. In der Krise haben die Zentralbanken tatsächlich den Geschäftsbanken unbegrenzt Liquidität zur Verfügung gestellt. Für einen festen Zinssatz konnten die Banken gegen die Hinterlegung von Sicherheiten Geld in unbegrenzter Höhe von den Zentralbanken erhalten. Von 2007 bis 2010 hat sich die von der EZB bereitgestellte Liquidität verdoppelt. *Siehe Abb. 5.2*

Die Zentralbanken sahen sich zu dieser Politik der quantitativen Lockerung veranlasst, weil die Banken einander in der Krise kein Geld borgen wollten. Normalerweise werden auf dem Interbankenmarkt die Sparüberschüsse der einen Bank mit den Kreditnachfrageüberschüssen der anderen Bank »über Nacht«, das heißt kurzfristig, ausgetauscht. In der Krise hingegen wusste jede Bank über die faulen Kredite und wenig werthaltigen Wertpapiere in der eigenen Bilanz und vermutete Ähnliches in den Bilanzen der anderen Banken. Man befürchtete ein Insolvenzrisiko und wollte deshalb den Partnerbanken kein Geld mehr leihen. Der Zusammenbruch des Interbankenmarktes war der Ausdruck einer schweren Liquiditätskrise im Ban-

Abbildung 5.2:

Liquidität und Geldmenge M3 im Euroraum

Jänner 2007 = 100

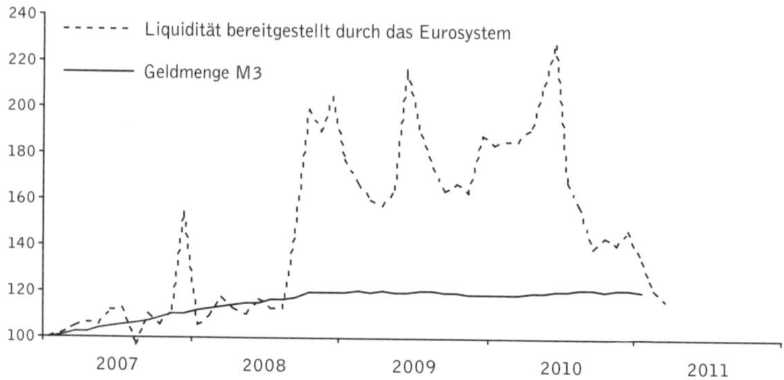

Quelle: EZB.

kensystem. Sie hätte rasch in eine Solvenzkrise übergehen können, von Herbst 2007 bis Mai 2010 stand das weltweite Banken- und Finanzsystem mindestens viermal vor dem Zusammenbruch. Dies konnte durch koordinierte expansive Maßnahmen der internationalen Notenbanken verhindert werden. Doch nun hegen viele Menschen die Befürchtung, dass von dieser enormen Ausweitung der Liquidität ein direkter inflationärer Impuls ausgeht.

Die Vorstellung, dass Inflation die unmittelbare Folge einer Ausweitung der Geldmenge ist, bildet die Essenz der monetaristischen Theorie. Für Milton Friedman, den Vater des Monetarismus, war Inflation immer ein rein monetäres Phänomen (Friedman 1969). Der in der Quantitätstheorie formulierte Kerngedanke des Monetarismus lautet: Wenn sich bei konstanter Umlaufgeschwindigkeit des Geldes die Geldmenge verdoppelt, dabei gleichzeitig die Menge der erzeugten Güter und Dienstleistungen gleich bleibt, dann verdoppelt sich auch das Preisniveau. Eine Ausweitung der Geldmenge ohne höhere Produktion führt also immer zu Inflation.

Auf Basis der Ausweitung der Zentralbankbilanz müsste die Inflationsrate in den USA bei 200 Prozent und in der EU zumindest bei

100 Prozent liegen. Doch in der Realität ist man davon weit entfernt: In den USA gingen die Verbraucherpreise im Jahr 2009 sogar leicht zurück (–0,3 Prozent), im Jahr 2010 erhöhten sie sich um 1,6 Prozent und 2011 um 2,5 Prozent. Im Euro-Raum erhöhten sich die Preise auf Verbraucherebene 2009 um 0,5 Prozent, 2010 um 1,6 Prozent und 2011 um 2,5 Prozent; damit blieben sie im Durchschnitt unter der Marke von 2 bis 3 Prozent, mit der man gemeinhin Preisstabilität definiert. Das reichlich vorhandene Zentralbankgeld fließt offensichtlich nicht in die Wirtschaft. Deshalb werden Güter und Dienstleistungen nicht teurer und ein kräftiger Anstieg der Inflation ist nicht zu beobachten.

Das liegt zunächst daran, dass das Geld nach wie vor bei den Banken liegt. Die Geschäftsbanken borgten sich das Geld zwar bei der Zentralbank, um liquide zu sein, gleichzeitig gaben sie es nicht in Form von Krediten an Unternehmen und Haushalte weiter. Die Geldmenge, die sich in der Wirtschaft befindet, ist im Zuge der Krise nicht gewachsen. *Siehe Abb. 5.2*

Das hat damit zu tun, dass die Nachfrage nach Krediten wegen der zurückhaltenden Erwartungen der Investoren und der matten Investitionstätigkeit der Unternehmen niedrig blieb, war aber auch eine Folge der Zurückhaltung und strengeren Kreditkonditionen der Banken. Zum Teil legten die Banken das Geld sogar selbst wieder bei der Zentralbank an, oft mit Zinsverlusten, zum Teil zeichneten sie damit Staatsanleihen.

Inflation: Ergebnis ungelöster Verteilungskonflikte

Eine Inflationsgefahr ergibt sich allenfalls dann, wenn die Konjunktur wieder kräftig anspringt und die Kreditnachfrage steigt. Dann könnte die große Geldmenge einen inflationären Impuls auslösen. Doch dem steht das Ausmaß der anhaltenden Unterauslastung der Wirtschaft entgegen. Aufgrund der Wirtschaftskrise wird das technisch mögliche

Produktionspotenzial der Wirtschaft bei weitem nicht ausgenutzt. Das Produktionspotenzial der Wirtschaft wird vom technischen Fortschritt, vom Angebot an Arbeitskräften und von der Verfügbarkeit an Kapital bestimmt. Sein Anstieg kann wissenschaftlich nicht exakt bestimmt werden, viele Berechnungen vermuten, dass es sich in der EU im Durchschnitt um etwa 2 Prozent pro Jahr erhöht. Im Jahr 2009 ist allerdings das Bruttoinlandsprodukt in der EU um 4 Prozent geschrumpft, allein in diesem Jahr ist die Produktion von Gütern und Dienstleistungen also kumuliert um 6 Prozent langsamer als das Potenzial gewachsen. Die Wirtschaft müsste 6 Jahre hintereinander real um mindestens 3 Prozent wachsen, um diesen Rückstand wieder aufholen zu können, das ist sehr unwahrscheinlich. Die Wirtschaft bleibt also für die nächsten Jahre unterausgelastet und damit entstehen keine Impulse für Inflation.

In einer voll ausgelasteten Wirtschaft tritt das Phänomen der Inflation dagegen oft auf. Denn in dieser Situation stellen die Unternehmen steigende Nachfrage nach ihren Produkten fest, sie können allerdings kurzfristig nicht mehr produzieren. Stattdessen nutzen sie diese vorteilhafte Lage und erhöhen die Preise, und damit auch ihren Gewinn. Tun dies viele Unternehmen, dann entsteht gesamtwirtschaftlich Inflation. Bei voller Auslastung der Wirtschaft steigen meist auch die Kosten der Vorleistungen kräftig, etwa jene der Rohstoffe. Dies lässt sich derzeit in den asiatischen Wirtschaften beobachten, die sich in einem kräftigen Aufschwung befinden und in manchen Bereichen nahe der Vollauslastung produzieren. Aufgrund ihrer ressourcenintensiven Produktionsweise ist die zusätzliche Nachfrage nach Energie und Rohstoffen besonders hoch. Zusammen mit langfristig begrenztem Angebot bewirkt dies einen Anstieg der Preise von Rohöl, Weizen und metallischen Rohstoffen. Dies schlägt sich auch in den Verbraucherpreisen der Industrieländer nieder. Die Haushalte müssen direkt mehr für Treibstoffe und Heizöl aufwenden. Dazu kommen indirekte Wirkungen: Erdöl geht als Vormaterial in die Produktion der chemischen Industrie ein und vor allem beeinflusst es über Treibstoffkosten die Preise von Gütern und Dienstleistungen. Erhöht sich der Erdölpreis

Abbildung 5.3:

Entwicklung der Weltmarktrohstoffpreise

HWWI-Index auf Dollarbasis

2005 = 100

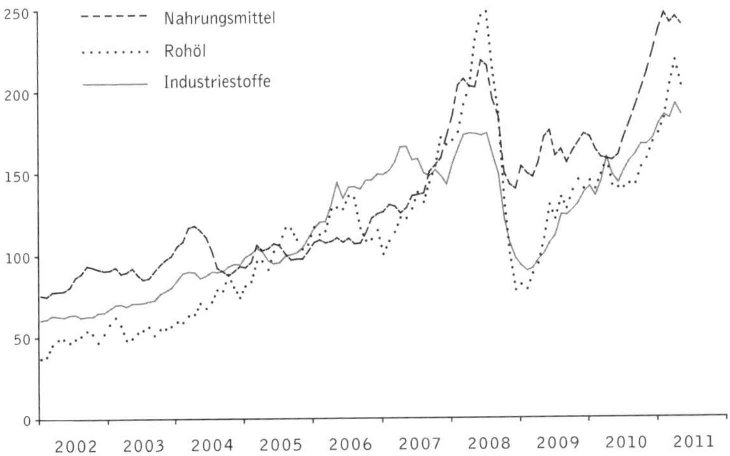

Quelle: HWWI.

um 10 Dollar je Barrel, so löst das einen Anstieg der Inflationsrate auf Verbraucherebene um 0,3 Prozentpunkte aus. Bei einem Anstieg der Rohstoffpreise kommt es zu einer Umverteilung von Einkommen von den rohstoffverbrauchenden Industrieländern zu den rohstoffproduzierenden Ländern. Diese kann ein erhebliches Ausmaß annehmen, denn die Rohölrechnung beträgt für Österreich 10 Milliarden Euro pro Jahr. Die Umverteilung äußert sich in einem Rückgang des BIP: Ein Anstieg der Erdölpreise um 10 Dollar je Barrel verringert das BIP in Österreich um etwa 0,2 Prozentpunkte. *Siehe Abb. 5.3*

Ebenso wichtige Vorleistungskosten wie die Rohstoffpreise sind die Löhne. Bei voller Auslastung ist die Verhandlungsmacht der Gewerkschaften hoch, die Lohnsteigerungen fallen kräftig aus. Steigen die Löhne rascher als die Arbeitsproduktivität, so steigen auch die Lohnkosten pro erzeugter Einheit, die Lohnstückkosten (Robinson 1979). Beobachten die Unternehmen rege Nachfrage nach ihren Produkten, so akzeptieren sie die höheren Lohnstückkosten leicht, sie wälzen sie einfach in höhere Preise fort. Gleichzeitig können sie versuchen, ihren Gewinnanteil zu erhöhen. Steigen bei voll ausgelasteter Wirtschaft Rohstoffpreise und Lohnstückkosten kräftig und überwälzen die Unternehmen diese gestiegenen Kosten in die Preise oder erhöhen die Unternehmen ihren Gewinnaufschlag, so entsteht Inflation. Inflation ist deshalb meist das Ergebnis wirtschaftspolitisch nicht geregelter Verteilungsauseinandersetzungen (Rowthorn 1977): Rohstoffproduzenten nutzen die rege Nachfrage oder eine Monopolsituation zu Preiserhöhungen zulasten der Konsumenten; starke Gewerkschaften setzen höhere Löhne durch, die Unternehmer versuchen die gestiegenen Kosten an die Konsumenten weiterzugeben; die Unternehmer nutzen fehlende Konkurrenz zu einer Erhöhung des Gewinnaufschlags.

Die keynesianische Erklärung der Inflation als Folge von Kostenerhöhungen und Verteilungskonflikten beschreibt die reale wirtschaftliche Entwicklung recht zutreffend (Smithin 2011). Die monetaristische Erklärung der Inflation als Folge einer Geldmengenerhöhung ist zwar weit verbreitet, kann die beobachteten Inflationsraten aber selten zutreffend begründen, auch wegen der von ihr getroffenen unrealistischen Annahmen. Der Monetarismus geht davon aus, dass die Wirtschaft im Normalfall bei Vollauslastung produziert, denn ein marktwirtschaftliches System flexibel anpassungsfähiger Preise und Mengen führt nach dieser Theorie automatisch dazu, dass die Unternehmen und die Arbeitskräfte voll ausgelastet sind. Unter dieser Annahme würde wahrscheinlich tatsächlich eine Ausweitung der Geldmenge zu Inflation führen.

Doch die Annahme der Vollauslastung ist im Normalfall völlig unrealistisch. Marktwirtschaften sind dadurch gekennzeichnet, dass Vollbeschäftigung und Vollauslastung nur unter besonders günstigen Umständen eintreten: etwa Ende der 1960er und zu Beginn der 1970er Jahre. Marktwirtschaften sind instabil, die Produktion schwankt typischerweise stark, Arbeitslosigkeit und Unterauslastung sind Dauerphänomene. Darauf hat John Maynard Keynes in den 1930er Jahren hingewiesen; nach der großen Rezession 2008/09 gilt dies in besonderem Ausmaß.

In den USA ist die Zahl der Arbeitslosen von 7 Millionen auf 15 Millionen gestiegen, in der EU von 16 auf 23 Millionen. Viele krisenbedingt Arbeitslose werden dabei gar nicht mitgezählt, da sie in Frühpension oder Schulungsmaßnahmen sind oder sich entmutigt vom Arbeitsmarkt zurückgezogen haben. Angesichts des enormen Potenzials an Beschäftigung Suchenden droht in den nächsten Jahren kein genereller Arbeitskräftemangel. Damit auch kein Lohndruck nach oben. Die Wirtschaft leidet an Unterauslastung, nicht an Überauslastung.

Vielmehr besteht die Gefahr, dass die hohe Arbeitslosigkeit die Löhne nach unten drückt. Damit entstünden Nachfragemangel und Deflation, also ein Rückgang des allgemeinen Preisniveaus. Deflation ist potenziell bedeutend gefährlicher als Inflation. Denn wenn das allgemeine Preisniveau sinkt, dann warten alle Konsumenten und Investoren zu, bevor sie Anschaffungen tätigen. Dadurch sinkt die Produktion, was neuerlichen Druck auf die Preise ausübt. Zudem erhöht Deflation die reale Schuldenlast und geht damit auf Kosten der Schuldner, also der investierenden Unternehmen und Staaten. So entstehen Massenarbeitslosigkeit und Depression. Die großen Krisen der Weltwirtschaft, wie jene der 1930er Jahre, waren immer Deflationskrisen und nicht Inflationskrisen (Galbraith 1997).

Wirtschaftspolitik und Inflation

Die wirtschaftliche Lage nach der großen Rezession lässt also erwarten, dass es zu keiner hohen Inflation kommen wird. Doch einzelne Staaten werden selbst Interesse haben, Inflation zu erzeugen. Sie kämpfen als Folge der Finanzmarkt- und Wirtschaftskrise mit immens hohen Staatsschulden. Von Inflation profitieren tendenziell Schuldner wie der Staat, die Gläubiger – Banken, Versicherungen, Pensionsfonds und Geldvermögensbesitzer – sind benachteiligt. Am leichtesten wäre es, diese Schulden einfach zu inflationieren. Tatsächlich würde eine höhere Inflationsrate zu einer Verminderung der realen Schuldenlast führen. Denn erstens wachsen die Steuereinnahmen des Staates meist etwa gleich rasch wie das nominelle Wirtschaftswachstum. Der Ertrag der Einkommensteuer misst sich am nominellen Wachstum der Einkommen, die Verbrauchssteuern werden auf den nominellen Warenwert erhoben. Ein Anstieg der Inflationsraten erhöht deshalb auch meist die Einnahmen des Staates. Zweitens verspricht der Staat, den Nominalbetrag seiner Anleihen nach deren Ablauf inklusive der fix vereinbarten Zinsen zurückzuzahlen. Die Zinskosten für bereits ausgegebene Anleihen bleiben also im Fall höherer Inflationsraten konstant. Erhöht sich die Inflationsrate, so steigen die Einnahmen des Staates, seine Ausgaben für Zinsen allerdings nicht. Zudem zahlt der Staat nach Ablauf der Anleihe nur das Nominale zurück. Ist in der Zwischenzeit Inflation aufgetreten, so liegt der zurückzuzahlende Betrag real viel niedriger als zu dem Zeitpunkt, zu dem die Anleihe gegeben wurde.

Eine Inflationierung der Staatsschuld wäre also durchaus verlockend. Damit könnte das Problem des krisenbedingten Anstiegs der Staatsschuld in den Griff bekommen werden. Doch es ist auch für den Staat schwierig, Inflation herzustellen. Es gibt keinen wirtschaftspolitischen Knopf, den man drücken könnte, um die Preise der Güter und Dienstleistungen steigen zu lassen. Inflation ist ein Phänomen, das aus dem Wirtschaftskreislauf entsteht, meist aus nicht geregelten Verteilungsauseinandersetzungen. Der Staat kann sie nicht verordnen. Könnte er das, so hätte Japan schon lang zu diesem Instrument gegriffen: Dort leidet die Wirtschaft seit mehr als 20 Jahren an schleichender Deflation und hoher Staatsschuld. Die japanische Konjunktur würde bei etwas höheren Inflationsraten viel besser florieren. Doch es gelingt der Wirtschaftspolitik nicht, diese herzustellen. Eine Anhebung der Mehrwertsteuer wird in die Preise überwälzt, doch das ist ein einmaliges Phänomen. Der Mehrwertsteuersatz müsste jedes Jahr erhöht werden, um dauerhaft Inflation herzustellen. Bei anhaltender Unterauslastung der Produktionskapazitäten verfügt der Staat über wenig Mittel, Inflation zu schaffen, selbst wenn er dies wollte und es gesamtwirtschaftlich wünschenswert wäre. Das Entstehen von Inflation hat immer zwei Voraussetzungen: erstens Rahmenbedingungen einer gut ausgelasteten Wirtschaft mit einem hohen Beschäftigungsstand; zweitens einen Impuls, zum Beispiel ausgehend von einem kräftigen Anstieg der Rohstoffpreise.

Doch irgendwann könnte es einer keynesianisch inspirierten Wirtschaftspolitik gelingen, die Unterauslastung der Produktion zu überwinden und die Arbeitslosigkeit in Richtung Vollbeschäftigung zu drücken. Dann könnten diese Voraussetzungen gegeben sein und der bestehende Geldmengenüberhang würde in Inflation münden. Hier kommt die Wirtschaftspolitik ins Spiel. Denn es kommt darauf an, wie sie sich in einer inflationären Situation verhält. Eine wesentliche Verantwortung hat dabei die Lohnpolitik: Zentralisierte oder gut koordinierte Lohnverhandlungen zwischen starken Gewerkschaften und Arbeitgeberverbänden haben ihre Kollektivvertragsabschlüsse in der Vergangenheit am gesamtwirtschaftlichen Anstieg der Produktivität und dem Zielwert der Inflation ausgerichtet. Damit gelang es ihnen, Lohn-Preis-Spiralen zu verhindern. In Österreich lautete die nach ÖGB-Präsident Anton Benya benannte Lohnformel in den 1970er Jahren »Inflation plus 3 Prozent«. Das entsprach genau der gesamtwirtschaftlich vernünftigen produktivitätsorientierten Lohnpolitik der Sozialpartnerschaft, die im internationalen Vergleich sowohl niedrige Inflationsraten als auch hohe Reallohnsteigerungen ermöglichte: Im Vergleich mit den anderen EU-Ländern sind die Nominallöhne in Österreich in den letzten 40 Jahren deutlich langsamer gewachsen. Hingegen konnten die Reallöhne deutlich rascher gesteigert werden. Seit Mitte der 1990er Jahre blieben die Lohnabschlüsse in Österreich allerdings deutlich unter dieser Formel, die Reallohnsteigerungen waren sehr verhalten und von den Lohnkosten gingen deflationäre Impulse aus. Werden die Löhne hingegen individuell oder auf betrieblicher Ebene vereinbart, so droht eine prozyklische Lohnpolitik: In der Rezession sinken die Löhne und verschärfen die Unterauslastung. Bei Vollauslastung hingegen steigen Lohnstückkosten und Inflation. Auch die Budgetpolitik hat Einfluss auf die Inflationsrate: Wenn sie antizyk-

Abbildung 5.4:

Lohnentwicklung

Österreich in Relation zu EU 15, 1970 = 100

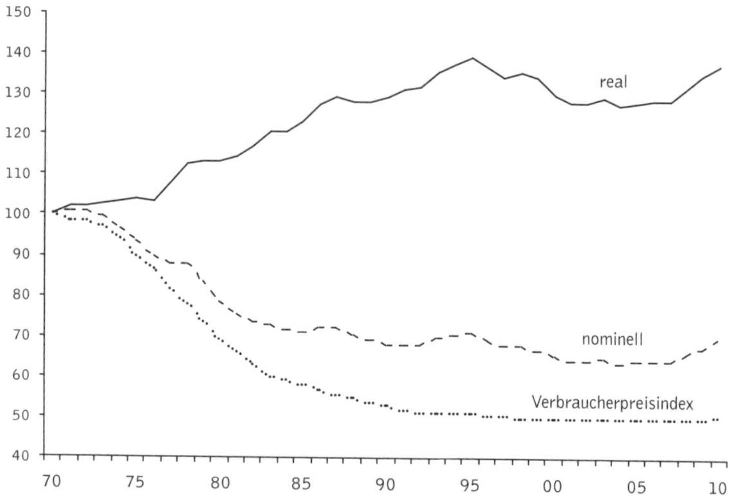

Arbeitnehmerentgelte je unselbständig Beschäftigten lt. VGR ESVG 95, vor 76: SNA 68.
Quelle: Europäische Kommission (AMECO), Statistik Austria, WIFO.

lisch ausgerichtet ist, sichert sie in der Rezession die Nachfrage und verhindert Deflation, in der Hochkonjunktur dämpft sie Überhitzung und Inflation. *Siehe Abb. 5.4*

Schließlich ist die Geldpolitik gefragt. Sie kann Inflation nicht direkt steuern, sondern nur über eine Variation der monetären Rahmenbedingungen für die wirtschaftliche Entwicklung. Die Zentralbank hat die Liquidität in der Finanzkrise ausgeweitet, indem sie von den Geschäftsbanken Wertpapiere gegen Euro gekauft hat. Diese Termingeschäfte sind auf Zeit durchgeführt worden, das Gegengeschäft, der Verkauf der Wertpapiere gegen den Einzug der Währung, ist bereits fix vereinbart. Die Zentralbank ist also in der Lage, im Bedarfsfall die Liquidität auch wieder zu verringern. Zentralbanken können zudem über die Steuerung des kurzfristigen Zinssatzes versuchen, Deflation oder Inflation zu verhindern. Das gelingt ihnen allerdings nicht direkt, sondern nur über eine Beeinflussung der realwirtschaftlichen Aktivitäten. Werden die kurzfristigen Zinssätze kräftig erhöht, so steigen auch die langfristigen Zinssätze. Damit verteuern sich Kredite, und die Investitionsbereitschaft der Unternehmen, die Nachfrage der privaten Haushalte nach Wohnungen und dauerhaften Konsumgütern verringern sich. Dies dämpft das BIP und damit die Möglichkeit der Unternehmen und der Gewerkschaften, die Preise und die Löhne zu erhöhen. So kann die Zentralbank dazu beitragen, eine Überhitzung der Konjunktur zu vermeiden. Schwieriger ist die Vermeidung von Rezession und Deflation durch die Geldpolitik. Die Zentralbank kann die Zinssätze auf null senken. Doch bei sehr negativen Absatzerwartungen bringt selbst dies die Unternehmen nicht dazu, zu investieren.

Tatsächlich ist nicht ausgeschlossen, dass unter dem Einfluss höherer Ölnotierungen und der Hausse anderer Rohstoffpreise, einer anhaltend expansiven Wirtschaftspolitik der Regierung Obama und der FED sowie der erwartbaren weiteren Abwertung des Dollars gegenüber dem Euro und dem Yen die Preissteigerungsrate in den USA in den nächsten Jahren nicht bei ein oder zwei Prozent liegt, sondern in den höheren einstelligen Bereich vordringt. Das wäre allerdings nicht die befürchtete Hyperinflation, sondern die Wiederkehr der Situation der 1970er Jahre nach dem ersten Erdölpreisschock, und für die USA wahrscheinlich akzeptabler als eine dauerhaft hohe Arbeitslosenquote von 10 Prozent der Erwerbspersonen. Denn das Trauma in den USA ist die Weltwirtschaftskrise der 1930er Jahre. Ihre Folgen wurden von John Steinbeck in seinem sozialkritischen Roman »Früchte des Zorns« so plastisch beschrieben (Steinbeck 2002): das triste Los der Opfer der Weltwirtschaftskrise, in diesem Fall der entwurzelten Wanderarbeiter; die verbreitete Massenarbeitslosigkeit und tiefe Armut; das Scheitern der Bemühungen um Solidarität. Steinbeck wurde aufgrund seiner Recherchen für den Roman zu einem glühenden Verfechter der Politik des »New Deal« von Präsident Franklin D. Roosevelt: Mit öffentlichen Arbeitsbeschaffungsmaßnahmen, umfangreichen Investitionen in die Infrastruktur, dem Aufbau eines Sozialsystems und der Verschärfung der Progressivität des Steuersystems wurde keynesianische

Politik betrieben und der deflatorischen Weltwirtschaftskrise erfolgreich gegengesteuert.

In Europa und vor allem in Deutschland ist das prägende Trauma hingegen die Hyperinflation der 1920er Jahre, wie sie Elias Canetti eindrucksvoll beschrieben hat. Damals gingen tatsächlich die Ersparnisse verloren, das Leben der Menschen wurde aller Sicherheiten beraubt und die Wirtschaft destabilisiert. Dieser Schock der Urgroßelterngeneration prägt noch heute die Sorgen vieler Menschen. Vor allem aber wird ihnen laufend eingeredet, wie schlimm die Inflationsgefahr sei. Das ist gefährlich, denn es lässt in Europa die Dominanz einer Anti-Inflationspolitik erwarten. Die Folgen wären eine anhaltend hohe Arbeitslosigkeit und der Abbau des Sozialstaates, um die Staatsverschuldung zu verringern.

Analysiert man die wichtigsten Determinanten der Inflation in der wirtschaftlichen Realität, so können drei hervorgehoben werden. Erstens ein durch Vollbeschäftigung und militante Gewerkschaften ausgelöster Anstieg der Lohnstückkosten. Das scheint unter den heutigen ungünstigen Bedingungen sehr hoher Arbeitslosigkeit und schwacher Gewerkschaften ziemlich unwahrscheinlich. Zweitens ein Anstieg der Rohstoffpreise, die die Vorleistungskosten erhöhen. Von hier könnte wegen der hohen Rohstoffnachfrage in China und der Endlichkeit der Ressourcen an Rohöl ein latenter Preisdruck ausgehen. Drittens eine starke Abwertung der Währung, die die Preise für Importgüter erhöht. Dies spielt angesichts der Bedeutung der Importe in der EU (weniger als ein Fünftel der verbrauchten Güter wird eingeführt) und der zu erwartenden Aufwertung des Euro gegenüber dem Dollar eine geringe Rolle.

Eine Hyperinflation auf Verbraucherebene erscheint heute deshalb sehr unwahrscheinlich. Allerdings kann Inflation sehr leicht auf den Vermögensmärkten auftreten: In vielen Ländern haben sich in den 2000er Jahren die Preise für Häuser und Wohnungen verdoppelt oder verdreifacht; die Aktienkurse haben sich innerhalb weniger Jahre verfünffacht; der Goldpreis hat sich verdreifacht. Derartige Entwicklungen treten auf hochspekulativen Vermögensmärkten immer wieder auf. Vermögenspreisinflation wird in den Verbraucherpreisindex zu Recht nicht eingerechnet. Dennoch muss sich die Wirtschaftspolitik um dieses Problem kümmern: Sie kann Regulierungen verschärfen, Transaktionssteuern einführen oder erhöhen und selbst das Angebot beeinflussen und so den Preisauftrieb in Zaum halten. Die Vermeidung von hoher Volatilität auf den Vermögensmärkten ist wünschenswert, denn diese hat erhebliche realwirtschaftliche Kosten.

So schnell Blasen auf den Vermögensmärkten auftreten, so schnell können sie auch wieder platzen. Deshalb ist es unsinnig, heute aus Angst vor Hyperinflation Sparbücher aufzulösen und das Kapital in Gold zu investieren. Der Preis für eine Unze Gold liegt 2011 bei 1500 US-Dollar. Das ist der höchste Wert seit langer Zeit, noch im Jahr 2005 lag er bei nur 500 US-Dollar. Kauft man heute Gold als scheinbar sicheres Anlageobjekt und der Preis fällt in den nächsten Jahren wieder auf 500 US-Dollar pro Unze, so entspricht das einer Hyperinflationsrate von mehr als 100 Prozent. Auch der Erwerb von Immobilien könnte sich angesichts des jüngsten Preisanstiegs für Wohnungen in Ballungszentren als wenig ertragreich erweisen. Zudem haben die Jahre vor der großen Rezession gezeigt, wie gefährlich ein rascher Anstieg von Immobilienpreisen gesamtwirtschaftlich sein kann.

Die in der Öffentlichkeit grassierenden Inflationsängste scheinen heute weitgehend übertrieben. Gegen das Auftreten von Hyperinflation sprechen nicht nur die wirtschaftlichen Umstände, sondern auch die ökonomischen Interessen: Denn im Fall von hoher Inflation wären sowohl das neoliberale Projekt der Schaffung einer Gesellschaft von Eigentümern als auch die wirtschaftlichen Interessen der Finanzvermögensbesitzer massiv gefährdet. Für die Besitzer von Finanzvermögen ist Inflation tatsächlich eine Bedrohung, denn sie leben von ihren Finanzanlagen, Inflation entwertet den Vermögensbestand. Deshalb werden Inflationsängste vor allem von den Vertretern der Interessen der Vermögensbesitzer geschürt. Politisch ist das vor allem dann gefährlich, wenn plötzlich die kleinen Sparer die Interessen jener Besitzer großer Finanzvermögen vertreten, die durch Inflation wirklich etwas zu verlieren hätten.

Die Angst vor Inflation verschleiert die wahren sozialen und wirtschaftlichen Probleme. Diese bestehen vor allem in hoher Arbeitslosigkeit und schwerwiegenden Problemen in der Finanzierung des Sozialstaates. Inflation fällt auch als taugliches Instrument zur Verringerung der realen Staatsschuld aus, andere Wege müssen gefunden werden. Unmittelbar bietet sich die merkliche Erhöhung von Vermögensteuern an. Sie hat ähnliche positive Effekte wie Inflation, indem sie den Schuldner Staat entlastet und die Gläubiger, die Besitzer der Finanzvermögen, belastet. Gleichzeitig weist sie jene Nachteile nicht auf, die eine anhaltende und hohe Inflation mit sich bringen kann.

Kapitel 6

Lob der Arbeitskräfteknappheit

Es fehlen Arbeitsplätze, nicht Arbeitskräfte

Stellen wir uns eine wünschenswerte Gesellschaft vor, in der alle über ein ausreichendes Einkommen verfügen, der vorhandene Wohlstand gerecht verteilt ist, das Sozialsystem den Menschen Sicherheit bietet, die Versorgung mit Pflegedienstleistungen für die Alten und Kindergärten für die Jungen gegeben ist, gesellschaftliche Leistungen der Einzelnen Anerkennung finden und Hoffnung auf eine gute Zukunft für die Kinder besteht. Wenn es an die Umsetzung geht, dann landen wir rasch bei Voraussetzungen, die eng mit Erwerbsarbeit verknüpft sind: Die Löhne für Frauen und Jugendliche, die die unteren Einkommensgruppen bilden, müssen real kräftig zunehmen; Leistungseinkommen aus Arbeitstätigkeit sollen höher bewertet werden als leistungslose Vermögenseinkommen; die stark von der Lohnentwicklung abhängigen Einnahmen des Sozialsystems müssen steigen; Entlohnung und Anerkennung für die Menschen, die in Pflege und Kindergärten beschäftigt sind, sollen höher sein als für jene im Finanzsystem.

Die tatsächliche Entwicklung weist in die gegenläufige Richtung: Die Arbeitslosigkeit unter Jugendlichen erreicht Rekordwerte, vor allem für nicht ausreichend qualifizierte junge Menschen schwinden die Hoffnungen auf einen Einstieg in einen guten Job mit nachhaltiger Einkommensperspektive; selbst sehr gut ausgebildete Jugendliche hanteln sich von einem unbezahlten Praktikum zum nächsten freien Dienstvertrag ohne Urlaubsgeld und Absicherung bei Krankheit; die Arbeitseinkommen der unteren vier Fünftel der Beschäftigten gehen gegenüber der Gruppe der Besserverdiener anhaltend zurück; der Lohnanteil am Volkseinkommen sinkt, während vor allem der Anteil der Einkommen aus Vermögensbesitz steigt; der Sozialstaat gerät infolge der Finanzkrise und des sinkenden Lohnanteils in Finanzierungsprobleme; vor allem der Ausbau des Sozialstaates für Pflegebedürftige und Kinder kann nicht in notwendigem Ausmaß finanziert werden; die Löhne, die in diesen gesellschaftlich wertvollen Bereichen gezahlt werden, bleiben selbst nach der Finanzkrise weit hinter jenen des Finanzsystems zurück.

Diese Entwicklung hat zahlreiche Ursachen. Zu den wichtigsten zählt die ungünstige Lage auf dem Arbeitsmarkt. Die Zahl der Arbeitslosen ist in der Europäischen Union von Anfang 2008 bis Ende 2009 um 7 Millionen gestiegen und verharrt seitdem auf dem Rekordniveau von 23 Millionen; in 11 von 27 Mitgliedsstaaten der EU liegt die Arbeitslosenquote unter Jugendlichen über 25 Prozent. In Österreich ist die Lage deutlich besser, doch auch hier liegt die Zahl der Arbeitslosen weit über dem Vorkrisenniveau, vor allem unter Jugendlichen. Die hohe Arbeitslosigkeit verschlechtert die Verhandlungsmacht der Jobsuchenden und der Beschäftigten drastisch: Sie führt dazu, dass Jugendliche keine adäquaten Jobs finden, Leiharbeitsfirmen und freie Dienstverträge boomen und das Reallohnniveau im unteren Qualifikationsbereich sinkt. Das bedeutet weniger Einnahmen aus Sozialversicherungsbeiträgen und Lohnsteuer und bringt den Sozialstaat in Finanzierungsschwierigkeiten.

Doch das konkrete Faktum – die schlechte Lage auf dem Arbeitsmarkt – trifft auf die in der Öffentlichkeit weitverbreitete These des bereits bestehenden oder unmittelbar bevorstehenden Mangels an Arbeitskräften. Hohe Arbeitslosigkeit und allgemeiner Arbeitskräftemangel können nicht gleichzeitig auftreten. In der Öffentlichkeit ist die Meinung weit verbreitet, dass die Alterung und das Schrumpfen der Bevölkerung nicht nur zum Zurückbleiben Europas gegenüber den aufstrebenden Wirtschaften des Fernen Ostens führen werden, sondern auch zur Unfinanzierbarkeit der Pensionen, zu explodierenden Gesundheitskosten und eben zu einem allgemeinen Mangel an Arbeitskräften.

Diese Erwartungen sind bislang allerdings keineswegs eingetreten.

Die Europäische Union feierte 2010 mit 501 Millionen Menschen einen neuen Bevölkerungsrekord. Die Zunahme erfolgte nicht durch die Aufnahme neuer Mitgliedsländer, sondern zu einem Drittel durch ein Überwiegen der Geburtenzahlen gegenüber den Sterbeziffern und zu zwei Dritteln durch Zuwanderung. Den höchsten Geburtenüberschuss gegenüber den Sterbefällen weisen dabei die alten Mitgliedsländer Irland und Frankreich auf, während in den neuen Mitgliedsländern Bulgarien, Ungarn und Lettland der Saldo merklich negativ ist.

Auch die österreichische Bevölkerung ist nicht nur in den letzten Jahrzehnten gewachsen, sondern tut dies auch heute und wird auch in den kommenden Jahrzehnten weiter zunehmen: Um 1980 betrug die Einwohnerzahl noch 7,5 Millionen, die 8-Millionen-Schwelle wurde im Jahr 2000 überschritten, Anfang 2010 lag die Bevölkerungszahl mit 8,375 Millionen Menschen um 20000 höher als ein Jahr zuvor. Während sich Geburten- und Sterbefälle die Waage halten, sorgt die Zuwanderung für eine leicht wachsende Einwohnerzahl. Dies wird sich auch forstsetzen: Statistik Austria erwartet in der Bevölkerungsprognose bereits für das Jahr 2030 ein Überschreiten der 9-Millionen-Schwelle, für 2050 fast 9,5 Millionen Menschen.

Die Bevölkerung im erwerbsfähigen Alter von 20 bis 64 Jahren ist seit 1970 um mehr als eine Million auf 5,177 Millionen Menschen (2010) gestiegen. Ab nun wird sie grosso modo stabil bleiben: Bis 2020 soll sie noch um 150000 steigen, dann wieder auf etwa 5,1 Millionen zurückgehen. Viele Wirtschaftstreibende und Wirtschaftsforscher befürchten aufgrund dieses leichten Rückgangs nach 2020 eine Bedrohung der Wirtschaftsdynamik, denn die Wirtschaft könne nur wachsen, wenn auch das Angebot an Arbeitskräften zunimmt. *Siehe Abb. 6.1*

Versuchen wir die Rahmenbedingungen abzustecken: Wenn die Produktion von Gütern und Dienstleistungen zunimmt, also die Wirtschaft wächst, dann steigt auch die Nachfrage nach Arbeitskräften. Die Faustregel lautet: Pro Prozentpunkt Anstieg des Bruttoinlandsprodukts entstehen etwa 20000 zusätzliche Jobs. Zwar sinkt tendenziell die Beschäftigung in der Industrie wegen des hohen Grades an tech-

Abbildung 6.1:

Bevölkerungsentwicklung nach Altersklassen

In 1000 Personen

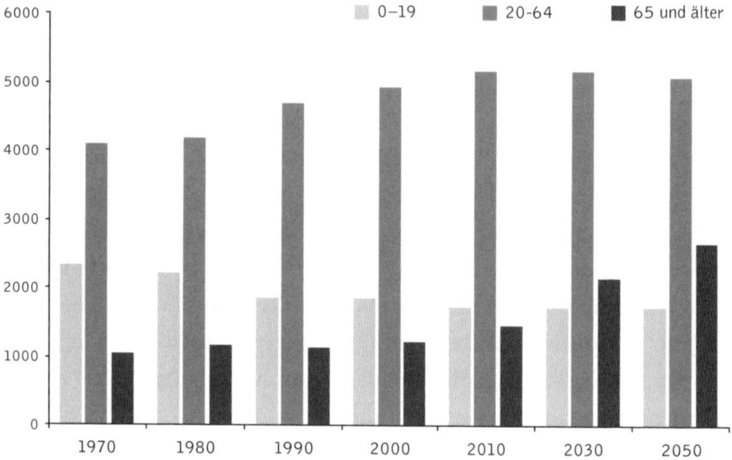

Quelle: Statistik Austria , Bevölkerungsprognose Oktober 2010 (Hauptvariante).

nischem Fortschritt, doch in den Dienstleistungsbranchen nimmt die Zahl der Jobs stetig zu. Die Wachstumsschwelle, bei der die Beschäftigung zu steigen beginnt, ist in den letzten Jahrzehnten gesunken, auf 1 bis 1,5 Prozent. Wächst die österreichische Wirtschaft in den nächsten Jahrzehnten real im Durchschnitt um 2 Prozent pro Jahr, dann könnte das mit einer zusätzlichen Nachfrage nach Arbeitskräften um etwa 15 000 (+0,5 Prozent) pro Jahr einhergehen.

Bis zum Jahr 2020 nimmt demnach die Nachfrage nach Arbeitskräften genauso rasch zu wie die Bevölkerung im erwerbsfähigen Alter. Von Arbeitskräftemangel keine Spur. Im Gegenteil, wenn gleich viele Menschen auf den Arbeitsmarkt stoßen, wie zusätzlich gebraucht werden, dann bedeutet das, dass das Niveau der Arbeitslosigkeit von seiner krisenbedingten Rekordhöhe nicht sinkt. Von 2020 bis 2030 geht laut aktueller Prognosen die Bevölkerung im Alter von 20 bis 64 Jahren um 230 000 Personen zurück. Gleichzeitig würden bei einem Wachstum der Wirtschaft um 2 Prozent und der Arbeitskräftenachfrage um 0,5 Prozent pro Jahr insgesamt 150000 zusätzliche Personen auf dem Arbeitsmarkt gebraucht. Damit fehlen im Jahr 2030 fast 400000 Arbeitskräfte. Das wäre allerdings nur dann der vielbeschworene Arbeitskräftemangel, wenn die neuen Jobs ausschließlich mit Arbeitskräften besetzt werden würden, die schon auf dem Arbeitsmarkt sind. Doch das entbehrt jeder Logik.

Eine Zunahme der Nachfrage nach Arbeitskräften bei gleichzeitigem Rückgang der Bevölkerung im erwerbsfähigen Alter bietet nämlich jenen Menschen die Möglichkeit, Arbeit zu finden, denen das bislang nicht gelungen ist. Die Größe dieser Bevölkerungsgruppen wird meist vollkommen unterschätzt.

- Die erste Gruppe bildet jene der Arbeitslosen: Im Jahr 2011 sind im Durchschnitt 300000 Menschen als arbeitslos gemeldet oder nehmen an Schulungsmaßnahmen des AMS teil. Etwa ein Sechstel von ihnen hat erst in der jüngsten Krise den Job verloren und wäre sofort verfügbar. Dafür benötigt man ein effizientes System der Arbeitsvermittlung. Andere sind schon länger ohne Arbeitsplatz und haben Qualifikationen eingebüßt oder tun sich sonst schwer, rasch wieder eine geregelte Arbeit zu finden. Sie brauchen Unterstützung durch Qualifikations- und Trainingsmaßnahmen des Arbeitsmarkservice, durch integrative Maßnahmen des Gesundheitssystems oder der Sozialarbeit. Mithilfe derartiger Programme stünden auch sie mittelfristig für neue Jobs zur Verfügung.
- Eine zweite Gruppe bilden Frauen: Viele von ihnen arbeiten wenige Stunden Teilzeit und würden die Zahl der geleisteten Stunden gerne aufstocken. Etwa ein Viertel der befragten teilzeitbeschäftigten Frauen sucht eigentlich einen Vollzeitjob; die Hälfte arbeitet Teilzeit wegen bestehender Betreuungspflichten. Bei teilzeitbeschäftigten Frauen besteht ein beträchtliches ungenutztes Arbeitskräfteangebot. Würden die teilzeitbeschäftigten Frauen, die in Österreich im Durchschnitt weniger als 20 Stunden pro Woche arbeiten, ihre Stundenzahl auf den Wert Schwedens erhöhen (25 Stunden), so entspräche die zusätzliche Arbeitsleistung fast 100000 Vollzeitarbeitsplätzen. Viele Frauen sind allerdings noch gar nicht auf dem

Arbeitsmarkt (Budimir u.a. 2010). Wäre in Österreich der gleiche Anteil der Frauen erwerbstätig wie in Schweden, so stünden 170000 Frauen mehr in Beschäftigung, wäre die Beschäftigungsquote so hoch wie in Dänemark, dann gar 240000. Dieses Potenzial könnte bei geeigneten Rahmenbedingungen und verstärkten Anstrengungen von Wirtschaftspolitik und Unternehmen innerhalb der nächsten Jahre leicht gehoben werden. Die Voraussetzung für die Aufnahme oder die Ausweitung der bezahlten Erwerbstätigkeit ist die Entlastung der Frauen von unbezahlter Haus- und Betreuungsarbeit. Der Ausbau der Plätze in Kindergärten, mehr Angebote an Ganztagsschulen und der Aufbau eines sozialen Pflegesystems würden die Jobaufnahme für Frauen mittelfristig sehr erleichtern. Dazu könnte auch die Verkürzung der bezahlten Arbeitszeit der Männer einen wichtigen Beitrag leisten. Auch die Anhebung der Löhne für Frauen, die selbst auf Stundenbasis noch immer deutlich hinter jenen der Männer zurückbleiben, würde die Anreize zur Ausweitung der Erwerbstätigkeit erhöhen. Werden mehr Menschen auf dem Arbeitsmarkt benötigt, dann besteht bei den Frauen ein enormes Potenzial.

- Die dritte Gruppe bilden die Menschen mit vorzeitigem Pensionsantritt: In Österreich beträgt das effektive Pensionsantrittsalter 58 Jahre. Pro Jahr, um das es steigt, stünden theoretisch 80000 bis 120000 Menschen mehr für die Aufnahme von Beschäftigung bereit. Unmittelbar ist das oft nicht möglich, denn viele Menschen sind von der schweren körperlichen Arbeit gesundheitlich beeinträchtigt. Bei anderen sind aber auch die finanziellen Anreize etwa durch die »Hacklerregelung« hoch, so früh wie möglich in Pension zu gehen; »golden handshakes« stellen vor allem in Branchen mit relativ hohem Einkommensniveau eine Einigung zwischen Arbeitgebern und Beschäftigten dar, die zulasten des Pensionssystems und der Allgemeinheit geht. Wollte man auf die ältere Bevölkerung im Erwerbsalter zurückgreifen, so wäre es notwendig, altersgerechte Arbeitsplätze zu schaffen, sinnvolle Formen der Gleitpension anzubieten, während des Erwerbslebens vor allem bei Risikoberufen

Abbildung 6.2:

Erwerbsquoten, 2009

In % der Bevölkerung der jeweiligen Altersgruppe

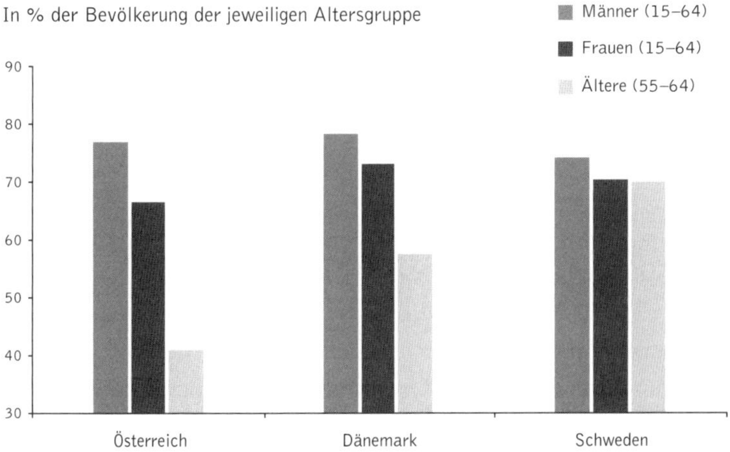

Laut Labour Force Survey.
Quelle: Employment in Europe, 2010.

wie etwa auf dem Bau oder im Pflegebereich rechtzeitig Gesundheitsvorsorge zu betreiben und auch die längere Erwerbsarbeit im Pensionssystem durch bessere Anreize attraktiver zu machen. Innerhalb der nächsten Jahre sollte es zumindest gelingen, das effektive Pensionsantrittsalter um ein Jahr zu erhöhen. Wären in Österreich (derzeit 41 Prozent) gleich viele Menschen im Alter von 55 bis 64 Jahren erwerbstätig wie in Schweden (70 Prozent), dann hätten wir mehr als 200 000 Menschen zusätzlich in Beschäftigung. Das wäre das langfristige Potenzial. *Siehe Abb. 6.2*

- Die vierte Gruppe bilden Menschen mit Migrationshintergrund: Schon seit geraumer Zeit wächst die Bevölkerung in Österreich aufgrund von Zuwanderung. Ohne sie würde Arbeitskräfteknappheit tatsächlich recht bald eintreten. Österreich ist ein Einwanderungsland, wir verstehen uns allerdings immer noch als Gastarbeiterland, wohin Menschen für ein paar Jahre zum Arbeiten kommen, um anschließend wieder in ihre Heimat zurückzukehren. Diese gesellschaftliche und politische Illusion ist die Ursache für die enormen

Übersicht 6.1:

Potenzial an zusätzlichen Arbeitskräften

In Personen

	sofort	bis 2020	langfristig
Arbeitslose	50.000	150.000	150.000
Frauen	100.000	270.000–340.000	270.000–340.000
Ältere		70.000	210.000
Insgesamt	150.000	490.000–560.000	630.000–700.000

Quelle: Eigene Berechnungen.

Mängel in der Integration ausländischer Arbeitskräfte: Viele von ihnen werden unter ihrer Qualifikation beschäftigt; viele ausländische Frauen haben noch gar nicht daran gedacht, Arbeit zu suchen; viele Jugendliche mit Migrationshintergrund sind nicht ausreichend ins Bildungssystem integriert, obwohl sie die Facharbeitskräfte der Zukunft sein sollen. Eine bessere Integration dieser sozialen Gruppen in Arbeitsmarkt und Gesellschaft erhöht das Arbeitskräftepotenzial enorm. *Siehe Übersicht 6.1*

Heute herrscht in Österreich die höchste Arbeitslosigkeit seit den 1950er Jahren; viele Frauen würden gerne länger arbeiten; viele Ältere wurden in wirtschaftlich schlechten Zeiten gekündigt oder strebten selbst an, möglichst früh in Pension zu gehen; viele Menschen mit Migrationshintergrund sind nicht ins Erwerbsleben integriert. Es besteht ein realistisches Potenzial von bis zu 700 000 Menschen, die zur Verfügung stehen würden. Eine demografisch bedingte Arbeitskräfteknappheit rückt damit in weite Ferne. Um dieses große Potenzial an Arbeitskräfteangebot in den nächsten Jahrzehnten nutzen zu können, muss man allerdings jetzt handeln und die Rahmenbedingungen verbessern: von der Qualifikation über Kinderbetreuung und Gesundheitsvorsorge bis zur Integration. Die Verantwortung für diese Maßnahmen hat nicht nur die Politik, auch die Unternehmen sind dringend gefordert.

Selbst wenn nichts auf eine generelle Arbeitskräfteknappheit hinweist, kann es sein, dass Unternehmen Arbeitskräfte mit spezifischen Qualifikationen suchen, aber keine geeigneten Bewerber finden. Das wird als Fachkräftemangel beschrieben. Das Deutsche Institut für Wirtschaftsforschung hat Ende 2010 in einer Studie die Lage auf dem Arbeitsmarkt für technische Fachkräfte der Industrie untersucht und konnte dort keinen Fachkräftemangel feststellen (Brenke 2010): Darauf deuten vor allem der schwache Anstieg der Löhne für Fachkräfte und die Unterauslastung der Industrieunternehmen hin, zudem hat die Zahl der Studierenden in technisch-naturwissenschaftlichen Fächern markant zugenommen, das lässt in den nächsten Jahren einen deutlichen Anstieg der Absolventenzahlen erwarten. Dies zeigt, dass einem befürchteten Fachkräftemangel vor allem mit einer vorausschauenden Ausbildungspolitik begegnet werden kann. Der Staat muss die Zahl der Ausbildungsplätze in Höheren Technischen Schulen, Fachhochschulen und Technischen Universitäten, aber auch die Ausbildung von Pflegepersonal, Lehrkräften und Kindergartenpersonal rasch ausweiten. Die Politik muss sich vor allem darum kümmern, dass in jenen Branchen, die gesellschaftlich prioritär sind, genügend Arbeitskräfte zur Verfügung stehen. In anderen Branchen kann man auf die Wirksamkeit der Marktkräfte vertrauen. Wenn Arbeitskräfte knapp werden, müssen die Unternehmen selbst mehr für Aus- und Weiterbildung tun; sie müssen die Verfügbarkeit von Betreuungsplätzen, etwa durch die Gründung von Betriebskindergärten, sicherstellen; sie müssen selbst Wohnraum schaffen, um Arbeitskräfte aus anderen Regionen anzulocken; sie sollen generell die Arbeitsbedingungen verbessern, um als Arbeitgeber attraktiver zu werden. All diese Dinge sind Ende der 1960er und Anfang der 1970er Jahre, der letzten Periode mit Arbeitskräftemangel, geschehen.

Es war deshalb reichlich skurril, als die Österreichische Hoteliervereinigung am Höhepunkt der Wirtschaftskrise im Jänner 2009 die Gefahr eines Mangels an Arbeitskräften für die Branche, die für ungünstige Arbeitsbedingungen bekannt ist, als schwerwiegender als den Konjunktureinbruch ansah. Attraktivere Arbeitsbedingungen – etwa durch bessere soziale Absicherung, längere Perioden der Beschäftigung, höhere Löhne und Möglichkeiten der Weiterbildung – wären geeignete Maßnahmen, um auch diese Branche als Arbeitgeber attraktiver zu machen.

Der Begriff Arbeitskräftemangel ist heute in der öffentlichen Debatte negativ besetzt. In den 1970er Jahren bezeichnete man die gleiche Situation mit dem Begriff Vollbeschäftigung und diese bildete das wichtigste Ziel der Wirtschaftspolitik. Dadurch wurden enorme Spielräume für sozialen Fortschritt eröffnet. Denn Vollbeschäftigung ist die zentrale Voraussetzung für die Verbesserung der Lebensbedingungen der Menschen. Sie ist verbunden mit einem hohen Wachstum der Reallöhne der Beschäftigten und auch der Gewinne der Unternehmen. Vollbeschäftigung ermöglicht die Verbesserung der Arbeitsbedingungen, man denke nur an die Verkürzung der Wochenarbeitszeit oder die Verlängerung des gesetzlichen Urlaubsanspruchs in den frühen 1970er Jahren. Vollbeschäftigung war die Voraussetzung für den Ausbau des Sozial- und Gesundheitssystems und die enormen Investitionen in Schulen und Universitäten. Vollbeschäftigung erhöht auch die Anreize für Unternehmen, attraktivere Arbeitsplätze zur Verfügung zu stellen: Sie müssen sich bemühen, zusätzliche Arbeitskräfte auf den Arbeitsmarkt zu locken. Etwa indem sie günstige Werkswohnungen anbieten, Betriebskindergärten gründen und so die Rahmenbedingungen für die Erwerbstätigkeit von Frauen verbessern, mehr Lehrlinge aufnehmen und in deren Ausbildung investieren oder ältere Arbeitskräfte länger im Unternehmen halten, um von deren Erfahrung zu profitieren.

Ohne Zweifel kann massiver Arbeitskräftemangel die wirtschaftliche Entwicklung behindern. Darauf hat der österreichische Ökonom Josef Steindl bereits zu Beginn der 1970er Jahre hingewiesen, er schlug vor, in den Ausbau des allgemeinen Bildungssystems zu investieren, um einem Fehlen von Facharbeitskräften entgegenzuwirken (Steindl 1970). Ein leichter Arbeitskräftemangel, der viel besser mit dem Begriff Vollbeschäftigung beschrieben wird, wäre hingegen sehr wünschenswert. Er führt dazu, dass sozial- und wirtschaftspolitische Maßnahmen ergriffen werden, die sozialen Gruppen mit niedrigem

Beschäftigungsniveau den Zugang zum Arbeitsmarkt ermöglichen. Deren wichtigste sind der Ausbau von Kindergärten und Pflegeplätzen und damit die Verringerung der unbezahlten Beschäftigung von Frauen; die bessere Qualifizierung von Arbeitslosen; die Schaffung altersgerechter Arbeitsplätze und die Verbesserung der Integration von Migranten ins Bildungs- und Beschäftigungssystem.

Beschäftigungsmotor soziale Dienstleistungen

Wirtschafts- und Sozialpolitik kann die hohe Arbeitslosigkeit im Wesentlichen auf zwei Arten bekämpfen: Sie kann Maßnahmen ergreifen, die die Nachfrage erhöhen, und solche, die das Angebot an Arbeitskräften verringern. Versucht die Wirtschaftspolitik durch den Einsatz öffentlicher Mittel die Nachfrage nach Arbeitskräften zu erhöhen, so sind die Beschäftigungseffekte je nach konkreter Maßnahme sehr unterschiedlich.

Mit großem Abstand die meisten zusätzlichen Arbeitsplätze entstehen bei direkter öffentlicher Beschäftigung: Pro Milliarde an Staatsausgaben steigt die Zahl der Jobs um 18 000 bis 25 000. Im öffentlichen Bereich besteht umfangreicher Bedarf an Leistungen und damit hohes Potenzial an zusätzlicher Beschäftigung: Die Bevölkerung wünscht sich mehr Plätze in Kindergärten und Ganztagsschulen, im Pflegebereich besteht ein enormer Mangel an öffentlichen Angeboten, der Bedarf an Sozialarbeit, vor allem für Jugendliche aus schwierigen sozialen Verhältnissen, ist hoch. Eine Sozialpolitik, die diese Dienstleistungen ausweitet, verbessert nicht nur die Lebenssituation derer, die die Leistungen in Anspruch nehmen, sondern hat auch enorme Auswirkungen auf die Arbeitsplätze. Will der Staat möglichst viel sinnvolle Beschäftigung schaffen, dann investiert er das Geld am besten in den Ausbau sozialer Dienstleistungen. Das ist auch für das Staatsbudget am günstigsten, denn die Rückflüsse an zusätzlichen Abgabeneinnahmen sind in diesem Bereich am höchsten: Der Anstieg von Beschäftigung und Einkommen führt direkt zu höheren Einnahmen an

Sozialversicherungsbeiträgen und Lohnsteuer und indirekt zu einem Mehraufkommen an Verbrauchssteuern. Der Selbstfinanzierungsgrad beträgt kurzfristig 40 bis 50 Prozent. Mittel- und langfristig liegt er – durch positive Wirkungen auf die Produktivität – noch höher, vor allem im Bildungssektor. Der Bereich der Betreuung von Kleinkindern stellt einen der wenigen Fälle dar, wo sich, wegen des starken Effekts auf die wirtschaftliche Produktivität, expansive wirtschaftspolitische Maßnahmen langfristig sogar von selbst finanzieren.

Relativ hohe Beschäftigungswirkungen weisen auch öffentliche Investitionen auf (6000 bis 10 000 zusätzliche Arbeitsplätze pro Milliarde Euro): Auch hier entstehen durch die Ausweitung der Staatsausgaben direkt zusätzliche Produktion und Beschäftigung. Allerdings haben die Erfahrungen mit den Konjunkturpaketen in der Krise 2009 gezeigt, dass der Zeitraum von der Beschlussfassung bis zur Umsetzung der Investitionsvorhaben viel länger dauert als erhofft. Ein knappes Jahr nach dem Schnüren des Konjunkturpakets war von den Investitionen in Schiene, Straße und öffentlichen Hochbau nur die Hälfte verwirklicht (Angelo, Feigl 2009).

Geringer als bei der direkten Ausweitung der Beschäftigung sind die Wirkungen, wenn die sozialen Geldleistungen, vom Arbeitslosengeld über die Kinderbeihilfe bis zum Pflegegeld, erhöht werden. Das hängt damit zusammen, dass eine Erhöhung der Transfers zunächst nur das verfügbare Einkommen der privaten Haushalte steigert. Erst wenn damit konsumiert wird, erhöhen sich auch die Produktion und dann die Beschäftigung. Sozialleistungen kommen in hohem Ausmaß den unteren Einkommensgruppen mit höherer Neigung zum Konsum zugute: Pro Milliarde zusätzlicher Sozialtransfers entstehen im Durchschnitt 4000 bis 8000 neue Arbeitsplätze.

Besonders geringe Beschäftigungswirkungen haben generelle Steuersenkungen. Vor allem von der in der Politik so beliebten Senkung der Einkommensteuern profitiert primär das Haushaltsdrittel mit dem höchsten Einkommen. Es folgen daraus kaum positive Beschäftigungswirkungen, denn vom Zusatzeinkommen werden 60 Prozent gespart und nur 40 Prozent konsumiert. Beim unteren Einkommens-

Übersicht 6.2:

Nachfrage- und Beschäftigungseffekte konjunkturpolitischer Maßnahmen

Bandbreite der Simulationsergebnisse verschiedener Studien über kurz- und mittelfristige Effekte diverser Maßnahmen im Ausmaß von 1 Mrd.€ oder 0,4% des BIP

	Maßnahmen			
	Einkommen-steuersenkung	Erhöhung der Sozialtransfers	Öffentliche Investitionen	Öffentliche Beschäftigung
	Abweichung von der Basislösung in % bzw. in Personen			
Bruttoinlands-produkt	0,2–0,3	0,3–0,4	0,5–0,7	0,4–0,5
Beschäftigung	2.000–5.000	4.000–8.000	6.000–10.000	18.000–25.000

Quelle: Marterbauer et al. (2006), eigene Berechnungen.

drittel ist die Relation günstiger, 80 Prozent gehen in den Konsum, außer es herrscht dort Angstsparen, weil der Arbeitsplatz bedroht ist. Allerdings zahlen die unteren Einkommensgruppen aufgrund des hohen Freibetrages von 11 000 Euro im Jahr kaum Lohn- und Einkommensteuer und profitieren deshalb von einer Steuersenkung wie etwa im Rahmen der Steuerreform 2009 nicht. Zu ihrer Entlastung müssten zum Beispiel Sozialversicherungsbeiträge gesenkt werden, wie das 2008 mit der Verringerung des Arbeitslosenversicherungsbeitrages im unteren Einkommensbereich gelungen ist. Eine Senkung der Lohn- und Einkommensteuerbelastung hat insgesamt sehr geringe Beschäftigungswirkungen: Pro Milliarde Steuerentlastung entstehen nur 2000 bis 5000 zusätzliche Arbeitsplätze. Eine Senkung der Körperschaftssteuer für Kapitalgesellschaften oder eine Senkung der Kapitalertragssteuern würde noch viel geringere Beschäftigungseffekte mit sich bringen, denn sie lösen nahezu keine zusätzliche Nachfrage aus. Auch der Grad der Selbstfinanzierung von Steuersenkungen ist aufgrund der geringen Nachfrage- und Beschäftigungswirkungen sehr klein. Er beträgt im Fall einer generellen Senkung der Belastung mit Einkommensteuern nur etwa 10 Prozent. *Siehe Übersicht 6.2*

Arbeitszeit verkürzen – mehr Jobs und besseres Leben

Eine zweite Möglichkeit, dem Ziel der Vollbeschäftigung näher zu kommen, besteht in der Verringerung des Angebots an Arbeitskräften. Am besten geschieht dies durch neue Formen der Verkürzung der Arbeitszeit. Eine Verringerung der geleisteten Arbeitszeit wird traditionell als Instrument zur Senkung der Arbeitslosigkeit diskutiert, diese Motivation hat durch die Wirtschaftskrise neuen Auftrieb erhalten: nicht nur, weil die Zahl der Arbeitslosen krisenbedingt so stark gestiegen ist, sondern auch, weil sich in der jüngsten Krise gezeigt hat, dass konkrete Maßnahmen der Arbeitszeitverkürzung besonders hohe Beschäftigungseffekte mit sich bringen. Trotz eines drastischen Einbruchs in der Industrieproduktion um ein Fünftel ist es in Deutschland gelungen, die Beschäftigungsverluste in diesem Sektor eng zu begrenzen. Dies erfolgte mithilfe des Abbaus von Plusstunden, Urlaubs und vor allem einer deutlichen Ausweitung der Kurzarbeit (Herzog-Stein u.a. 2010). Am Höhepunkt waren 1,5 Millionen Beschäftigte in Kurzarbeit, das war ein Viertel der gesamten Industriebeschäftigten. In Österreich nahmen in der Industrie etwa 50000 Menschen an Kurzarbeit teil, knapp ein Zehntel der Beschäftigten. Obwohl die Produktion um ein Fünftel einbrach, ging die Zahl der Industriejobs um etwa ein Zehntel, also nur halb so stark, zurück. Die Verkürzung der Arbeitszeit hat in hohem Ausmaß geholfen, während der Rezession Arbeitsplätze zu erhalten.

Neben den positiven Beschäftigungswirkungen gibt es eine zweite wichtige Motivation für die Forderung nach einer Verkürzung der Arbeitszeit, die meist zu wenig Beachtung findet: Die Beschäftigten sollen am enormen gesellschaftlichen Wohlstand nicht nur durch hohe Realeinkommen, sondern auch durch mehr Freizeit teilhaben. Mit der Zunahme des materiellen Wohlstands wird Arbeitszeitverkürzung zum wichtigsten Instrument zur Verbesserung der Lebensbedingungen in der Arbeitsgesellschaft. Eine stärkere Nutzung der Zunahme der Arbeitsproduktivität in Form einer Reduktion der geleisteten Arbeitszeit würde auch den Material- und Energieverbrauch und damit die Umweltbelastung verringern, ohne das Niveau von Einkommen und Konsum zu schmälern.

Empirische Untersuchungen zeigen merkliche Beschäftigungseffekte einer Verkürzung der Arbeitszeit. Das WIFO berechnete in einer Studie im Jahr 2001 mithilfe von Modellen auf Basis der Erfahrungen der 1970er Jahre die gesamtwirtschaftlichen Wirkungen einer Verkürzung der durchschnittlich geleisteten Arbeitszeit um 10 Prozent (Baumgartner u. a. 2001). Dabei wurde die Annahme der Neutralität in Bezug auf Arbeitskosten und Wettbewerbsfähigkeit getroffen: Arbeitszeitverkürzung führt meist nur zu gut einem Drittel zu einer Ausweitung der Beschäftigung; zu zwei Dritteln bewirkt sie eine Erhöhung der Produktivität der Arbeitskräfte; erfolgt der Lohnausgleich im Ausmaß dieser Produktivitätseffekte, so bleiben die Lohnkosten pro erzeugtem Stück konstant; die Wettbewerbsfähigkeit der Unternehmen verschlechtert sich nicht.

Unter dieser Annahme löst eine Verkürzung der Arbeitszeit um 10 Prozent, das entspricht einer Verkürzung der Wochenarbeitszeit von 39 auf 35 Stunden oder einer Verlängerung des Urlaubsanspruchs um 5 Wochen, einen Anstieg der Beschäftigung um 4 Prozent, also um

Übersicht 6.3:

Beschäftigungseffekte einer »kostenneutralen« Arbeitszeitverkürzung

Abweichung von der Basislösung

	Effekte nach 5 Jahren		
	in %	in Personen	in Prozentpunkten
Arbeitszeit	−10		
Beschäftigung	+4	+130.000	
Produktivität	+7		
Stundenlöhne	+7		
Monatslöhne	−4		
Arbeitslosigkeit		−80.000	
Arbeitslosenquote			−2,9

Quelle: Berechnungen mit dem WIFO-Makromodell.

130000 Personen aus. Gleichzeitig geht die Zahl der Arbeitslosen um 80000 zurück. Der von der Arbeitszeitverringerung ausgelöste Zuwachs der Arbeitsproduktivität liegt bei 7 Prozent, im gleichen Ausmaß steigen die Stundenlöhne; die Monatslöhne pro Kopf würden hingegen um 4 Prozent sinken. Damit würde die gesamte Lohnsumme konstant bleiben. Die Beschäftigten verringern die Zahl der geleisteten Arbeitsstunden um ein Zehntel, verdienen im Monat aber nur um 4 Prozent weniger, gleichzeitig sind 4 Prozent mehr Menschen in Arbeit. *Siehe Übersicht 6.3*

Doch stellt sich die Frage, ob heute noch dieselben Bedingungen wie in der letzten Phase umfangreicher Arbeitszeitverkürzungen zu Beginn der 1970er Jahre gelten, als die 40-Stunden-Woche gesetzlich eingeführt und der Urlaubsanspruch verdoppelt wurde. Sind damit die Voraussetzungen für eine erfolgreiche Verkürzung der Arbeitszeit heute überhaupt noch gegeben?

- Eine erste Voraussetzung bildet das Vorhandensein von unbeschäftigtem Arbeitskräfteangebot: Dies ist heute angesichts einer hohen Zahl an Arbeitslosen, vieler teilzeitbeschäftigter Frauen, die gerne länger arbeiten würden, einer im Vergleich zu den skandinavischen Ländern niedrigen Frauenerwerbstätigkeit und eines niedrigen effektiven Pensionsantrittsalters in viel stärkerem Ausmaß gegeben als in den 1970er Jahren, wo Vollbeschäftigung herrschte. Arbeitskräfteknappheit kann es in diesem Jahrzehnt höchstens bei Fachkräften im Sozial- und Technikbereich sowie bei Hochqualifizierten geben. Das Fehlen von spezialisierten Arbeitskräften kann nur durch vorausschauende Bildungs- und flexible Qualifizierungspolitik bewältigt werden.
- Ein kostenneutraler Lohnausgleich setzt das Vorhandensein von Produktivitätsreserven voraus, die im Zuge der Arbeitszeitverkürzung gehoben werden können. Möglicherweise sind diese heute – aufgrund der enormen Flexibilisierung der Arbeitszeit – geringer als in den 1970er Jahren. Dadurch könnte der Beschäftigungseffekt einer Arbeitszeitverkürzung höher ausfallen als in der Vergangenheit.

- Arbeitszeitverkürzung kann ihre Beschäftigungswirkungen dann voll entfalten, wenn die Ausweichmöglichkeiten in der Arbeitszeitgestaltung gering sind. Die verbreitete Teilzeitarbeit bei Frauen, vor allem aber die starke Flexibilisierung der Arbeitszeit durch lange Durchrechnungszeiträume in der Industrie, die starke steuerliche Begünstigung von Überstunden für die Beschäftigten und die Verbreitung von All-in-Verträgen hat die Ausweichmöglichkeiten gegenüber den 1970er Jahren in großem Ausmaß erhöht. Hier muss die Arbeitszeitpolitik um zusätzliche Maßnahmen ergänzt werden. Vor allem müssen Überstunden für Unternehmen und Beschäftigte deutlich unattraktiver gemacht werden, damit eine Verkürzung der Arbeitszeit Beschäftigungsgewinne mit sich bringt: Sie sollten normal besteuert werden, Überstundenzuschläge sollten möglichst hoch ausfallen, ein Zeitausgleich könnte verpflichtend gemacht werden. Die Bedeutung von All-in-Verträgen muss verringert werden.
- Die Verkürzung der Arbeitszeit fällt dann leichter, wenn das Niveau der Einkommen hoch ist, weil das Streben nach immateriellem Wohlstand intensiver wird, und wenn das Wachstum der Wirtschaft und der Löhne hoch ist, weil damit die Verhandlungen über den Lohnausgleich erleichtert werden. Hier bestehen große Unterschiede zu den 1970er Jahren (Marterbauer 2006). Einerseits lag das BIP pro Kopf in der ersten Hälfte der 1970er Jahre mit 14 200 Euro real weniger als halb so hoch wie heute (31 000 Euro). Deshalb sollte heute die individuelle Bereitschaft, die Arbeitszeit zu verkürzen und die Freizeit zu verlängern, höher sein als damals. Andererseits wuchsen in der ersten Hälfte der 1970er Jahre die Wirtschaft und die Löhne jeweils um real etwa 5 Prozent pro Jahr und nominell um mehr als 10 Prozent. Die Verkürzung der Arbeitszeit erfolgte formal zu vollem Lohnausgleich; das hohe Wirtschafts- und Lohnwachstum ermöglichte es aber, einer drohenden Verschlechterung der Wettbewerbsfähigkeit mit Lohnzurückhaltung in den Verhandlungen der Folgejahre zu begegnen, ohne auf kräftiges Wachstum der Reallöhne verzichten zu müssen. Heute ist

Übersicht 6.4:

Wirtschaftsentwicklung im Vergleich zu den 1970er Jahren

	ø 1969/1974	ø 2003/2008	ø 2009/2011
	jährliche Veränderung in %		
BIP			
Real	+5,3	+2,9	+2,2
nominell	+13,0	+4,9	+4,0
Löhne pro Kopf			
Real	+4,8	+0,4	+0,3
nominell	+11,6	+2,7	+2,1
Produktivität	+4,3	+1,5	+1,1
Beschäftigung	+2,4	+1,2	+1,1

	ø 1970/1974	ø 2004/2008	ø 2010/2011
	in % der unselbständigen Erwerbspersonen		
Arbeitslosenquote	1,9	6,6	6,7

2011: WIFO-Prognose vom März 2011
Quelle: Statistik Austria, WIFO.

die Ausgangslage anders: Das Wirtschaftswachstum bleibt nach der Finanzkrise gering, die Löhne wachsen nominell bescheiden und real gar nicht. Damit ist der Spielraum in den Verhandlungen über den Lohnausgleich klein.

Siehe Übersicht 6.4

Die letzte umfangreiche gesetzliche Verkürzung der Arbeitszeit erfolgte in Österreich zwischen 1970 und 1975. Dabei wurde die Wochenarbeitszeit von 45 auf 40 Stunden verringert. Gleichzeitig erfolgte eine Ausweitung des gesetzlichen Urlaubsanspruchs von 3 auf 4 Wochen pro Jahr, 1985 wurde die fünfte Urlaubswoche eingeführt. Seither spielt Arbeitszeitverkürzung weder politisch noch praktisch eine nennenswerte Rolle. Faktisch wurde die Arbeitszeit in einer sehr spezifischen Form verringert, indem im Lauf der 1980er Jahre das effektive Pensionsantrittsalter um 3 Jahre auf 58 Jahre gesunken ist.

In anderen europäischen Ländern wurde auf die laufende Verkürzung der geleisteten Arbeitszeit auch in den letzten Jahrzehnten politisch viel größeres Augenmerk gelegt. Besondere Bedeutung erlangte die gesetzliche Einführung der 35-Stunden-Woche in Frankreich in den 1980er Jahren. In Deutschland wurde die Arbeitszeit in den 1980er und 1990er Jahren vor allem in der Industrie auf Basis von Kollektivverträgen markant verringert. Zudem wurden Modelle von Kurzarbeit und andere Maßnahmen der Beschäftigungssicherung in Rezessionen entwickelt, die vor allem 2008 und 2009 in vielen Branchen angewendet wurden und so wesentlich zum außergewöhnlich günstigen Verlauf der Beschäftigung während der Krise beigetragen haben.

In vielen anderen Ländern wurde seit Beginn der 1990er Jahre eine Politik der Arbeitszeitverkürzung mit anderen gesellschaftlichen Zielen verknüpft. Maßnahmen zur Verbesserung der Vereinbarkeit von Beruf und Familie für Frauen und Männer haben oft Arbeitszeitkomponenten, etwa beim Recht auf Teilzeit während der Kinderbetreuungsphase mit gleichzeitigem Recht der Rückkehr zur Vollzeit danach, wie es in Schweden oder den Niederlanden verwirklicht ist. Auch in Belgien bestehen zahlreiche Möglichkeiten zu Berufsunterbrechungen und Auszeiten während dieser spezifischen Lebensphase (Flecker, Schönauer 2010). Ein Trend zu »kurzer Vollzeit« im Ausmaß von etwa 30 Wochenstunden, wie er als Wunsch in Befragungen immer wieder erhoben wird, könnte – wenn er für Frauen und Männer umgesetzt wird – die Vereinbarkeit von Beruf und Familie besonders fördern. Auch die Anforderungen an Weiterbildung in der Wissensgesellschaft schaffen neue Herausforderungen für die Arbeitszeitpolitik. Bildungskarenzen wurden in Dänemark schon in den 1990er Jahren von der sozialdemokratischen Regierung von Premierminister Poul Nyrup Rasmussen eingesetzt, um den Bildungsstand der Bevölkerung zu heben und gleichzeitig das Arbeitskräfteangebot zu verringern, mit großem Erfolg in Bezug auf die Reduktion der Arbeitslosigkeit. Das Recht auf Bildungsurlaub und Bildungsteilzeit wurde in Belgien, Schweden und Frankreich umgesetzt.

In Österreich hingegen herrschte in den letzten Jahrzehnten in Bezug auf die Arbeitszeitpolitik Stillstand, im Vergleich mit anderen EU-Ländern ist man deutlich ins Hintertreffen geraten. Dies macht innovative Maßnahmen der Arbeitszeitpolitik besonders dringlich. Dabei gibt es viele Ansatzpunkte. Die Verringerung der Wochenarbeitszeit und die Schaffung längerer Freizeitblöcke etwa durch die Ausweitung des Urlaubsanspruchs bei Vollzeitjobs nach dem Vorbild der 1970er Jahre stellen nach wie vor zentrale Elemente einer modernen Arbeitszeitpolitik dar. Diese Maßnahmen würden dem verbreiteten Bedürfnis nach kurzer Vollzeit entgegenkommen.

Im Rahmen kollektivvertraglicher Vereinbarungen könnte die Arbeitszeit auch zunächst nur für spezifische soziale Gruppen verkürzt werden, bei denen der Bedarf hoch ist und die Rahmenbedingungen günstig sind: etwa für ältere Arbeitskräfte; in der Industrie, wo die Einkommen relativ hoch sind; für besonders belastende Berufe, etwa am Bau, in der Pflege oder im Fall von Schichtarbeit. Für eine wirksame Verringerung der Arbeitszeit müsste vor allem die hohe Zahl an geleisteten Überstunden abgebaut werden: Ein Viertel der Vollzeitbeschäftigten leistet regelmäßig Mehrstunden. Im Arbeitsklimaindex, der von der Arbeiterkammer Oberösterreich erhoben wird, äußern die Betroffenen den Wunsch, die hohe Belastung mit Überstunden abzubauen, dies würde die Lebenszufriedenheit wesentlich verbessern.

Von einer Verringerung der Wochenarbeitszeit würden überwiegend Männer profitieren. Gleichzeitig bildet diese Maßnahme jedoch eine notwendige Voraussetzung für die Verringerung der unbezahlten und die Erhöhung der bezahlten Arbeitszeit von Frauen. Damit wird Arbeitszeitpolitik bei Männern zu einem wichtigen Instrument für die eigenständige wirtschaftliche und soziale Absicherung von Frauen.

Innovative Formen der Arbeitszeitverkürzung bestehen vor allem in Maßnahmen, die die Vereinbarkeit von Beruf und Familie verbessern und mehr Raum für Weiterbildung schaffen. Dazu gehören vor allem weitere Verbesserungen bei der Teilzeit während der Kinderbetreuungsphase. In Österreich besteht zwar – ähnlich wie in den skandinavischen Ländern – das Recht auf Elternteilzeit, diese kann allerdings aufgrund der Voraussetzung einer 3-jährigen Beschäftigungsdauer und der Beschränkung des Anspruchs auf Firmen mit mehr als 20 Beschäftigten selbst theoretisch nur von der Hälfte der Erwerbstätigen genutzt werden.

Die Einführung eines Rechts auf Bildungsteilzeit nach internationalem Vorbild wäre ein weiterer Schritt in die richtige Richtung. Bei der Bildungskarenz wurde die soziale Absicherung im Jahr 2009 deutlich verbessert. In der Rezession ist die Inanspruchnahme vor allem durch Personen mit Hochschulabschluss deutlich gestiegen, teils auch wegen sehr großzügiger Regeln in Bezug auf den Bildungsnachweis. Nun gilt es, Hindernisse für die Inanspruchnahme auch bei weniger gut Qualifizierten abzubauen und vor allem die regelmäßige Weiterbildung als essenziellen Bestandteil der Unternehmenskulturen zu etablieren. Der kollektivvertraglich oder gesetzlich geregelte Bildungsurlaub könnte einen weiteren Schritt der Forcierung der Weiterbildung während des Erwerbslebens darstellen. Karenzen sollten allerdings nicht nur zweckgerichtet für die Kinderbetreuung und die Weiterbildung eingesetzt werden. Sie könnten auch als generelle Auszeiten genutzt werden, für die man etwa durch Lohnverzicht anspart und während derer eine soziale Absicherung besteht. Derartige innovative Formen der Arbeitszeitpolitik leisten einen wesentlichen Beitrag zur Vereinbarkeit von Beruf und Familie, für den Aufbau der Wissensgesellschaft, aber auch für eine Umverteilung des Lebensarbeitsvolumens und generell für mehr Lebenszufriedenheit.

Eine Verkürzung der Arbeitszeit kann auch zur Verringerung der hohen Jugendarbeitslosigkeit eingesetzt werden. Werden hier nicht rasch Maßnahmen ergriffen, droht eine verlorene Generation, die nachhaltig Krisenfolgen durch geringes Einkommen, schlechte soziale Absicherung und mangelnde gesellschaftliche Integration zu ertragen hat. Arbeitszeitverkürzung bedeutet im Fall der Jugendlichen eine Verlängerung der Ausbildungszeiten. Deren Notwendigkeit zeigt sich auch darin, dass die Hälfte der 30000 arbeitslosen Jugendlichen im Alter von 20 bis 24 Jahren als höchste Schulausbildung nur über einen Pflichtschulabschluss verfügt. Die Schaffung zusätzlicher Ausbildungsplätze kann verhindern, dass Jugendliche, die keinen Job finden, auf der Straße stehen. Zu diesem Zweck kann das Pflichtschulalter um ein Jahr erhöht werden, um die Ausbildung in den grundlegenden Fächern zu verbessern und gleichzeitig den Arbeitsmarkt für Lehrlinge und ungelernte Arbeitskräfte zu entlasten. In den mittleren und höheren berufsbildenden Schulen muss die Zahl der zur Verfügung stehenden Plätze erhöht werden. Gerade in den technischen Schulen wird die Basis für die künftige Wettbewerbsfähigkeit der österreichischen Wirtschaft geschaffen. Im Zuge der Budgetsanierung regiert auch in den Fachhochschulen, wo der Ausbau gestoppt wurde, und den Universitäten, die notorisch unterdotiert sind, der Sparstift. Das ist sowohl angesichts der im internationalen Vergleich niedrigen Absolventenraten in der tertiären Ausbildung als auch angesichts der hohen Arbeitslosigkeit bei den 20- bis 24-Jährigen völlig falsch. Längere Ausbildungszeiten entlasten nicht nur kurzfristig den Arbeitsmarkt, sondern helfen auch langfristig den Betroffenen, weil ihr Lebenseinkommensniveau steigt, und der Gesellschaft, die von höherer Produktivität profitiert.

Eine Europäische Beschäftigungsinitiative

Aufgrund der Finanz- und Wirtschaftskrise ist die Arbeitslosigkeit in Österreich kräftig gestiegen. Vertraut man nur auf die beschäftigungsfördernde Wirkung des Wirtschaftswachstums, dann wird es vielleicht im gesamten Jahrzehnt nicht gelingen, die Zahl der Arbeitslosen wieder auf das Niveau vor der Krise zurückzuführen. Zusätzliche beschäftigungsfördernde Maßnahmen sind notwendig. Bei der Ausweitung des Angebots an sozialen Dienstleistungen besteht besonders großes Potenzial, zudem käme man damit auch anderen wichtigen Zielen der Sozial- und Wirtschaftspolitik näher. Kurz- und mittelfristig erscheint eine Verringerung der geleisteten Arbeitszeit als ein unverzichtbares Element der Verringerung des krisenbedingt hohen Niveaus an Arbeitslosigkeit. Sie bildet darüber hinaus eines der wichtigsten sozialpolitischen Instrumente zur Erhöhung der Lebenszufriedenheit. Konkrete Modelle der Arbeitszeitverkürzung müssen in Zusammenhang mit den politischen Herausforderungen der besseren Vereinbarkeit von Beruf und Familie, der Notwendigkeit des Ausbaus der Weiterbildung und der Verbesserung des Gesundheitszustandes der Bevölkerung entwickelt werden. Hier kann man auf internationale Erfahrungen aufbauen.

Doch eine aktive Beschäftigungspolitik darf ihren Horizont nicht auf Österreich beschränken. Nachdem der Vollbeschäftigungskanzler Bruno Kreisky im Jahr 1983 zurückgetreten war, widmete er sich mit großem Engagement der Entwicklung von Ideen zur Bekämpfung der Arbeitslosigkeit in Europa, obwohl Österreich damals noch gar nicht Mitglied der EU war. Die von ihm ins Leben gerufene und geleitete Kommission für Beschäftigungsfragen in Europa skizzierte viele verschiedene Wege zur Vollbeschäftigung (Kreisky 1989). Für Kreisky war es vor allem wichtig, die europäische Politik für die gefährlichen sozialen und politischen Folgen von Arbeitslosigkeit zu sensibilisieren. Das ist angesichts der äußerst ungünstigen Lage auf dem EU-Arbeitsmarkt heute noch viel wichtiger als in den 1980er Jahren. Doch die europäische Politik hat andere Sorgen: Sie beschäftigt sich nahezu ausschließlich mit Staatsschulden und immer neuen Sparmaßnahmen. Dadurch verschärft sie die ungünstige Lage auf dem Arbeitsmarkt weiter.

Eine europäische Beschäftigungsinitiative ist dringend notwendig: Sie sollte unmittelbar bei der Bekämpfung der besonders hohen und gefährlichen Arbeitslosigkeit unter Jugendlichen ansetzen. Der größte Bedarf besteht in jenen Ländern, deren Wirtschaft sich in einer schweren Rezession befindet und die gleichzeitig unter einer Staatsschuldenkrise leiden. In Spanien beträgt die Arbeitslosenquote unter Jugendlichen über 40 Prozent, in Griechenland liegt sie nur wenig unter dieser Marke, in Irland liegt sie über 30 Prozent und in Portugal über 20 Prozent; auch in Litauen und Lettland beträgt die Arbeitslosenquote mehr als 30 Prozent. Diesen Ländern fehlen weitgehend die finanziellen Mittel zur Bekämpfung des gravierenden Problems. Eine europäische Initiative sollte so rasch wie möglich Mittel zur

Finanzierung zusätzlicher Ausbildungsstellen und der Beschäftigung im kommunalen Bereich zur Verfügung stellen. Das würde nicht nur den unmittelbaren Opfern der Krise helfen, sondern auch Vertrauen in der gesamten Bevölkerung schaffen und so helfen, die wirtschaftliche Lage zu stabilisieren; zudem würde sich eine Chance bieten, den Menschen die konkreten Vorteile europäischer Zusammenarbeit und Solidarität vor Augen zu führen. Die Kosten einer Initiative zur Bekämpfung der hohen Arbeitslosigkeit unter Jugendlichen würden nicht mehr als 30 Milliarden Euro betragen; das wären 2 Prozent des BIP der genannten Länder, aber nicht mehr als ein Viertelprozent des BIP der EU – wenig in Relation zu den mehr als 300 Milliarden Euro, die allein bisher den europäischen Banken von den Staaten als Eigenkapital zur Verfügung gestellt wurden. Mit diesen Mitteln könnten mehr als eine Million zusätzliche Ausbildungsplätze für Jugendliche geschaffen werden.

In der EU-Politik dominieren heute umfangreiche Privatisierungen, immer neue Kürzungen bei Sozialausgaben und Erhöhungen von Verbrauchssteuern. Dem sollte ein sozial ausgerichtetes und gesamtwirtschaftlich vernünftiges Programm gegenübergestellt werden. Es müsste von der Hilfe für die arbeitslosen Jugendlichen ausgehen und eine offensive Investitionsstrategie für ein soziales Europa zulasten der Finanzbranche entwerfen. Dieses Gegenprogramm würde wohl am überzeugendsten von einem Land mit relativ solider Budgetlage und niedriger Arbeitslosigkeit initiiert. Ein österreichischer Bundeskanzler hätte aufgrund des Fehlens jeglicher Konkurrenz alle Chancen, soziales Profil auf europäischer Ebene zu gewinnen. Sicherlich wäre eine derartige Initiative nicht im unmittelbaren Interesse der heimischen Wähler, aber sie würde soziales Verantwortungsbewusstsein auf europäischer Ebene zeigen und sich langfristig auch in wachsender politischer Unterstützung bezahlt machen.

Auf EU-Ebene könnten darüber hinaus Initiativen gestartet werden, die auch in die Arbeitszeitfrage Bewegung bringen: Ein Ansatzpunkt wäre die Etablierung von Mindeststandards, etwa was den Urlaubsanspruch, die Dauer der Elternkarenz oder die Begrenzung der wöchentlichen Höchstarbeitszeit betrifft. Eine gerechtere Verteilung der vorhandenen Arbeit wird allerdings nur dann gelingen, wenn generell die Frage der Verteilung des hohen Wohlstandes politisch wieder stärker in den Mittelpunkt gerückt wird. Aktive Verteilungspolitik bei Lohnverhandlungen, im Steuersystem, in der Reform des Sozialsystems und im Bildungsbereich kann die Voraussetzungen für eine erfolgreiche Verkürzung der Arbeitszeit entscheidend verbessern. Gleichzeitigt würde die Arbeitszeitverkürzung selbst eine zentrale Voraussetzung für Verteilungsgerechtigkeit schaffen, indem sie das Angebot an Arbeitskräften verringert. Denn eine gewisse Arbeitskräfteknappheit, die man besser als Vollbeschäftigung bezeichnet, ist eine notwendige Bedingung für sozialen Fortschritt.

Sozialstaat: Sicherheit und Anerkennung für die sozial Schwachen

Auf dem Weg zu einer gerechteren Gesellschaft kommt der sozialen Sicherheit besondere Bedeutung zu. In Westeuropa und Skandinavien, aber auch den USA konnte mit dem Aufbau des Sozialstaates nach der Depression der 1930er Jahre eine soziale Absicherung für die unteren und mittleren sozialen Schichten erreicht werden, wie es sie zuvor niemals gegeben hat. In den Nachkriegsjahrzehnten ging die Verbesserung der sozialen Absicherung mit enormer wirtschaftlicher Prosperität einher. Beide Entwicklungen bedingten einander, denn zum einen generierten stabile und hohe Wachstumsraten von Produktion und Einkommen jene Staatseinnahmen, die den Ausbau der sozialen Leistungen ermöglichten; zum anderen schuf gerade die soziale Sicherheit für die Armen und die Mittelschicht das optimistische Zukunftsbild, die Umverteilung der Einkommen und die Stabilisierung der Erwartungen, die für die wirtschaftliche Expansion unabdingbar waren.

Mit dem Sozialstaat sind zentrale Werte verbunden, die auch wirtschaftlich günstige Anreize setzen: Die Schritte zur Chancengleichheit etwa durch den Ausbau des öffentlichen Bildungssystems waren entscheidend, um auch den sozial Schwächeren Aufstiegsmöglichkeiten zu signalisieren. Der allgemeine Zugang zu sozialen Dienstleistungen zum Beispiel durch die Grundversorgung mit einem hochwertigen Gesundheitssystem bewirkte eine enorme Umverteilung von Wohlstand und verfügbarem Einkommen zugunsten der unteren und mittleren Einkommensgruppen. Das Versicherungsprinzip im Pensions- und Arbeitslosensystem setzte gleichzeitig klare Leistungsanreize, da die Höhe des erzielten Erwerbseinkommens auch jene der Sozialleistungen bestimmte. Die Werte, die durch den Sozialstaat postuliert wurden, gehen allerdings weit über die quantitativ messbaren Formen der Solidarität durch die Umverteilung von Einkommen hinaus; sie betreffen vor allem die Anerkennung des gesellschaftlichen Beitrags der sozial Schwächeren, die im Sozialstaat als Träger subjektiver Rechte definiert werden. Der Frankfurter Sozialphilosoph Axel Honneth hat die große Bedeutung der Anerkennung der Leistungen von Einzelnen zum Gemeinwohl für die Entwicklung solidarischer Beziehungen hervorgehoben (etwa in Fraser und Honneth 2003).

Trotz und wegen seiner Erfolge ist der Sozialstaat in den letzten Jahrzehnten unter Druck geraten. Dazu hat vor allem die wirtschaftliche und politische Kehrtwende hin zum Neoliberalismus beigetragen, der die private Vorsorge der Einzelnen als Alternative zum verschwenderischen Moloch des Sozialstaates postulierte. Die damit einhergehende zunehmende Ungleichheit in der Verteilung des Wohlstandes setzte den Sozialstaat erheblich unter Druck, weil er sowohl die Einnahmen des Sozialsystems schmälerte, die wesentlich auf den Lohneinkommen aufbauen, als auch die Beschränkungen der Umverteilung in einem auf dem Versicherungsprinzip aufbauenden Sozialsystem deutlich machte. Soziale Veränderungen durch die Alterung der Gesellschaft und die Veränderung der Familienstrukturen stellen den Sozialstaat vor zusätzliche Herausforderungen. In besonderem Ausmaß geriet der Sozialstaat in der jüngsten Finanzkrise unter Finanzierungsdruck, denn sie hat seine Beitrags- und Steuereinnahmen auf Jahre hinaus geschwächt und enorme soziale Kosten mit sich gebracht. Dies ist paradox, denn genau in dieser Finanzkrise hat der europäische Sozialstaat seine Überlegenheit gegenüber einem über Finanzmärkte organisierten System privater Vorsorge eindrucksvoll bewiesen.

Sozialstaat verhindert eine Depression

Der europäische Sozialstaat hat in der Finanzkrise der Jahre 2008/09 wesentlich dazu beigetragen, das Abgleiten in eine Depression im Ausmaß der 1930er Jahre zu verhindern. Das Sozialversicherungssystem und aktive sozialpolitische Maßnahmen dämpften nicht nur die Krisenfolgen für die Betroffenen, sondern federten den gesamtwirtschaftlichen Konjunktureinbruch ab (Leoni u.a. 2011).

Als besonders wirksam erwiesen sich die automatischen Stabilisatoren des Sozialstaates: Der Rückgang der Beschäftigung und der Anstieg der Arbeitslosigkeit dämpften vor allem die Einnahmen an Sozialversicherungsbeiträgen, lösten aber auch zusätzliche staatliche Ausgaben in der Arbeitslosenversicherung aus. Geringeres Aufkommen an Abgaben und steigende Sozialtransfers ließen ein Defizit in der Sozialversicherung und im Budget entstehen, erhöhten damit aber gleichzeitig die verfügbaren Einkommen der privaten Haushalte. Damit stabilisierten sie die Konsumausgaben und die Konjunktur. Die Wirkung dieser automatischen Stabilisatoren des Sozialstaates ist umso höher, je progressiver die Finanzierung des Sozialstaates und je höher die Ersatzraten der Sozialtransfers sind. Kontinentaleuropäische Sozialstaaten wie Deutschland und Österreich sowie skandinavische Wohlfahrtsstaaten wie Dänemark und Schweden weisen deshalb eine viel stärker stabilisierende Wirkung des Sozialsystems auf als die süd- und osteuropäischen Staaten oder die USA mit ihrem schwach entwickelten Sozialschutz (Dolls u.a. 2010). Die automatischen Stabilisatoren im Sozialsystem dürften in der EU den Einbruch des BIP um 2 bis 3 Prozentpunkte verlangsamt und etwa 2 Millionen Jobs gesichert haben.

Die automatischen Stabilisatoren wurden in vielen Ländern um diskretionäre Maßnahmen ergänzt, diese umfassten neben Steuersenkungen und zusätzlichen öffentlichen Investitionen auch die Ausweitung der Sozialtransfers und andere sozialpolitische Maßnahmen. Das Ausmaß der zusätzlichen Maßnahmen war in den einzelnen Ländern sehr unterschiedlich, im Durchschnitt der EU betrug es in den Jahren 2009 und 2010 etwa 1,3 Prozent des BIP, drei Viertel des Volumens entfielen auf sozialpolitische Maßnahmen im weiteren Sinn, inklusive der Senkung der Einkommensteuern und der Ausweitung der öffentlichen Beschäftigung. Während in Österreich, den Niederlanden und Deutschland die Senkung der Steuern auf Arbeit überwog, wurden vor allem in den skandinavischen Ländern die Sozialausgaben erhöht, in Dänemark und Schweden etwa auch durch eine Ausweitung der öffentlichen Beschäftigung auf kommunaler Ebene und im Bildungssystem. In Österreich wurde im Rahmen der Konjunkturpakete die Lohn- und Einkommensteuerbelastung verringert, aber auch eine 13. Auszahlung der Kinderbeihilfe eingeführt, das Pflegegeld erhöht, die Anhebung der Pensionen vorgezogen, die Mittel für aktive Arbeitsmarktpolitik ausgeweitet und Kurzarbeit subventioniert. Diese sozialpolitischen Maßnahmen während der Krise haben in den Mitgliedsländern der EU dazu geführt, dass der Rückgang des BIP um etwa einen Prozentpunkt verlangsamt und 330 000 Jobs erhalten oder neu geschaffen werden konnten (Leoni u. a. 2011).

Die stabilisierende Wirkung des Sozialstaates geht noch weit über die genannten Maßnahmen hinaus, denn das Sozialschutzsystem beeinflusst ganz wesentlich die Erwartungen der Menschen: Konfrontiert mit grassierender Arbeitslosigkeit und wachsender Unsicherheit bezüglich der künftigen Einkommen, neigen viele Haushalte in einer Krise zu einer Ausweitung des Sparanteils an ihrem Einkommen. Macht sich dieses »Angstsparen« breit, so droht eine Verschärfung der Krise, denn die Folge ist ein Rückgang der Konsumausgaben, damit der Produktion und der Beschäftigung. Die Einkommenssicherung durch das Sozialversicherungssystem und die Bereitschaft des modernen Sozialstaates, aktiv die Krise zu bekämpfen, stabilisieren die Erwartungen und verhindern Angstsparen. Das ist wahrscheinlich der quantitativ bedeutendste Beitrag zur wirtschaftlichen Stabilisierung.

Der gravierend höhere Staatseinfluss in der Bekämpfung der großen Rezession 2008/09 stellt den wichtigsten Unterschied zur Depression der 1930er Jahre dar. Damals war der Staatsanteil an der Wirtschaft gering, der Sozialstaat noch kaum entwickelt und die Bereitschaft zur aktiven konjunkturpolitischen Gegensteuerung absent. Heute beträgt der Staatsanteil an der Wirtschaftsleistung in der EU etwa 40 Prozent, in den skandinavischen Ländern mehr als 50 Prozent; die Sozialausgaben erreichen in der EU 26 Prozent des BIP, in Österreich 28 Prozent und in Schweden 30 Prozent. Der europäische Sozialstaat hat in der Wirtschaftskrise – trotz der enormen Unterschiede zwischen den Ländern – nicht nur die soziale und wirtschaftliche Lage der Menschen stabilisiert, sondern auch einen noch tieferen Einbruch der Konjunktur verhindert.

Die Werte des Sozialstaates verteidigen

Trotz dieser unbestreitbaren Meriten wird der Sozialstaat infolge der Krise aus zwei Gründen erheblich unter Druck kommen. Erstens bedeuten der Rückgang von Beschäftigung und Einkommen und die Kosten von Arbeitslosigkeit in der Krise eine erhebliche langfristige finanzielle Belastung für das soziale Sicherungssystem. Im Jahr 2010 lagen die Einnahmen der Sozialversicherung aufgrund der Krise um mehr als 2 Milliarden Euro niedriger, die Hälfte der Ausfälle fiel in der Pensionsversicherung, jeweils etwa ein Viertel in der Arbeitslosen- und Krankenversicherung an. Dieser Fehlbetrag dürfte auch in den Folgejahren bestehen bleiben.

Zweitens bilden die hohe Arbeitslosigkeit und die umfangreichen Defizite in der Sozialversicherung politische Rahmenbedingungen, in denen Sozialschmarotzerdebatten geschürt werden und jene Kräfte Auftrieb erlangen, die den Sozialstaat zurückdrängen wollen. Schon im Zuge der Debatte um die Budgetkonsolidierung nach der Krise ist der Sozialstaat als Ziel umfangreicher Milliardenkürzungen ins Spiel gebracht worden: Das Gesundheitssystem wurde als Fass ohne Boden dargestellt, im öffentlichen Pensionssystem sah der Präsident der Wirtschaftskammer Christoph Leitl Einsparungsmöglichkeiten von 5 Milliarden Euro. Diese Debatte droht sich weiter zu verschärfen. Wir stehen trotz einer Relation der Zahl der gemeldeten Arbeitslosen zu jener offener Stellen von 10:1 vor einem Wiederaufflammen der Unterstellung, die arbeitslosen Jugendlichen seien zu faul, sich eine Stelle zu suchen, und die Arbeitslosen wollten generell gar nicht arbeiten. Die Verpflichtung aller Personen, die Mindestsicherung beziehen, eine schlecht bezahlte »gemeinnützige« Arbeit anzunehmen, geistert ebenso wieder durch die Medien wie eine intensive Debatte um die Generationengerechtigkeit: Die hohen Staatsschulden seinen eine untragbare Belastung für die Enkelgeneration; das öffentliche Pensionssystem sei unfinanzierbar; die Dummen wären die Jungen, die die Pensionen der Alten zahlen müssen und selber nichts mehr herausbekommen würden. Vor allem der Umbau des öffentlichen Pensionssystems in eine Mindestsicherung im Alter und die Ergänzung um eine geförderte private Pensionsvorsorge – eine alte Forderung der Neoliberalen – wird neuerlich auf das politische Tapet kommen.

Der Sozialstaat ist wertvoll. Es gibt verschiedene vernünftige Möglichkeiten, auf diese Angriffe zu reagieren. Zunächst eine defensive Antwort, die die wichtige Rolle des Sozialstaates in der wirtschaftlichen und sozialen Absicherung der Krisenopfer und in der umfassenden Bereitstellung von Sicherheit für die sozial Schwächeren betont. Der traditionelle Sozialstaat hat sich in der Krise gut bewährt: Die Einkommensverluste der Arbeitslosen wurden gedämpft, expansive Maßnahmen zur Stabilisierung der Konjunktur ergriffen und solidarische Lösungen zur Umverteilung von Arbeitszeit ermöglicht.

Der britische Historiker Tony Judt hat im letzten Buch vor seinem Tod mit dem Titel »Ill Fares the Land« darauf hingewiesen, wie wichtig es ist, diese Verdienste des Sozialstaates bei der Abwehr der neoliberalen Bemühungen um seinen Abbau in den Vordergrund zu stellen (Judt 2010). Er betont, dass wir vor einem neuen Zeitalter der Angst und Unsicherheit stehen. Unsicherheit, die aus dem enormen Tempo der wirtschaftlichen und gesellschaftlichen Veränderungen, aus den Problemen des Klimawandels und des Finanzsystems, aus der Angst vor Jobverlust und sozialem Abstieg resultiert. Besonders die Sozialdemokratie, so Judt, habe in diesem Umfeld große politische Chancen, denn sie verfüge über ein Instrument zur Eindämmung von Unsicherheit und Angst: den Sozialstaat. Die Linke müsse sich deshalb darauf konzentrieren, die sozialen Errungenschaften zu verteidigen und zu bewahren. Dabei müsse sie in der politischen Debatte mit Vehemenz die Frage stellen, welche Gesellschaft wünschenswert sei, und dabei die Idee der Gleichheit in den Mittelpunkt rücken.

Der Sozialstaat sichert die sozial Schwachen gegen wirtschaftliche und soziale Risiken ab, von Arbeitslosigkeit über Krankheit und Arbeitsunfähigkeit bis zum Alter. Damit bietet er Sicherheit. Die Leistungen des Wohlfahrtsstaates gehen aber darüber hinaus. Er bietet auch Perspektiven und Hoffnung, zum Beispiel indem er den Kindern gute Ausbildung und Aufstiegschancen ermöglicht. Der Sozialstaat ist ein erster Schritt in Richtung Chancengleichheit der Armen mit den Reichen. Den Vermögenden gibt ihr Reichtum Sicherheit gegen die Risiken des Lebens. Ein guter Sozialstaat kann den sozial Schwächeren wenigstens zum Teil das sein, was den Reichen ihr Vermögen ist. Bei den Reichen hat das Vermögen allerdings auch andere Funktionen. Vor allem jene der Möglichkeit der Weitergabe. Die Regulierung der Vermögensvererbung war deshalb zentraler Bestandteil von Sozialreformen seit der Aufklärung. Ein zentrales Versprechen der Aufklärung, Wohlstand nicht nach Kriterien der Herkunft, sondern nach Maßstäben der Leistung zu verteilen, wurde im Zuge der neoliberalen Finanzmarktexpansion zugunsten des Prinzips »Wer hat, dem wird gegeben« gebrochen. Deshalb zählen der Sozialstaat und die Erbschaftsteuer heute zu den am härtesten umkämpften Politikfeldern (Marterbauer, Schürz 2011).

Die neoliberale Alternative zum umfassenden Sozialstaat ist eine soziale Mindestsicherung, die recht oder eher schlecht vor Armut schützt, ergänzt um eine private Absicherung auf den Kapitalmärkten durch kapitalgedeckte Pensionsvorsorge, private Arbeitslosen- oder Krankenversicherung. Die Finanz- und Wirtschaftskrise hat gezeigt, wie schlecht diese Alternative ist. In kurzer Zeit waren die Hoffnungen auf gute Erträge verspielt. Für viele Beschäftigte, die in Österreich ab dem Jahr 2000 Beiträge zu betrieblichen Pensionskassen geleistet haben, liegt die seither erzielte Rendite nicht nur weit unter den

Versprechungen, sondern sogar noch unter der Verzinsung von einfachen Sparbüchern; für jene, die sich schon in Pension befinden, resultierten gewaltige Einbußen bei den betrieblichen Zusatzpensionen. In Ländern wie Großbritannien, in denen die Umstellung auf kapitalgedeckte Pensionssysteme weitgehend erfolgt ist, prägt Armut im Alter die soziale Lage.

In der Öffentlichkeit wird oft propagiert, dass eine private Vorsorge über Kapitalmärkte für die Bürger billiger sei als die staatliche Sozialversicherung. Eine Finanzierung der Sozialleistungen über Kapitalmärkte würde am Niveau der zu leistenden Beiträge im Durchschnitt wahrscheinlich wenig ändern, sofern das Niveau der Leistungen aufrechterhalten werden soll. Der große Unterschied zwischen einem privaten, kapitalgedeckten Sozialsystem und einem öffentlichen, beitragsfinanzierten System mit Pflichtversicherung liegt in den Verteilungswirkungen. Eine private Vorsorge gewährleistet den Reichen eine gute Absicherung (sofern die Beiträge nicht verspekuliert werden), den Armen eine schlechte; denn sie hängt von den finanziellen Möglichkeiten ab, Versicherungsbeiträge zu leisten. Das öffentliche, solidarische Sozialsystem ist nicht nur auf die Sicherung des Lebensstandards ausgerichtet, sondern setzt auch zusätzlich auf Mindeststandards für die Absicherung jener sozialen Schichten, die nicht ausreichend Beiträge leisten können.

Insgesamt lehren die Erfahrungen der Finanz- und Wirtschaftskrise, dass der geschmähte traditionelle Sozialstaat deutlich krisenfester ist als die privaten Alternativen. Vom Sozialstaat kontinentaleuropäischen und skandinavischen Typs profitieren alle Menschen: Er bietet ihnen eine Absicherung für Perioden, in denen kein hohes Erwerbseinkommen bezogen werden kann. Die Beiträge für diese Versicherung zahlen sie in Lebensphasen, in denen sie Erwerbseinkommen erzielen. Der Sozialstaat verteilt Einkommen von den derzeit Beschäftigten zu jenen im Ruhestand, von den Beschäftigten zu den Arbeitslosen, von den Gesunden zu den Kranken, von den Haushalten ohne Kinder zu jenen mit Kindern. Dadurch profitieren alle Menschen vom Sozialstaat, aber eben zu unterschiedlichen Zeitpunkten während ihres

Lebens. Es profitieren sowohl die Armen als auch die Mittelschicht und die Reichen. Das ist ein wichtiges Charakteristikum, das vor allem in der sozialpolitischen Diskussion in Skandinavien immer wieder betont wird. Vom Sozialstaat, der sich nicht nur auf die Verhinderung von Armut konzentriert, sondern generell Leistungen anbietet, profitieren alle Bevölkerungsgruppen: Der Mittelschicht leistet das öffentliche Pensionssystem eine gute Absicherung im Alter, die breite Bevölkerung hat Zugang zur Spitzenmedizin, der Einkommensverlust bei Arbeitslosigkeit wird deutlich gemildert, selbst reiche Witwen und Yuppies profitieren von Heimhilfen und Kindergärten. Ein gutes Angebot an sozialen Dienstleistungen nützt vor allem den Frauen. Dadurch unterstützt eine breite Mehrheit der Bevölkerung den Sozialstaat.

Als Folge der beschriebenen horizontalen Verteilungswirkungen zwischen Phasen der Erwerbstätigkeit und Lebensphasen ohne Erwerbseinkommen entstehen auch vertikal Verteilungseffekte, von oben nach unten: Gesundheits- und Bildungsleistungen, Familienbeihilfen und Arbeitslosengelder machen zeitpunktbezogen gemessen am Einkommen in den unteren Einkommensgruppen viel mehr aus als in den oberen (Guger, Marterbauer 2009). In Anspruch genommene staatliche Gesundheitsleistungen betragen im unteren Einkommensdrittel fast 40 Prozent des Einkommens, im oberen Drittel hingegen nur 8 Prozent. Das hat nur zum kleinen Teil damit zu tun, dass Ärmere öfter krank werden, sondern primär damit, dass die gleichen Leistungen gemessen am Einkommen unten viel und oben wenig ausmachen. Ähnlich bei den öffentlichen Bildungsleistungen: Sie betragen im unteren Drittel 16 Prozent des Einkommens, im oberen nur 2 Prozent.

Die staatlichen Familienleistungen von der Kinderbeihilfe über das Karenzgeld bis zum Kindergarten machen im unteren Drittel aller Haushalte 12 Prozent des Einkommens aus, im oberen ein Prozent. Betrachtet man nur Haushalte mit Kindern, so betragen die Familienleistungen im unteren Drittel mehr als 40 Prozent des Haushaltseinkommens. Die Arbeitslosengelder bessern das Haushaltseinkommen im unteren Drittel um 12 Prozent auf, hingegen spielen sie im oberen Drittel keine Rolle. Die Sachleistungen und Geldleistungen des

Übersicht 7.1:

Umverteilung durch Staatsausgaben (2005)

	Unteres	Mittleres Einkommensdrittel	Oberes
	Nicht-Selbständigenhaushalte gemessen am Bruttoäquivalenzmarkteinkommen		
Gesundheit u. Pflege	39,7	16,8	8,1
Bildung	16,6	7,3	2,3
Familienleistungen	12,1	4,3	1,2
Arbeitslosengeld u. ä.	12,6	0,6	0,1

Quelle: Guger et al, Umverteilung durch den Staat in Österreich, WIFO-Studie (2009).

Sozialstaates sind im Prinzip für alle gleich. Doch gemessen an der sozialen Lage profitieren vor allem die unteren und mittleren Gruppen. Sie könnten sich ein Gesundheits- und Bildungssystem dieser Qualität nicht leisten, müssten sie die Inanspruchnahme privat finanzieren.

Der Sozialstaat leistet für die Menschen sehr viel. Er verpflichtet alle Beschäftigten, in Zeiten der aktiven Erwerbstätigkeit in ein solidarisches Versicherungssystem einzuzahlen, und ermöglicht, in Zeiten ohne Erwerbstätigkeit eine soziale Absicherung aus dem System zu beziehen. Er lässt die kleinen Leute von Bildungs- und Gesundheitsleistungen profitieren, von denen sie sonst nur träumen könnten. Tony Judt hat recht: Der Sozialstaat ist es wert, verteidigt zu werden. In diesem Sinn sollen die Verteidiger des Sozialstaates konservativ sein. Es gilt etwas zu bewahren. *Siehe Übersicht 7.1*

Probleme des Sozialstaates

Auf den Sozialstaat traditionellen Typs warten große Probleme, die ihn vor allem finanziell erheblich unter Druck bringen und politisch gefährden können. Die am öftesten genannte Herausforderung besteht in der demografischen Verschiebung. Im Jahr 2010 standen in Österreich den 1,475 Millionen Personen, die 65 Jahre und älter waren,

5,178 Millionen Personen im Haupterwerbsalter von 20 bis 64 Jahren gegenüber. Auf eine Person im Pensionsalter kamen somit 3,5 Personen im erwerbsfähigen Alter. Diese Relation wird sich in den nächsten Jahrzehnten merklich verringern. Zwar geht die Bevölkerung im erwerbsfähigen Alter kaum zurück, doch jene, die älter als 65 Jahre ist, steigt rasch. Im Jahr 2030 werden auf eine Person über 65 Jahren knapp 2,5 Personen im erwerbsfähigen Alter kommen, für das Jahr 2050 erwartet die Hauptvariante der Bevölkerungsprognose von Statistik Austria eine Relation von knapp unter 2:1.

Die Alterung der Bevölkerung bringt erhebliche Belastungen für die Finanzierbarkeit des öffentlichen Pensionssystems mit sich. Sie bedeutet allerdings sicherlich nicht – wie in der öffentlichen Debatte schon fast als Faktum angenommen – seine Unfinanzierbarkeit. Denn entscheidend ist nicht das Verhältnis der Zahl der Erwerbstätigen zu jener der Personen in Pension, sondern die Höhe des Einkommens, das die Erwerbstätigen produzieren. Dieses Einkommen bestimmt den Lebensstandard der gesamten Bevölkerung, der Erwerbstätigen, der Kinder und der Personen im Ruhestand. Eine Politik, die sich die Finanzierbarkeit des Pensionssystems zum Ziel setzt, muss deshalb als Erstes überlegen, wie sie die künftigen Einkommen erhöhen kann, oder wie das der dänische Soziologe Gøsta Esping-Andersen auf den Punkt bringt: »Retirement reform must begin with babies.« Eine erfolgreiche Pensionspolitik beginnt damit, dass wir mehr ins Bildungssystem investieren und in erster Linie beim Ausbau der Kindergärten ansetzen, um die Fähigkeiten und Chancen der Kleinkinder rechtzeitig zu fördern. Der Ausbau der frühkindlichen Betreuungsinfrastruktur hat viele positive Folgen, gesellschaftliche, soziale, aber auch wirtschaftliche: Die Benachteiligung der Kinder aus bildungsfernen und armen Schichten durch soziale Vererbung wird verringert; die künftigen Einkommen dieser Kinder steigen, damit auch ihre Beiträge zur Finanzierung des Sozialsystems; unmittelbar steigen die Erwerbsquoten von Frauen, damit auch kurzfristig deren Beiträge (Esping-Andersen 2009). Langfristig ist Bildungspolitik der Schlüssel zur Bewältigung der budgetären Lasten der Alterung.

In zweiter Linie soll sich eine vernünftige Pensionsreform einer Veränderung der Parameter des Pensionssystems im engeren Sinn widmen. Den wichtigsten Ansatzpunkt bildet ein späterer Pensionsantritt, denn dieser hat unter finanziellen Gesichtspunkten zwei Vorteile: Er bringt längere Einzahlungs- und kürzere Auszahlungszeiten mit sich. Eine Anhebung des gesetzlichen Rentenalters bringt allerdings wenig, wenn nicht in mehreren anderen Bereichen Voraussetzungen und Anreize dafür geschaffen werden, dass sich auch das faktische Antrittsalter erhöht. Das betrifft das Gesundheitssystem, das über verstärkte Vorsorge längere Arbeitszeiten erst möglich macht, die Verbesserung der Arbeitsbedingungen am Arbeitsplatz und das Lohnsystem, das über flachere Gehaltskurven ältere männliche Beamte und Angestellte auf dem Arbeitsmarkt nicht zu teuer macht. Auch im Pensionssystem selbst können Rahmenbedingungen verbessert werden, indem durch Modelle der Altersteilzeit der Übergang von Erwerbstätigkeit zum Ruhestand vernünftig gestaltet und über höhere und transparente Ab- und Zuschläge bei frühem bzw. spätem Pensionsantritt die Anreize richtig gesetzt werden. In mehreren Ländern wurden Maßnahmen ergriffen, die die Anreize für Unternehmen verringern, ihre Beschäftigten früh loszuwerden und die Kosten an den Sozialstaat auszulagern (vgl. Guger 2011): In Finnland und den Niederlanden tragen Unternehmen die Kosten von vorzeitigen Pensionierungen durch ein System von Bonus-Malus-Regelungen zu einem erheblichen Teil selbst; in Schweden und Dänemark müssen sich die Arbeitgeber lange an den Lohnkosten im Krankheitsfall beteiligen, falls sie nicht ausreichend in Gesundheitsvorsorge oder Rehabilitation investieren. Diese Maßnahmen führten dazu, dass die Zahl der krankheitsbedingten und vorzeitigen Pensionierungen deutlich zurückgegangen ist.

Selbst wenn diese Voraussetzungen erfüllt sind, kann eine Anhebung des Pensionsantrittsalters enorme Ungerechtigkeiten mit sich bringen, weil Menschen aus verschiedenen sozialen Schichten eine sehr unterschiedliche Lebenserwartung haben. Idealerweise sollte deshalb das Antrittsalter nach der Lebenserwartung differenziert werden: Höhere Beamte und Angestellte müssten dann deutlich länger arbeiten als

Beschäftigte im Bau- oder Pflegebereich. Zudem sollte die Finanzierung der Pensionen progressiver gestaltet werden. Derzeit zahlen alle gemessen an ihrem Einkommen gleich viel in die Pensionsversicherung ein, allerdings nur bis zur Höchstbeitragsgrundlage; gemessen am Einkommen zahlt das obere Zehntel der Beschäftigten deshalb deutlich niedrigere Beiträge. Dem entspricht die Höchstpension, doch die Besserverdiener beziehen viel länger Pensionen als die sozial Schwachen. Deshalb müsste die Finanzierungsbasis, die derzeit primär von Löhnen und Gehältern gebildet wird, verbreitert werden.

Damit ist das neben der demografischen Entwicklung zweite große Problem für den Sozialstaat angesprochen: die zunehmende Ungleichheit in der Verteilung. Ein Sozialstaat, der wie der österreichische durch die hohe Bedeutung des Versicherungsprinzips wesentlich darauf aufbaut, den ungleichen Lebensstandard verschiedener sozialer Schichten im Alter, bei Krankheit und Arbeitslosigkeit zu sichern, gerät dann in Schwierigkeiten, wenn der Lebensstandard der Besserverdiener immer rascher wächst als jener der Wenigverdiener. Denn dann perpetuiert er die vorhandene soziale Ungleichheit. Deshalb muss der Sozialstaat der Zukunft besser nach unten absichern. Mit der Einführung der bedarfsorientierten Mindestsicherung ist ein wichtiger Schritt in diese Richtung gelungen. Ziel muss es sein, die soziale Absicherung der armutsgefährdeten Bevölkerungsgruppen weiter zu verbessern und gleichzeitig die Aufnahme von Erwerbsarbeit und die Beteiligung an Aus- und Weiterbildung aktiv zu betreiben. Auch der Ausbau sozialer Dienstleistungen kann wesentlich dazu beitragen, den Sozialstaat bessern nach unten abzusichern.

Das dritte Problem für den Sozialstaat resultiert aus den Veränderungen in den Familienstrukturen. Die wachsenden Scheidungsraten, die Zunahme der Ein-Eltern-Familien und die zunehmende Erwerbstätigkeit von Frauen ändern das Gesicht der Gesellschaft und die Anforderungen an den Sozialstaat. Wenn der Sozialstaat sich überwiegend der Sicherung der Einkommen widmet und wenig Dienstleistungen wie Kinderbetreuung oder Pflege bereitstellt, weil diese traditionell ohnehin in der Familie geboten waren, dann erfüllt er nicht mehr die Anforderungen der Gesellschaft. Der Sozialstaat der Zukunft muss sich deshalb am skandinavischen Modell orientieren, das den Schwerpunkt auf die Bereitstellung sozialer Dienstleistungen legt.

Wofür der Staat die Abgaben ausgibt

In Österreich betragen die Ausgaben des Staates, vom Bund über Länder und Gemeinden bis zur Sozialversicherung, im Jahr 2011 153 Milliarden Euro, das ist knapp mehr als die Hälfte der gesamten Wirtschaftsleistung. Von konservativer Seite wird gerne das Bild gezeichnet, dass die Menschen unter enorm hoher Abgabenlast leiden und die so gewonnenen Mittel in einem Loch aus Verschwendung und Ineffizienz der Bürokratie verschwinden. Ohne Zweifel wird ein relevanter Teil der staatlichen Ausgaben verschwendet: Der Staat zahlt überwiegend an Besserverdiener Prämien dafür, dass sie private Pensionsvorsorge bei Banken und Versicherungen betreiben; aus dem Anbot an Abfangjägern für das Bundesheer wird just das teuerste ausgewählt; die Bundesländer fördern das Pendlerwesen großzügig, obwohl schon der Bund eine umfangreiche Subvention mit gleicher Zielsetzung vornimmt; die Anschaffung teurer medizinischer Großgeräte wird zwischen den Krankenhäusern kaum koordiniert und so weiter. Doch betrachtet man die Staatsausgaben näher und ohne ideologisches Vorurteil, so erkennt man, dass den Steuer- und Beitragszahlungen umfangreiche Gegenleistungen gegenüberstehen, seien es die Leistungen der Arbeitslosen- und Pensionsversicherung, die sozialen Dienstleistungen des Bildungs- und Gesundheitssystems oder die öffentliche Verkehrs- und Kommunikationsinfrastruktur.

41 Prozent der gesamten Staatsausgaben entfallen auf den Bereich der sozialen Sicherheit im engeren Sinn (ohne Gesundheit). Die Abwicklung der Ausgaben erfolgt überwiegend über die gesetzliche Sozialversicherung, die Finanzierung über Beiträge der Versicherten. Die EU-Datenbank ESSOS systematisiert die Sozialausgaben nach Funktionen und macht sie so international vergleichbar. In der Funk-

Übersicht 7.2:

Sozialausgaben nach Funktionen

In Mrd. €

	2000	2009
Alter	22,7	34,8
Hinterbliebene	4,8	5,6
Gesundheit	14,6	20,9
Familie	6,1	8,5
Invalidität	5,5	6,3
Arbeitslosigkeit	2,8	4,8
Andere	0,6	1,3
Gesamt	57,2	82,1

Quelle: Statistik Austria.

tion Alter sind alle sozialen Leistungen für Männer über 65 Jahren und Frauen über 60 Jahren mit Ausnahme von Gesundheits- und Hinterbliebenenleistungen erfasst. In Österreich wurden dafür im Jahr 2009 knapp 35 Milliarden Euro aufgewendet; 2011 dürfte dieser Betrag auf etwa 38 Milliarden Euro steigen. Im EU-Vergleich sind die Aufwendungen für öffentliche Altersversorgung in Österreich relativ hoch. Mehr als 50 Prozent der Mittel werden für die gesetzliche Alterspension der Angestellten, Arbeiter, Gewerbetreibenden und Bauern aufgewendet (Steiner 2010b). Gut drei Viertel der Ausgaben stehen unmittelbare Beiträge der Versicherten gegenüber, der Rest kommt aus einem Zuschuss aus dem allgemeinen Staatshaushalt. Der Staatszuschuss ist in der Pensionsversicherung der Angestellten und Arbeiter mit etwas mehr als einem Zehntel recht niedrig, beträgt bei den Gewerbetreibenden allerdings etwa die Hälfte und bei den Bauern, die kaum Pensionsbeiträge leisten, mehr als 80 Prozent.

Etwa ein Fünftel der Ausgaben der Funktion Alter entfällt auf die Pensionen der Beamten, 2011 sind das etwa 8,5 Milliarden Euro. Dazu kommen Aufwendungen für vorzeitige Alterspensionen sowie das Pflegegeld und soziale Sachleistungen für Pflegebedürftige über 60 bzw. 65 Jahren; vor allem die Aufwendungen der letzten Kategorie sind in den letzten Jahren rasch gestiegen. Für Hinterbliebenenpensionen werden mehr als 5 Milliarden Euro pro Jahr ausgegeben. Gut 6 Milliarden Euro entfallen auf die Funktion Invalidität, hier sind sowohl die Invaliditätspensionen als auch das Pflegegeld und die Behindertenleistungen für Personen im erwerbsfähigen Alter erfasst. *Siehe Übersicht 7.2*

Der Pensionsaufwand wird langfristig merklich steigen, weil sich die Zahl der Personen über 65 Jahren in Österreich von heute etwa 1,5 Millionen bis 2030 auf 2 Millionen und 2050 auf gut 2,5 Millionen erhöhen wird. Wie stark dadurch das Defizit in der Pensionsversicherung steigt, hängt wesentlich von der Entwicklung von Beschäftigung und Einkommen ab, auf denen die Einnahmen basieren. Je nach wirtschaftlicher Entwicklung dürfte sich der Abgang bis 2050 um etwa 3 Prozent des BIP erhöhen, also um ungefähr 9 Milliarden Euro. Gleichzeitig werden die Aufwendungen für Beamtenpensionen um 2 Prozent des BIP sinken. Die zusätzliche Belastung erscheint in Relation zu den Kosten, die allein die Finanz- und Wirtschaftskrise in der Pensionsversicherung infolge des Einbruchs der Beschäftigung und deshalb auch der Beitragseinnahmen innerhalb kurzer Zeit verursacht hat, allerdings auch nicht exorbitant: Sie betragen mehr als eine Milliarde Euro.

Die demografisch bedingten Zusatzkosten sind tragbar, machen aber Sozialreformen notwendig. Schon in den letzten 15 Jahren wurden alterungsbedingte Mehrausgaben durch eine mäßige Erhöhung der Pensionen und eine verhaltene Ausweitung der nicht alterungsbedingten Sozialausgaben aufgefangen. In den nächsten Jahrzehnten muss vor allem danach getrachtet werden, das faktische Pensionsantrittsalter, die finanziellen Abschläge bei Frühpensionen und die Kosten der Frühpensionierung für die Unternehmen zu erhöhen. Entscheidend ist allerdings, schon heute durch Investitionen in soziale Dienstleistungen, besonders im Bildungs- und Gesundheitsbereich, Beschäftigung und Einkommen langfristig zu fördern. Höhere Löhne und eine höhere Beschäftigungsquote können die alterungsbedingten Mehrausgaben zu einem erheblichen Teil abdecken.

Die soziale Pensionsversicherung stellt ein zentrales Element des Sozialstaates dar. Sie sichert den Lebensstandard der Erwerbsbevölkerung und vermeidet Armut im Alter. Die normale Alterspension in der gesetzlichen Pensionsversicherung beträgt gut 1200 Euro pro Monat; nach unten sichert die Ausgleichszulage ab, die für viele Frauen und andere Bezieher niedriger Einkommen die Pension auf etwa 800 Euro pro Monat aufstockt; die Höchstpension in der gesetzlichen Pensionsversicherung beträgt etwa 2700 Euro. Die soziale Pensionsversicherung hat in der Finanzkrise einmal mehr ihre Überlegenheit gegenüber privater kapitalgedeckter Altersversorgung bewiesen. Aus diesem Grund ist es besonders schmerzlich, dass auch sie wegen der Finanzkrise in neue Finanzierungsprobleme geraten ist.

Auch die staatlichen Ausgaben für Arbeitslosigkeit sind wegen der Finanzkrise im Jahr 2009 kräftig gewachsen. Der Anstieg der Zahl der Arbeitslosen hat die Aufwendungen auf 4,8 Milliarden Euro erhöht. Die soziale Absicherung der Arbeitslosen ist aufgrund der im internationalen Vergleich niedrigen Nettoersatzrate von 55 Prozent des Letzteinkommens schlecht, das Arbeitslosengeld beträgt im Durchschnitt nur etwa 800 Euro pro Monat, die Notstandshilfe für Langzeitarbeitslose 600 Euro. Auch die Ausgaben für Qualifizierungs- und Trainingsmaßnahmen des AMS wurden auf mehr als 1,1 Milliarden Euro angehoben, 2010 waren durchschnittlich fast 80000 Personen und damit jeder vierte Arbeitslose in Schulung. Die Arbeitslosenversicherung verteilt besonders kräftig nach unten um, denn die Beiträge der Beschäftigten in Höhe von 3 Prozent des Einkommens werden von allen geleistet, während die Ausgaben fast ausschließlich ins untere Einkommensdrittel fließen.

Die Förderung von Familien hat im österreichischen Sozialbudget besonders hohe Bedeutung, sie hat ein Volumen von mehr als 8,5 Milliarden Euro, fast 3 Prozent des BIP. Der Großteil wird in Form von Kinderbeihilfen, steuerlichen Absetzbeträgen und Kinderbetreuungsgeld ausbezahlt. Nur ein Fünftel der Mittel fließt in investive Sachleistungen wie Kindergärten, die besonders stark den unteren Einkommensgruppen nutzen, Beschäftigung schaffen und den Frauen zugutekommen.

Das öffentliche Gesundheitssystem stellt mit einem Anteil von 15 Prozent der Staatsausgaben eines der wichtigsten Elemente des Sozialstaates dar. Es kommt vor allem den unteren und mittleren sozialen Schichten zugute, die sich eine Gesundheitsversorgung dieser Qualität privat nicht leisten könnten. Die Haushalte des unteren Einkommensdrittels nehmen öffentliche Gesundheitsleistungen im Ausmaß von 40 Prozent ihres Haushaltseinkommens in Anspruch, im mittleren Drittel beträgt der Anteil 17 Prozent. Die staatlichen Gesundheitsausgaben betrugen 2009 21 Milliarden Euro, 2011 liegt der Betrag bei gut 22 Milliarden Euro. Ihr rasches Wachstum ist vor allem vom Fortschritt der Medizintechnologie, dem wachsenden Stellenwert von Gesundheit in der Gesellschaft und der Verschiebung der Altersstruktur der Bevölkerung bestimmt und ein Ausdruck des hohen Wohlstandes der Gesellschaft. Die Finanzierung erfolgt zu etwas mehr als der Hälfte aus Beiträgen der Versicherten, zu gut einem Viertel aus dem allgemeinen Steueraufkommen, dazu kommen etwa 2 Milliarden Euro an Selbstbehalten. Oft werden im Gesundheitssystem hohe Potenziale für Ausgabenkürzungen vermutet, das ist allerdings nicht gerechtfertigt. Ohne Zweifel gibt es Sparmöglichkeiten, etwa durch eine bessere Abstimmung der Spitalsplanung der Bundesländer, die Verschiebung von Leistungserbringung aus dem stationären Spitalsbereich in den ambulanten Bereich und eine bessere Koordination beim Kauf von Großgeräten. Leistungseinschränkungen sollen damit nicht verbunden sein: Sie wären sozialpolitisch gefährlich, auch weil 70 Prozent der Gesundheitskosten für jene 10 Prozent der Leistungen aufgewendet werden, die für chronisch Kranke erbracht werden.

Einsparungsmöglichkeiten, die sich aus einer besseren Steuerung des Gesundheitssystems ergeben, sind durchaus umfangreich, sie werden grob auf 2 Milliarden Euro geschätzt (Hofmarcher u.a. 2005, Schmadlbauer 2010). Sie sollten umgehend in den Ausbau von zwei Bereichen investiert werden: erstens in die Gesundheitsvorsorge, wo Österreich hinter anderen Ländern zurückliegt und langfristige Kostendämpfungen für das Gesundheitssystem erreichbar sind. Zweitens in die rasche Verbesserung der Versorgung mit und der Qualität von

Pflegeleistungen. Derzeit wendet der Staat für die Pflege der Bevölkerung im Erwerbsalter und im Pensionsalter etwa 4 Milliarden Euro auf, mehr als die Hälfte davon für das Pflegegeld, den Rest für mobile Dienste und Pflegeplätze. Der Ausbau der Sachleistungen, vor allem im Bereich der Heimhilfe, ist dringend notwendig, um große soziale Unterschiede im Alter zu vermeiden, er öffnet aber auch ein enormes Beschäftigungspotenzial. Das Pflegesystem wird mittel- und langfristig deutlich mehr öffentliche Mittel beanspruchen, die wichtigste politische Aufgabe ist es, die Finanzierung zu sichern.

Fasst man die Sozial- und Gesundheitsleistungen zusammen, so wendet der österreichische Staat dafür in den letzten 15 Jahren im Durchschnitt etwa 55 Prozent seiner Ausgaben und 28 Prozent des BIP auf. Die Sozialquote geht in Phasen guter Konjunktur etwas zurück, vor allem weil die Arbeitslosigkeit sinkt. Hingegen erhöht sie sich in Rezessionen, besonders ausgeprägt war dies im Konjunktureinbruch 2009, wo sie mehr als 30 Prozent des BIP betrug. Pro Kopf der Bevölkerung werden mehr als 9000 Euro an Sozialleistungen aufgewendet. Die heimische Sozialquote liegt damit im oberen Drittel der EU-Länder. Sie wird in den nächsten Jahrzehnten wegen wachsenden Pensionsaufwandes, steigender Gesundheits- und Pflegekosten, verstärktem Bedarf an sozialen Dienstleistungen etwa in den Bereichen Kindergärten und Sozialarbeit und notwendiger besserer Absicherung des Sozialstaates nach unten durch die Mindestsicherung steigen. Ein Teil dieses Anstiegs kann durch mäßige Pensionserhöhungen und geringeren Aufwand für nicht alterungsbedingte Kosten aufgefangen werden. Das Ausmaß des Anstiegs der Sozialquote hängt wesentlich von der gesamtwirtschaftlichen Entwicklung ab, die die Einnahmen-, aber auch die Ausgabenseite beeinflusst. Unterstellt man ein Wachstum der Wirtschaft von real 2 Prozent und einen Anstieg der nicht alterungsbedingten Sozialausgaben ähnlich der Rate der letzten Jahrzehnte, dann würde die Sozialquote bis 2030 um etwa 3 Prozent des BIP steigen (Steiner 2010b). Betroffen von den Kostensteigerungen sind die Pensions- und die Krankenversicherungen sowie die Gemeinden und Städte.

Abbildung 7.1:

Abgabenquote und Sozialquote seit 1970

In % des BIP

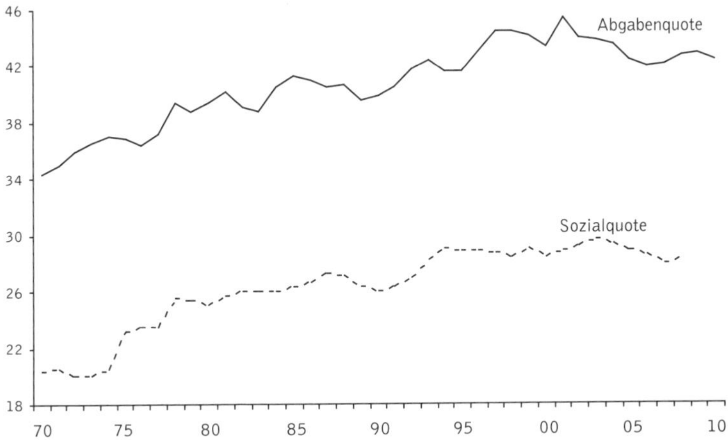

Sozialausgaben bis 1989 laut WIFO, ab 1990 laut ESSOS

Quelle: Bundesministerium für soziale Sicherheit, Generationen und Konsumentenschutz, Statistik Austria, WIFO.

Oft wird aus dem absehbaren, überwiegend demografisch bedingten Anstieg der Sozialausgaben auf die drohende Unfinanzierbarkeit des Sozialstaates geschlossen. Das ist nicht gerechtfertigt. Problematisch wäre es tatsächlich, die Zusatzausgaben einfach durch ein höheres Budgetdefizit zu finanzieren. Laufende Staatsausgaben müssen mittelfristig über laufende Einnahmen finanziert werden, um einen dauerhaften Anstieg der Staatsverschuldung zu vermeiden. Deshalb muss den Zusatzausgaben im Pensionssystem durch Reformen auf der Ausgaben- und Einnahmenseite des Budgets begegnet werden. Diese sollen zunächst bei den Sozialausgaben ansetzen: Wichtig ist die mittelfristige Erhöhung des effektiven Pensionsantrittsalters – eine Erhöhung um ein Jahr bedeutet Einsparungen von mehr als einer Milliarde Euro – und die bessere Steuerung des Gesundheitswesens, vor allem im Spitalsbereich. Höhere demografisch bedingte Sozialausgaben rechtfertigen allerdings auch eine Anhebung der staatlichen Abgaben. Die Menschen wünschen eine gute soziale Absicherung im Alter und bei Krankheit; der Ausbau des Pflegesystems ist ohnehin eine soziale Notwendigkeit. Sie sind auch bereit, diese soziale Absicherung und ihren Ausbau über höhere Abgaben zu tragen. Dies aus gutem Grund, denn würde die soziale Absicherung nicht über Sozialversicherung und Staatshaushalt finanziert, so müssten sich die Menschen privat versichern. Die Kosten dafür wären im Durchschnitt wegen der hohen Werbeaufwendungen von privaten Pensions-, Pflege- und Krankenversicherungen deutlich höher und sie wären vor allem für die unteren und mittleren Einkommensgruppen finanziell nicht leistbar. Private Sozialversicherung stellt allenfalls für Besserverdiener eine Option dar, die zusätzliche Sozialleistungen in Anspruch nehmen wollen. Auch in der Vergangenheit wurden Ausweitungen von Sozialleistungen fast vollständig mit einer Anhebung der Abgaben finanziert: Von 1970 bis 2008 ist die Sozialquote infolge des Ausbaus des Sozialstaates von 20 Prozent auf 28 Prozent des BIP gestiegen, parallel dazu hat sich auch die Abgabenquote von 34 Prozent auf 42 Prozent des BIP erhöht. *Siehe Abb. 7.1*

Eine Erhöhung der Abgabenquote, also des Anteils von Steuern und Beiträgen am BIP, im Ausmaß der erforderlichen 3 Prozent des BIP im Jahr 2030 scheint tragbar. Sie bedeutet eigentlich auch keine Zusatzbelastung im herkömmlichen Sinn, denn gleichzeitig steigen ja auch die Einkommen der Haushalte. Wenn die Bevölkerung heute etwa 42 Prozent des BIP an Abgaben erbringt, zu fast drei Vierteln für die Finanzierung von Sozialleistungen, dann müsste sie im Durchschnitt im Jahr 2030 45 Prozent eines allerdings – so sich der Trend der letzten Jahrzehnte mit einem Anstieg des BIP um 2 Prozent pro Jahr fortsetzt – um gut 40 Prozent höheren Realeinkommens aufwenden; das verfügbare Einkommen der privaten Haushalte würde also deutlich steigen, gleichzeitig auch die soziale Versorgung.

Es wäre allerdings nicht sehr sinnvoll, die Abgabenquote durch eine Anhebung der Pensions- und Krankenversicherungsbeiträge zu erhöhen. Die Belastung des Faktors Arbeit würde sich weiter verstärken und die Alterungskosten überwiegend von den unteren und mittleren Einkommensgruppen getragen. Spielraum besteht im Bereich der Sozialbeiträge höchstens in der Anhebung der Höchstbeitragsgrundlage der Krankenversicherung. Sinnvoller wäre eine Finanzierung der demografisch bedingten und vorübergehenden Zusatzlast über Steuern, im Fall des Ausbaus des Sozialstaates etwa im Pflegebereich vor allem durch die Erhöhung vermögensbezogener Steuern (Guger u.a. 2007, Mühlberger u.a. 2008).

Für Bildung wendet der Staat etwa 16 Milliarden Euro pro Jahr auf, das entspricht 11 Prozent der gesamten Staatsausgaben und mehr als 5 Prozent des BIP. Der Anteil der Bildungsausgaben am BIP ist über die Jahrzehnte stetig gestiegen, von Mitte der 1990er Jahre bis 2008 ist er hingegen leicht zurückgegangen. Österreich liegt bei den Bildungsausgaben etwa im Durchschnitt der EU, allerdings merklich hinter den skandinavischen Ländern, die sowohl für Kindergärten als auch für Pflichtschulen und Höhere Schulen, aber auch für Universitäten höhere Ausgaben haben. Der Großteil der Aufwendungen entfällt auf die Gehälter, vor allem für die 114000 Lehrer. Die Zahl der Personen unter 20 Jahren ist seit Beginn der 1970er Jahre von etwa 2,2 Millionen auf 1,8 Millionen stetig zurückgegangen. Diese Entwicklung entlastet das Bildungssystem, gleichzeitig bestehen enorme Herausforderungen vor allem in der Integrationspolitik, die wesentlich über das Bildungssystem erfolgen muss. Am wichtigsten erscheint dabei der Ausbau der Betreuung im vorschulischen Bereich, mit einem Schwerpunkt auf eine Ausweitung der Zahl der Plätze für 2- bis 3-jährige Kinder. Doch auch mit der Umstellung in Richtung der international gebräuchlichen und erfolgreichen gemeinsamen Ausbildung der 10- bis 14-Jährigen in den Neuen Mittelschulen und der Ausweitung des Angebots an Ganztagsschulen kommen höhere finanzielle Anforderungen auf das Schulsystem zu. Die Zahl der Studierenden an Fachhochschulen und Universitäten liegt merklich unter den Vergleichswerten in den skandinavischen Ländern, die zunehmenden Versuche der Universitäten, den Zugang zu beschränken, mögen aus deren einzelwirtschaftlicher Sicht verständlich sein, gesamtwirtschaftlich sind sie hingegen gefährlich: Eine Ausweitung der Zahl der Studienplätze

Abbildung 7.2:

Staatsausgaben nach Aufgabenbereichen

In % der Staatsausgaben insgesamt, 2010

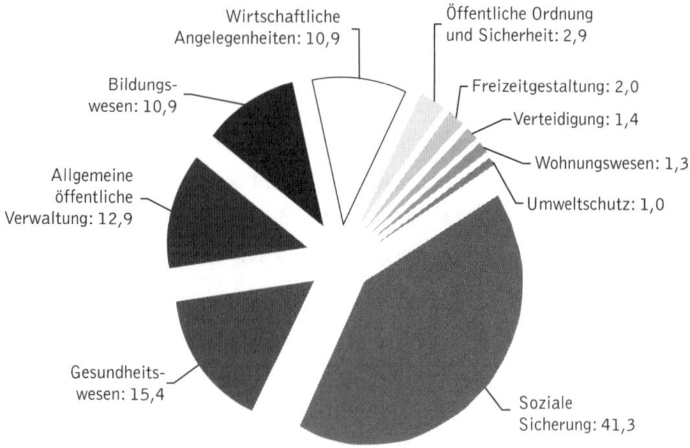

COFOG- Gliederung, ESVG 95
Quelle: Statistik Austria.

könnte dazu beitragen, die Arbeitslosigkeit unter den 20- bis 25-Jährigen von ihrem Rekordniveau in der Höhe von mehr als 30000 zu verringern, für die Weiterentwicklung der Wissensgesellschaft scheint sie ohnehin vernünftig.

Auf die Ausgabenkategorie Allgemeine Verwaltung entfallen 13 Prozent der Staatsausgaben; sie umfasst die Zinsenzahlungen in der Höhe von knapp 8 Milliarden Euro und Vorleistungen wie Büromaterial, Mieten und Ähnliches im Umfang von etwa 13 Milliarden Euro. Der Personalaufwand des Staates fällt in unterschiedliche Kategorien: Er ist besonders im Bereich der Gesundheits- und Bildungsausgaben hoch, insgesamt macht er für aktiv Beschäftigte und Beamte in Ruhestand etwa 28 Milliarden Euro pro Jahr aus. Mit einem Anteil von etwa 11 Prozent an den Staatsausgaben fällt auch noch die Kategorie Wirtschaftliche Angelegenheiten ins Gewicht: In diesem Bereich werden vor allem Förderungen für Klein- und Mittelunternehmen, für die Landwirtschaft, die Bundesbahnen und die Zuschüsse an die Krankenanstalten erfasst.

Soziales, Gesundheit und Bildung machen mehr als zwei Drittel der gesamten Staatsausgaben aus. In diesen Bereichen ist der Gegenwert für die von den Menschen geleisteten Abgaben unmittelbar besonders sichtbar. Sie bilden zudem wichtige Bereiche der Zukunftsausgaben, die nicht nur kurzfristig, sondern auch langfristig positive wirtschaftliche und soziale Folgen haben. Von ihnen gehen positive Verteilungswirkungen zugunsten der unteren und mittleren Einkommensgruppen aus. Der Versuch, den Staatseinfluss zurückzudrängen, wäre deshalb ganz besonders in diesen Ausgabenbereichen mit schwerwiegenden negativen sozialen und wirtschaftlichen Folgen verbunden. *Siehe Abb. 7.2*

Die offensive Antwort: Den Sozialstaat ausbauen

Tony Judt hat darauf hingewiesen, wie wichtig es angesichts der großen Verdienste des Sozialstaates ist, ihn zu verteidigen. Doch kommt man politisch nicht ausschließlich mit einem Verweis auf die Erfolge des 20. Jahrhunderts zum Erfolg. Der Sozialstaat braucht auch offensive Antworten auf die neoliberalen Angriffe.

Diese offensiven Antworten bestehen in Forderungen und Konzepten zu seinem Aus- und Umbau. Im österreichischen Sozialstaat besteht der wichtigste Ansatzpunkt für den Umbau in der Ausweitung des Angebots an sozialen Dienstleistungen, die überwiegend auf kommunaler Ebene erbracht werden. Der größte Bedarf besteht in drei Bereichen: Kindergärten, Ganztagsschulen und Pflege.

Der flächendeckende Ausbau von Kindergärten stellt unmittelbar vielleicht die wichtigste Aufgabe dar, weil er nicht nur für die Chancengleichheit der Kinder und die soziale und wirtschaftliche Absicherung der Frauen zentral ist, sondern auch hohe positive langfristige Wirkungen für den gesellschaftlichen Zusammenhalt und den wirtschaftlichen Wohlstand mit sich bringt. Besonderer Bedarf besteht nach wie vor beim Ausbau der Betreuungskapazitäten für die 2- bis 3-jährigen Kinder. Die EU setzt den Mitgliedsländern das Ziel, Betreuungsplätze für ein Drittel der Kinder im Alter von unter 3 Jahren bereitzustellen, zur Erreichung dieser Vorgabe fehlen in Österreich mindestens 30 000 Plätze. Wollte man den Versorgungsgrad Dänemarks und Schwedens erreichen, so wären 80 000 zusätzliche Plätze notwendig. Bei der Betreuung der 3- bis 5-jährigen Kinder liegt das Ziel bei 90 Prozent. Diese Marke wird in Österreich erreicht, im Vergleich zu den skandinavischen Ländern besteht aber erheblicher Bedarf in der Verbesserung der Qualität: Das betrifft die Öffnungszeiten, die standardmäßig ganztägig sein sollen, die Gruppengröße, die unter pädagogischen Gesichtspunkten sinken muss, und das Ausbildungsmodell des Betreuungspersonals, das nach skandinavischem Vorbild auf Fachhochschulniveau gehoben werden soll.

Bei diesen Reformen geht es nur zum Teil ums Geld, primär aber um die Struktur der Ausgaben (siehe dazu auch Agwi u.a. 2011). Österreich gibt pro Jahr 8,5 Milliarden Euro für Familienleistungen aus. Das sind wie in Deutschland knapp 3 Prozent des BIP und fast gleich viel wie in Schweden, nur Dänemark wendet noch mehr Mittel auf. Bei uns gehen allerdings 80 Prozent der Mittel in Geldleistungen, von Kinderbeihilfen über Steuerabsetzbeträge bis zum Kinderbetreuungsgeld. Nur ein Fünftel der Familienmittel wird für Sachleistungen wie Kindergärten aufgewendet. In Schweden fließen jeweils die Hälfte der Aufwendungen in Geld- und Sachleistungen, in Dänemark überwiegen sogar die Sachleistungen. *Siehe Abb. 7.3*

Geldleistungen stellen einen wichtigen Bestandteil des Haushaltsbudgets der Familien dar, besonders im unteren Einkommensbereich. Generelle, nicht einkommensabhängige und halbwegs großzügige Kinderbeihilfen bilden auch ein unverzichtbares Element des Sozialstaates. Doch von Sachleistungen profitieren die unteren sozialen Schichten noch mehr und sie sind entscheidend für die Verbesserung des gesellschaftlichen Zusammenhalts. Der Kindergartenbesuch ermöglicht Kindern aus sozial benachteiligten Schichten das spielend leichte Aufholen in den Bereichen, wo sie zurückliegen, etwa in der Sprach-

Abbildung 7.3:

Sozialausgaben für Familie

In % des BIP, 2008

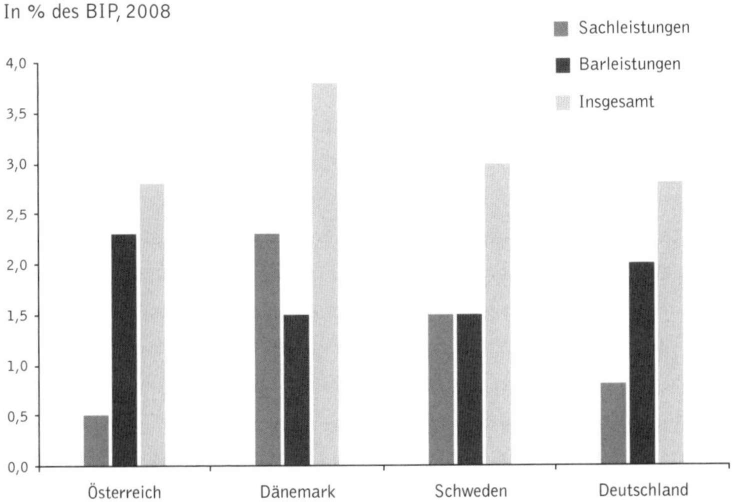

Quelle: Eurostat (ESSOSS).

kompetenz. Der Ausbau der Krippen- und Kindergartenplätze ist eine Investition in die sozialen, emotionalen und kognitiven Fähigkeiten der Kinder. Jene, die diese Fähigkeiten im Kindergarten erworben haben, tun sich auch in der Schule viel leichter. Soziale Vererbung, gemessen etwa an der Verknüpfung des Niveaus der Einkommen der Eltern mit jenem der Kinder, liegt in Ländern mit schlechtem Zugang zu Kindergärten wie den USA dreimal so hoch wie in den skandinavischen Staaten. Ein Betreuungsplatz ermöglicht der Mutter die Aufnahme einer Erwerbstätigkeit, damit eine viel stärkere Ausweitung des Familienbudgets, als das staatliche Beihilfen könnten. Eine gute Versorgung mit Kindergärten und die damit ermöglichte Erwerbstätigkeit ist wahrscheinlich der wichtigste Grund dafür, dass die Armutsgefährdung von Ein-Eltern-Haushalten in Schweden bei nur 13 Prozent liegt, in Österreich hingegen bei 27 Prozent, in Deutschland bei 38 Prozent und in den USA bei 50 Prozent (Esping-Andersen 2009). Der Besuch eines Kindergartens bedeutet nicht nur unmittelbar ein höheres Einkommen für die Mutter, sondern langfristig auch ein höheres Einkommen für das Kind. Aus diesem Grund ist er auch ein Positiv-Summen-Spiel für das Staatsbudget (Esping-Andersen 2009).

Ganz ähnlich liegen die Probleme und Lösungen im Schulbereich. Im Vergleich mit den skandinavischen Länder liegt Österreich beim Angebot an Ganztagsschulen und Nachmittagsbetreuung besonders weit zurück: Es fehlen etwa 500000 Plätze. Das geht vor allem zulasten der Kinder aus bildungsfernen Schichten: Ihnen wäre besonders geholfen, wenn die Hausaufgaben bereits in der Schule erledigt, Schwächen über den Besuch von Fördereinheiten am Nachmittag ausgeglichen und der Zugang zu sportlichen oder musischen Angeboten vom allgemeinen Bildungssystem ermöglicht würden. Höhere Investitionen in Kindergärten und Schulen bilden wichtige Schritte zur Chancengleichheit für Kinder.

Eine immer dringendere Aufgabe des Sozialstaates ist die Bereitstellung eines sozialen Pflegesystems. Will man verhindern, dass im Alter die Reichen sich gute Versorgung mit Dienstleistungen leisten können, während die Armen dahinsiechen, muss ein Anspruch auf öffentliche Dienstleistungen guter Qualität etabliert werden. Qualitätsstandards beziehen sich nicht nur auf die Leistungen, sondern auch auf Ausbildung, Arbeitsbedingungen und Einkommen des Pflegepersonals. In der Versorgung der Pflegebedürftigen sind die skandinavischen Länder deutlich weiter als wir: In Dänemark sind die Gesamtaufwendungen gemessen am BIP etwa doppelt so hoch, in Schweden nahezu dreimal so hoch wie in Österreich. Zwar sind bei uns die Aufwendungen für Geldleistungen relativ hoch, weil ein Pflegegeld ausbezahlt wird, mit dem die Empfänger dann einen Teil der Kosten der Sachleistungen tragen. Die skandinavischen Länder setzen direkt auf die Bereitstellung von Sachleistungen. Dänemark gibt für die Unterbringung in Pflegeeinrichtungen und die Unterstützung von Pflegebedürftigen durch kommunale Haushaltshilfen, von Essen auf Rädern bis zur Heimhilfe, 3 Prozent des BIP aus. Zwei Drittel der Mittel fließen in die Unterstützung bei der Erledigung der Aktivitäten des täglichen Lebens durch Heimhilfen, nur ein Drittel in Pflegeheime. In Schweden stehen für

Abbildung 7.4:

Sozialausgaben für Pflege

In den Funktionen Alter und Invalidität,Gebrechen; in % des BIP, 2008

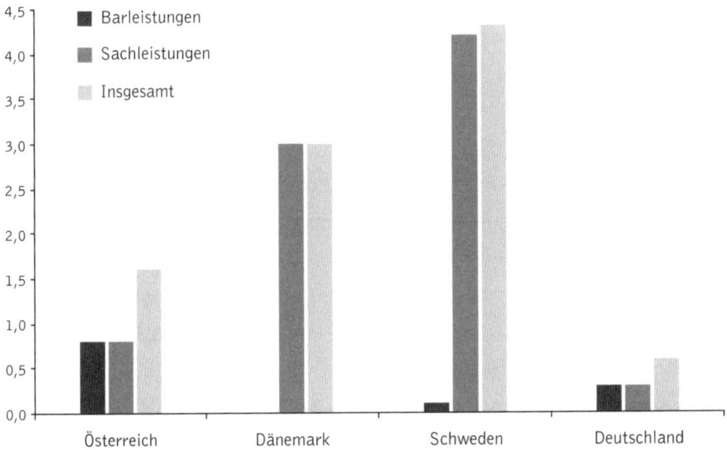

Quelle: Eurostat (ESSOSS).

Sachleistungen sogar etwa 4 Prozent des BIP zur Verfügung, gut die Hälfte der Mittel wird für Heimhilfen aufgewendet. In Österreich liegen die öffentlichen Aufwendungen für Sachleistungen hingegen nur bei ungefähr 0,8 Prozent des BIP, überwiegend für die Unterbringung in Pflegeheimen. *Siehe Abb. 7.4*

Bei der Bereitstellung von Sachleistungen besteht enormer Nachholbedarf. Denn die Nachfrage nach Betreuungsleistungen im Alter wird gewaltig steigen. Nicht nur weil es immer mehr alte Menschen gibt, sondern auch weil die informelle Bereitstellung dieser Dienstleistungen in der Familie zurückgehen wird. Esping-Andersen erwartet auch in den skandinavischen Staaten einen weiteren Anstieg der Aufwendungen für Pflegeleistungen (Esping-Andersen 2009). Wollen wir die skandinavischen Standards erreichen, bedeutet das mehr als eine Verdoppelung der Kosten.

Es gibt viele Verfechter von Marktlösungen für diese Herausforderung: Die Menschen sollen während des Erwerbslebens individuell oder über ihren Arbeitgeber in private Versicherungen einzahlen, um im Alter eine Vorsorge für den Fall der Pflegebedürftigkeit zu haben. Die Versicherungsbeiträge sollen steuerlich absetzbar sein. Abgesehen von den schlechten Erfahrungen, die man mit den geringen Erträgen und den hohen Verwaltungskosten privater Pensionsvorsorge gemacht hat, sprechen vor allem verteilungspolitische Gründe gegen die Übertragung dieses Prinzips auf den Pflegebereich: Die sozialen Unterschiede im Alter zwischen denen, die es sich leisten konnten, während der Erwerbstätigkeit viel in die Versicherung einzuzahlen, und denen, die dazu nicht imstande waren, würden drastisch steigen. Zudem bedeutet die steuerliche Absetzbarkeit von Vorsorgezahlungen enorme Ersparnisse für die Spitzenverdiener, sie entsprechen einer staatlichen Subvention von 50 Prozent, während das untere Drittel der Beschäftigten davon gar nichts hat.

Viel vernünftiger ist der Aufbau eines öffentlichen Pflegesystems, das über Steuern finanziert wird und möglichst rasch den Leistungskatalog ausweitet. Besonders schnell sollte in Österreich der Ausbau der Heimhilfe erfolgen. Die Menschen sollen so lange wie möglich zu Hause betreut werden, erstens, weil sie das wollen, und zweitens, weil es viel billiger ist als die Aufnahme in ein Pflegeheim. Esping-Andersen zitiert Untersuchungen für Dänemark, die zeigen, dass Heimhilfe, selbst bei täglichem Besuch der Klienten, nur ein Drittel eines Pflegeplatzes kostet. Gibt es auf der anderen Seite zu wenig Pflegeplätze, dann werden die Pflegebedürftigen in die Krankenhäuser abgeschoben, wo die Kosten doppelt so hoch sind (Esping-Andersen 2009). In Österreich benötigen wir beides, besonders einen raschen Ausbau der Heimhilfe, aber auch eine Ausweitung der Zahl der Plätze in Pflegeheimen.

Emanzipatorische Politik durch den Ausbau sozialer Dienstleistungen vor allem im Bereich von Kindergärten, Schulen und Pflegeleistungen, aber auch in der Sozialarbeit, stellt eine soziale Investitionsstrategie dar (Morel u. a. 2009):

- Sie setzt auf Investitionen in die emotionalen, sozialen und kognitiven Fähigkeiten der Kinder. Damit verbessert sie vor allem die

Chancengleichheit jener Kinder, die aus sozial benachteiligten Schichten kommen. Sie hat langfristig positive Effekte auf das Einkommen und die Beschäftigungssicherheit.

- Sie tätigt Investitionen in die Erwerbstätigkeit der Frauen, verteilt damit bezahlte und unbezahlte Arbeitszeit zwischen den Geschlechtern um und sichert dadurch auch die eigenständige soziale Absicherung von Frauen.
- Sie bildet Investitionen gegen Armut in Ein-Eltern-Familien und im Alter.
- Sie investiert in Beschäftigung: Erreicht Österreich das Betreuungsangebot Dänemarks oder Schwedens im Bereich Kinderbetreuung und Pflege, so entstehen dadurch 150000 bis 200000 zusätzliche Arbeitsplätze.
- Sie erhöht die Produktivität in der Volkswirtschaft, damit auch den Wohlstand und sichert somit die langfristige Finanzierbarkeit des Sozialsystems.

Die Vorbilder: Dänemark und Schweden

In internationalen Diskussionen über die Entwicklung des Sozialstaates werden die skandinavischen Länder zu Recht immer wieder als Vorbilder genannt. Probleme bestehen allerdings auch dort. Folgende Gemeinsamkeiten prägen den schwedischen und den dänischen Wohlfahrtsstaat (vgl. Esping-Andersen 1990, Marterbauer 2007, Palme u.a. 2008):

- Umfangreiche soziale Dienstleistungen hoher Qualität: Beide Länder bieten eine gute Ausstattung mit Krippen, Kindergärten, Ganztagsschulen, Heimhilfe und Pflegeeinrichtungen. Diese Leistungen werden generell allen Menschen, unabhängig von Einkommen, Erwerbstätigkeit oder Staatsbürgerschaft, zur Verfügung gestellt und von Arm und Reich in Anspruch genommen. Sie werden auf kommunaler Ebene erbracht und bilden einen wichtigen Grund für die im internationalen Vergleich hohe Rate der Frauenbeschäftigung

(70 Prozent) und den hohen Anteil der öffentlichen Beschäftigung (etwa 30 Prozent).

- Aktive Arbeitsmarktpolitik: Sie besteht aus einem effizienten Vermittlungssystem, einem umfangreichem Angebot an Qualifizierungs- und Trainingsmaßnahmen für Arbeitslose, hohen Ersatzraten in der Arbeitslosigkeit (das Arbeitslosengeld beträgt im unteren Einkommensbereich in Dänemark 90 Prozent und in Schweden 80 Prozent des letzten Einkommens) und einer strengen Verpflichtung für Arbeitslose, Job- und Qualifizierungsangebote anzunehmen.
- Frauenfreundliche Politik: Frauen haben im politischen System einen höheren Einfluss, das äußert sich zum Beispiel in der Familienpolitik in Form einer Individualbesteuerung, die Frauenerwerbstätigkeit begünstigt (im Unterschied zu einer Haushaltsbesteuerung wie in Deutschland), einem System bezahlter Elternkarenz verbunden mit Jobsicherheit und großzügigen Ersatzraten von 80 Prozent des Einkommens für ein Jahr, gut abgestimmt mit einer weitgehend öffentlich finanzierten Vollausstattung mit Kindergärten und Krippen hoher Qualität.
- Bildungssystem: Die Ausgaben des Staates für Bildung liegen in Dänemark bei 6,5 Prozent des BIP und in Schweden bei 6 Prozent, damit deutlich über dem Durchschnitt der EU und auch um gut ein Prozent des BIP höher als in Österreich (OECD 2010). Die Schulbesuchszeiten sind länger, Ganztagsschulen die Regel, der Anteil der Jugendlichen, die eine Hochschule besuchen, liegt weit über dem österreichischen Wert. Der größte Unterschied ergibt sich aber in der Weiterbildung: In Schweden nehmen 73 Prozent der Erwachsenen im Lauf eines Jahres an Weiterbildungsmaßnahmen teil, in Dänemark, Österreich und Deutschland liegt dieser Wert bei gut 40 Prozent.
- Steuerfinanzierung des Sozialstaates: Die staatlichen Abgaben (Steuern und Sozialversicherungsbeiträge) liegen viel höher als bei uns. Wer gute soziale Leistungen will, muss bereit sein, die entsprechenden Abgaben zu zahlen. In Dänemark betrug die Abgaben-

quote im Jahr 2009 48,2 Prozent des BIP, in Schweden 47,1 Prozent (EU 39,7 Prozent, Österreich 42,8 Prozent). Der Sozialstaat wird in beiden Länder in stärkerem Ausmaß über Steuern als über Sozialversicherungsbeiträge finanziert. Die Abgabenbelastung ist auch im mittleren Einkommensbereich deutlich höher als in Österreich oder Deutschland.

- Hoher Gewerkschaftseinfluss: Der Anteil der Gewerkschaftsmitglieder an den Beschäftigten liegt bei 80 Prozent. Die Gewerkschaften bemühen sich nicht nur um ein gut ausgebautes Sozialsystem, sondern auch um eine solidarische Lohnpolitik mit geringen Lohnunterschieden, vor allem zwischen Männern und Frauen.
- Innovationsbereitschaft: Beide Länder zählen international zu den erfolgreichsten in Bezug auf Forschung, Bildung, die neuen Informations- und Kommunikationstechnologien sowie »grüne Technologien«. Diese gelten gemeinhin als wichtige Einflussfaktoren für längerfristigen wirtschaftlichen Erfolg.

Doch auch in den Wohlfahrtsstaaten Schweden und Dänemark ist nicht alles eitel Wonne. Beide Länder kämpfen mit hoher Arbeitslosigkeit. In Dänemark und Schweden lag die Arbeitslosenquote 2011 bei 7 bis 8 Prozent der Erwerbspersonen. Vor allem Schweden, das auf Vollbeschäftigung so viel Wert gelegt hatte und diese auch viel länger als andere Länder aufrechterhalten konnte, kämpft seit Anfang der 1990er Jahre mit hartnäckig hoher Arbeitslosigkeit. Der spezifische Kündigungsschutz, der den Firmen vorschreibt, die zuletzt eingestellte Arbeitskraft zuerst zu kündigen, leistet einen wesentlichen Beitrag zur hohen Erwerbstätigkeit Älterer, aber auch zur hohen Jugendarbeitslosenquote (25 Prozent der Erwerbspersonen). In beiden Ländern haben in den letzten Jahren konservativ geführte Regierungen den politischen Stellenwert der Bekämpfung der Arbeitslosigkeit zurückgeschraubt. Österreich weist eine deutliche niedrigere Arbeitslosenquote auf als die beiden skandinavischen Länder, jedoch liegt der Anteil der Erwerbstätigen an der Bevölkerung im erwerbsfähigen Alter mit 72 Prozent (2009) zwar gleich hoch wie in Schweden, allerdings merklich niedriger als in Dänemark mit 76 Prozent.

Der Ausbau sozialer Dienstleistungen ist nur dann möglich, wenn er die politische Unterstützung der Bevölkerung hat. Dafür gibt es zwei grundlegende Voraussetzungen: Erstens, die Dienstleistungen müssen eine hohe Qualität haben und ihre Erbringung muss serviceorientiert erfolgen. Die betroffenen Menschen müssen täglich erfahren, dass sie Menschen sind, für die man sich um die bestmögliche Versorgung bemüht, und nicht Bittsteller, denen man mürrisch eine Leistung gewährt. Eine gute Ausbildung, laufende Weiterbildung, gute Arbeitsbedingungen für die Betreuungspersonen sowie laufendes Qualitätsmanagement, gut entwickelte Leistungsanreize und der Ausbau von innovativen Formen der Mitbestimmung und Bürgerbeteiligung bilden dafür wichtige Determinanten.

Ist diese erste Voraussetzung erreicht, so ist ein wesentlicher Schritt in der Bewältigung der zweiten grundlegenden Voraussetzung für den Ausbau sozialer Dienstleistungen erreicht: Die Menschen müssen bereit sein, die zusätzlichen Leistungen zu finanzieren. Zwei Finanzierungsmöglichkeiten der sozialen Investitionsstrategie scheinen sinnvoll: Ein Teil der Kosten kann durch die Umschichtung von Geldleistungen zu Sachleistungen finanziert werden. Ein gewisses Potenzial besteht hier bei den Familienleistungen, zum Beispiel bei der steuerlichen Familienförderung. Der Alleinverdienerabsetzbetrag könnte gestrichen, die 2009 eingeführte steuerliche Absetzbarkeit von Kinderbetreuungsleistungen und der Kinderfreibetrag wieder abgeschafft werden.

Ein zweiter Teil müsste durch höhere Steuern finanziert werden. In Dänemark und Schweden ist die Abgabenbelastung deutlich höher als in Österreich, auch für die Mittelschicht. Die Menschen akzeptieren diese höhere Belastung, weil sie im Gegenzug dafür Dienstleistungen hoher Qualität bekommen. Die meisten dieser Dienstleistungen werden auf kommunaler Ebene erbracht, deshalb ist es sinnvoll, die Einnahmen der Gemeinden zu erhöhen. Unmittelbar bietet sich dafür die Grundsteuer an, deren Aufkommen direkt an die Gemeinden fließt. Eine deutliche Erhöhung ihres Aufkommens und dessen Zweckbindung für den Ausbau von Kindergärten und Pflegeeinrichtungen könnte eine politisch sehr erfolgreiche Strategie emanzipatorischer Wirtschaftspolitik darstellen, die sich klar vom neoliberalen Projekt des Abbaus von Sozialstaat und Steuerlast abhebt.

Generell ist angesichts der Kosten einer sozialen Investitionsstrategie und der relativ hohen Belastung des Faktors Arbeit mit Sozialversicherungsbeiträgen eine stärkere Finanzierung des Sozialstaates aus allgemeinen Steuermitteln sinnvoll (Guger u.a. 2007). Eine Politik, die eine regelmäßige Entlastung der Menschen durch Steuersenkungen verfolgt, läuft der Verbesserung des Sozialstaates zuwider. Denn sie bringt eine anschließende Belastung durch die Kürzung von staatlichen Leistungen mit sich. Hier könnten auch die Grundlagen für einen zu entwickelnden europäischen Wohlfahrtsstaat gelegt werden: nicht indem rasch einheitliche soziale Sicherungssysteme geschaffen werden, sondern indem der Steuersenkungswettlauf innerhalb des EU-Binnenmarktes, der die Finanzierbarkeit des Sozialstaates allerorts untergräbt, durch Mindestsätze bei Unternehmenssteuern und Kapitalerträgen sowie ein gemeinsames Konzept zur höheren Besteuerung von Vermögen und Finanzsektor verhindert wird.

Vermögen merkbar besteuern

Die Finanzkrise verschärft die Ungleichheit

Zahlreiche Faktoren weisen auf eine Verschärfung der Ungleichheit in der Gesellschaft infolge der Finanzmarkt- und Wirtschaftskrise hin. Auf der einen Seite haben sich die Bestände an Finanzvermögen und die -einkommen rasch von ihrem Einbruch erholt: Die Aktienkurse haben ihr Vorkrisenniveau beinahe wieder erreicht, und auch die Bonuszahlungen im Finanzsektor boomen wieder. In manchen Ländern, darunter Österreich, steigen auch, bedingt durch die verbreitete Inflationsangst, die Immobilienpreise vor allem in den Städten seit der Krise merklich. Allerdings haben die Besitzer von Immobilien in jenen Ländern, in denen es vor der Krise auf diesem Markt einen spekulativen Boom gab, nachhaltig an Vermögen verloren; darunter besonders jene Haushalte in den USA, die ihr Eigenheim verlassen mussten, weil sie den Hypothekarkredit nicht mehr bedienen konnten. Doch Menschen mit hohem Finanzvermögen und Immobilienbesitz sind gut durch die Krise gekommen, zu deren Entstehen sie beigetragen haben.

Auf der anderen Seite hat die Finanzkrise zu einem enormen Anstieg der Arbeitslosigkeit geführt, die in den meisten Ländern mit drastischen Einkommenseinbußen verbunden ist, vor allem wenn sie länger anhält. Die Krise bewirkte auch einen merklichen Ausfall an Beitragseinnahmen und einen wachsenden Bedarf an Sozialleistungen, damit gerät der Sozialstaat, auf den besonders die unteren sozialen Schichten sehr stark angewiesen sind, finanziell unter Druck. Die Maßnahmen zum Abbau des krisenbedingten Anstiegs der Staatsverschuldung betreffen in vielen Ländern besonders den Sozialstaat und die sozial Schwachen. Auch in Österreich wird ein Teil der Konsolidierung auf dem Rücken der sozial Schwächsten ausgetragen, wenn die Förderungen von Sozialeinrichtungen und sozialen Diensten gekürzt werden.

Die Zunahme der Ungleichheit gefährdet den gesellschaftlichen Zusammenhalt, die Funktionsfähigkeit der Demokratie und die wirtschaftliche Entwicklung. Sie ist auch deshalb gefährlich, weil die hohe Ungleichheit der Verteilung von Vermögen und Einkommen selbst eine wichtige Ursache der Finanzkrise darstellte. Mehr Ungleichheit bedeutet deshalb mittelfristig mehr Risiken für einen Finanzcrash. Besonders im Bereich der Verteilung des Wohlstandes hat die Politik nicht aus den Fehlern vor und während der Krise gelernt.

Ungleiche Verteilung des Wohlstandes

Wird Ungleichheit diskutiert, so geht es meist um die großen Unterschiede in der Verteilung der Einkommen: Denn das verfügbare Einkommen bestimmt wesentlich die Konsummöglichkeiten und den gesellschaftlichen Status. Tatsächlich hat in den meisten Ländern in den letzten beiden Jahrzehnten die Ungleichheit der Verteilung der Einkommen merklich zugenommen. In dieser Debatte wird allerdings meist übersehen, dass ein wesentlicher Teil der wachsenden Ungleichheit der Einkommen durch die enorme Zunahme der Vermögenseinkommen und der Einkommen in der Finanzwirtschaft bestimmt ist. Ungestört von Kriegen oder Hyperinflation wurde in den meisten westlichen Wirtschaften in den letzten 60 Jahren fast ununterbrochen Vermögen akkumuliert. Der Bestand an Vermögen ist deshalb heute enorm hoch. Dies hat auch zu einem merklichen Anstieg der Einkommen aus Vermögensbesitz geführt, besonders stark im Finanzboom der letzten 15 Jahre. Ende der 1970er Jahre machte der Anteil der Löhne am gesamten Volkseinkommen in Österreich und Deutschland noch etwa 75 Prozent aus, Mitte der 1990er Jahre kaum weniger, doch 2008 lag er um 10 Prozentpunkte niedriger. Demgegenüber konnten die Einkommen aus Vermögen ihren Anteil kräftig steigern. Die Verteilung der Vermögen bestimmt in zunehmendem Ausmaß auch die Verteilung der Einkommen in der Gesellschaft.

Über die Höhe und die Verteilung des Vermögensbesitzes in der Gesellschaft ist öffentlich noch viel weniger bekannt als über die Einkommen: Im Unterschied zu den Einkommen der unselbständig Erwerbstätigen gibt es keine Erfassung der Vermögen in staatlichen Statistiken, und die Politik zeigt auch wenig Interesse an einer Verbesserung der Datenlage; zudem ist eine aktuelle Bewertung der Vermögen oft schwierig und die Besitzenden bemühen sich, ihre Vermögensverhältnisse gegenüber der Öffentlichkeit zu verschleiern. In Österreich ist die Datenlage bezüglich der Vermögen im internationalen Vergleich besonders schlecht. Bei den Finanzanlagen ist zwar der kumulierte Vermögensbestand der privaten Haushalte insgesamt bekannt, das Bankgeheimnis verhindert allerdings genaue Kenntnis über seine Verteilung. Bei Immobilienvermögen erlaubt das System der Einheitswerte, das die Preise von Grundstücken, Häusern und Wohnungen aus den 1970er Jahren spiegelt, nicht einmal eine genaue Beurteilung der Vermögenshöhe, geschweige denn bietet es Informationen über die Verteilung des Besitzes. Informationen über Unternehmensbeteiligungen privater Haushalte sind spärlich. An die Öffentlichkeit gelangen nur Schätzungen über die großen Vermögen, meist über Medien und Vermögensberater: Die Familien Piëch und Porsche verfügen über ein Vermögen von 28,6 Milliarden Euro, die Flicks über 5,7 Milliarden Euro, Dietrich Mateschitz über 4,1 Milliarden Euro und der Glückspielkonzern-Besitzer Johann Graf über 3,7 Milliarden Euro (*trend* 8/2010). Die zehn reichsten Familien in Österreich verfügen gemäß dieser Aufstellung über ein Vermögen von 58 Milliarden Euro, die 50 reichsten Familien über 88 Milliarden Euro; wobei das Vermögen der Familie Fries, die sich an 50. Stelle befindet, immer noch 420 Millionen Euro ausmacht. In Österreich gab es laut World Wealth Report 2010 von Merrill Lynch und Capgemini 64 000 Personen mit einem Finanzvermögen von umgerechnet mehr als einer Million US-Dollar.

Licht ins Dunkel der Verteilung von Vermögen kommt allerdings nun von unerwarteter Seite: Die Europäische Zentralbank bemüht sich nach der Finanzkrise, mehr Informationen über die Vermögensanlagen und die Verschuldung der privaten Haushalte in Erfahrung zu bringen, um daraus Schlussfolgerungen für die Stabilität des Finanzsystems ziehen zu können. Im Rahmen dieses Projekts hat auch die Oesterreichische Nationalbank Erhebungen über die Vermögen der privaten Haushalte in Angriff genommen (www.hfcs.at). Aus Mangel an offiziellen Vermögensdaten wird die Erhebung im Weg einer repräsentativen Umfrage durchgeführt. Die Qualität der Befragung und der Verarbeitung der gewonnenen Daten ist außerordentlich hoch; dennoch stellt die Methode eine wesentliche Einschränkung dar, denn in Befragungen wird meist nicht nur die Höhe des gesamten Vermögens unterschätzt, sondern auch die Ungleichheit seiner Verteilung: Denn besonders die ganz Reichen weigern sich, verwertbare Informationen preiszugeben.

Die gesamten Vermögen der privaten Haushalte dürften in Österreich brutto mindestens 1400 Milliarden Euro betragen. Den größten Anteil daran haben mit 880 Milliarden Euro die Immobilienvermögen: Knapp mehr als die Hälfte des Immobilienvermögens entfällt auf den Hauptwohnsitz, ein gutes Viertel auf Zweitimmobilien, landwirtschaftlicher Besitz macht nur 7 Prozent des gesamten Immobilienvermögens aus (Andreasch u.a. 2010). Nur 59 Prozent der Haushalte verfügen über Immobilienvermögen. Hingegen haben alle privaten Haushalte Finanzvermögen, insgesamt beträgt es brutto etwa 440 Milliarden Euro. Dazu zählen Sparbücher, Bausparverträge und Lebensversicherungen ebenso wie Aktien, Einlagen in Pensionsfonds und andere Wertpapiere, sowie Unternehmensbeteiligungen.

Die Verteilung des Vermögens ist außerordentlich ungleich. Die untere Hälfte der Verteilung bilden 1,75 Millionen Haushalte: Sie verfügen über 8 Prozent des Finanzvermögens, gleich viel wie das oberste Promille der Verteilung, also die reichsten 3500 Haushalte. Die unteren zwei Drittel der Haushalte verfügen über ein sehr geringes Geldvermögen, auf sie entfällt nur ein Fünftel des gesamten Finanzvermögens. Das oberste Zehntel der Haushalte besitzt hingegen 54 Prozent. Fast alle Österreicher verfügen über ein Sparbuch. Im Durchschnitt liegen darauf knapp 30000 Euro, doch nur 2 Prozent der Sparbücher weisen Einlagen von mehr als 50000 Euro auf, auf ihnen liegen mehr als ein Drittel der gesamten Spareinlagen, das sind 50 Milliarden Euro (Andreasch u.a. 2010). Etwa ein Fünftel der Bevölkerung verfügt über Aktien oder Investmentzertifikate, durchschnittlich im Wert von gut 30000 Euro. Unternehmensbeteiligungen halten nur 3 Prozent, also etwa 100000 Haushalte; der Wert der Beteiligungen beträgt 18 Milliarden Euro, im Durchschnitt 220000 Euro. Allerdings besitzen 10 Personen ein Viertel des Wertes aller Unternehmensbeteiligungen (Andreasch u.a. 2009, 2010).

Die Verteilung des Immobilienvermögens ist sogar noch etwas ungleicher als jene des Finanzvermögens: Das oberste Zehntel der Haushalte besitzt 61 Prozent, das oberste Drittel 86 Prozent. Hingegen verfügen 41 Prozent der Haushalte über gar keinen Immobilienbesitz (Fessler u.a. 2009), denn in Österreich ist der Anteil der Wohnungsmieter aufgrund des gut ausgebauten Systems an kommunalem und genossenschaftlichem Wohnungsbestand im internationalen Vergleich recht hoch. Die Hälfte der Haushalte sind Eigentümer ihres Hauptwohnsitzes, im Durchschnitt beträgt der Wert der Immobilie gut 250000 Euro. Doch der durchschnittliche Wert der gesamten Immobilien beträgt fast 420000 Euro pro Haushalt. Nebenimmobilien, über die etwa ein Fünftel der Haushalte verfügt, spielen also eine sehr große Rolle; das zeigt sich auch darin, dass der gesamte Wert der Nebenimmobilien fast gleich hoch ist wie jener der Hauptwohnsitze. *Siehe Übersicht 8.1*

Noch ungleicher als die Verteilung von Finanz- und Immobilienvermögen ist die Verteilung der Erbschaften. Befragungen kommen zum Ergebnis, dass zwischen 20 und 40 Prozent der Haushalte überhaupt etwas erben (Schürz 2007, Fessler u.a. 2009). Der Zusammenhang zwischen Erbschaften und Vermögensbesitz ist eng: Zum einen spielen Erbschaften oder Schenkungen oft eine wichtige Rolle im Vermögensaufbau, zum anderen bilden Vermögen die Grundlage für Vererbung. Die Untersuchungen der Oesterreichischen Nationalbank in Bezug auf die Verteilung der Immobilienvermögen zeigen, dass knapp 20 Prozent

Übersicht 8.1:

Verteilung des Geld- und Immobilienvermögens

In % des jeweiligen Gesamtvermögens

	Geldvermögen	Immobilienvermögen
Oberste Promille	8%	–
Oberstes Prozent	27%	22%
Oberste zehn Prozent	54%	61%
Oberstes Drittel	80%	86%
Untere Hälfte	8%	2%

Quelle: OeNB, Geldvermögenserhebung 2004, Immobilienvermögenserhebung 2008.

der Haushalte Immobilien geerbt haben, der durchschnittliche Wert liegt bei 140000 Euro. Allerdings entfallen 40 Prozent der gesamten Immobilienerbschaften auf nur 2 Prozent der Haushalte (Fessler u.a. 2010). Die soziale Struktur der Erben ist recht klar: Erbschaften fallen vor allem bei Bevölkerungsgruppen an, die bereits über Vermögen verfügen, ein relativ hohes Einkommen aufweisen und als Freiberufler oder Unternehmer tätig sind (Marterbauer, Schürz 2007).

Die Einkommen aus Vermögensbesitz sind beträchtlich. Sie können allerdings nur geschätzt werden und unterscheiden sich hinsichtlich der verschiedenen Vermögensformen wahrscheinlich deutlich: Aus selbst genutztem Wohneigentum entspringt nur ein fiktives Einkommen aus ersparten Mietzahlungen; hingegen sind die Einkommen aus vermieteten Nebenimmobilien hoch. Die Einkommen aus dem Geldvermögen der kleinen Sparer sind sehr gering; hingegen werfen Investmentfonds und Aktien der Besitzer großer Vermögen hohe Renditen ab. Unterstellt man vorsichtig eine durchschnittliche Rendite von 5 Prozent, so würden die Einkommen aus Vermögen pro Jahr brutto mehr als 60 Milliarden Euro abwerfen. Die Volkswirtschaftliche Gesamtrechnung weist für das Jahr 2008 netto, das heißt nach Abzug von geleisteten Zinsen, allein beim Einkommen aus Finanzvermögen ein Volumen von etwa 30 Milliarden Euro aus; gut die Hälfte entfällt auf Dividendenausschüttungen und Gewinnentnahmen, der Rest auf Zinseinkommen und Versicherungserträge. Etwa zwei Drittel der

Haushalte weisen allerdings keine nennenswerten Vermögenseinkommen auf, weil sie gar kein relevantes Volumen an Vermögen besitzen. Die Vermögenseinkommen sind vor allem seit Mitte der 1990er Jahre beträchtlich gestiegen. Dies spiegelt sich im Rückgang des Lohnanteils am gesamten Volkseinkommen: Die Lohnquote hat sich von 1995 bis 2007 um nahezu 10 Prozentpunkte verringert. In der Wirtschaftskrise ist sie wegen des Einbruchs der Gewinne und der Dividendenausschüttungen um mehr als 3 Prozentpunkte gestiegen; dies ist allerdings ein vorübergehendes Phänomen, da die hohe Arbeitslosigkeit den Lohnanteil mittelfristig merklich drücken wird (Leoni u. a. 2010).

Die Datenlage zur Verteilung der Einkommen ist in Österreich von sehr unterschiedlicher Qualität, insgesamt nur wenig besser als jene zur Vermögensverteilung und deutlich schlechter als in den skandinavischen Ländern. Gute Informationen gibt es praktisch nur in Bezug auf die Einkommen der unselbständig Erwerbstätigen: Hier liegt mit der Lohnsteuerstatistik und der Beitragsstatistik der Sozialversicherung eine Vollerfassung der Einkommen vor. Im Vergleich dazu sind die Einkommen der Selbständigen sehr schlecht erfasst, denn die steuerpflichtigen Einkommen entsprechen aufgrund der großen steuerlichen Gestaltungsmöglichkeiten und illegalen Hinterziehungsmöglichkeiten nicht den tatsächlichen Einkommen. Noch schlechter ist die Datenlage in Bezug auf die Verteilung der Vermögenseinkommen; die aus Umfragen gewonnenen Erkenntnisse über die Verteilung der Immobilien- und Finanzvermögen lassen allerdings auf eine außerordentlich hohe Ungleichheit schließen. Sie ist deutlich mehr als doppelt so ausgeprägt wie jene der Verteilung der Arbeitseinkommen.

Auch innerhalb der relativ gleich verteilten Einkommen aus unselbständiger Erwerbstätigkeit hat die Ungleichheit in den letzten Jahrzehnten merklich zugenommen. Dies zeigt sich am deutlichsten in der Lohnsteuerstatistik. Die Reallöhne pro Kopf sind brutto von 1995 bis 2008 kaum gestiegen. Das mittlere Einkommen, über und unter dem jeweils die Hälfte der Beschäftigten liegt, betrug im Jahr 2008 brutto 2150 Euro pro Monat, wobei hier Urlaubs- und Weihnachtsgehalt bereits auf 12 Monatsgehälter umgerechnet sind. Der Anteil der unteren

Übersicht 8.2:

Verteilung der Brutto- und Nettobezüge Arbeitnehmer insgesamt

Unselbständig Beschäftigte mit pragmatisierten Beamten

	Verteilung der Bruttobezüge		Verteilung der Nettobezüge		Brutto-bezüge	Netto-bezüge	Brutto-bezüge	Netto-bezüge
	1995	2008	1995	2008	1995–2008		1995–2008	
	Anteile in %		Anteile in %		Nominell Veränderung in %		Real[1] Veränderung in %	
1. Quintil	2,9	2,1	3,4	2,7	–4,8	–1,6	–25,0	–22,4
2. Quintil	10,9	9,4	12,1	10,9	10,8	10,8	–12,6	–12,7
3. Quintil	17,7	17,0	18,2	18,4	24,3	24,2	–2,0	–2,1
4. Quintil	24,1	24,4	24,2	24,4	31,4	24,1	3,6	–2,1
5. Quintil	44,4	47,1	42,1	43,6	37,6	27,5	8,5	0,5
Oberste 5%	17,7	19,2	16,7	17,3	40,9	27,1	11,1	0,2
Oberste 1%	5,9	6,8	4,0	6,0	49,4	32,4	17,8	4,4
Insgesamt	100,0	100,0	100,0	100,0	29,6	23,6	2,2	–2,6

1) Referenzjahr 2005, auf Basis von Vorjahrespreisen.
Quelle: Statistik Austria, Lohnsteuerstatistik; WIFO-Berechnungen.

drei Fünftel der unselbständig Beschäftigten am gesamten Lohneinkommen ist deutlich zurückgegangen, von 31,5 Prozent (1995) auf 28,5 Prozent (2008). Die Realeinkommen dieser Beschäftigtengruppen sind in diesem Zeitraum merklich gesunken. Dazu haben die starke Zunahme der Teilzeitbeschäftigung und der prekären Beschäftigungsformen, vor allem unter Frauen, die besonders ungünstige Einkommensentwicklung für nicht ausreichend Qualifizierte und die merkliche Verschlechterung der Berufseinstiegschancen für Jugendliche in besonderem Ausmaß beigetragen (Guger, Marterbauer 2007). Das vierte Fünftel der Lohneinkommensbezieher konnte seinen Anteil und sein Realeinkommen etwa halten. Hingegen ist der Anteil des obersten Fünftels, das bei einem auf 12 Monatsgehälter umgerechneten Bruttoeinkommen von etwa 3800 Euro beginnt, von 44,4 Prozent (1995) auf 47,1 Prozent (2008) kräftig gestiegen. Ab einem Bruttoeinkommen von etwa 8000 Euro pro Monat zählt man zum obersten

Prozent der unselbständig Beschäftigten. Diese Einkommensgruppe verfügte 2008 über 6,8 Prozent der Lohneinkommen, um etwa einen Prozentpunkt mehr als 1995. Sie konnte ihr Einkommen in diesem Zeitraum nominell um knapp 50 Prozent und real um knapp 18 Prozent erhöhen (Leoni u. a. 2010). *Siehe Übersicht 8.2*

Auf Basis von Sozialversicherungsdaten lassen sich auch die Einkommen nach Branchen untersuchen, allerdings leidet die Statistik darunter, dass nur Einkommen bis zur Höchstbeitragsgrundlage (2008: 3930 Euro pro Monat, 2011: 4200 Euro) erfasst werden, alle darüber liegenden Einkommen gehen mit diesem Betrag in die Statistik ein. Wenn also die Unternehmen des Energiesektors sowie die Banken und Versicherungen mittlere Einkommen von deutlich über 3000 Euro pro Monat aufweisen, kann davon ausgegangen werden, dass der Großteil der Beschäftigten Einkommen über der Höchstbeitragsgrundlage bezieht. In der Industrie und am Bau liegen die mittleren Einkommen bei etwa 2500 Euro, in der öffentlichen Verwaltung und der Sozialversicherung bei 2240 Euro. Hingegen bleiben sie in den meisten Dienstleistungsbranchen merklich unter der Marke von 2000 Euro pro Monat.

Die niedrigen Gehälter in den Dienstleistungsbranchen bilden einen wesentlichen Grund für den Einkommensrückstand von Frauen gegenüber Männern. Während 70 Prozent der Frauen in Niedriglohnbranchen arbeiten, tun dies nur 40 Prozent der Männer. Den Hauptgrund für das Zurückbleiben der Fraueneinkommen stellt allerdings die hohe Belastung der Frauen mit unbezahlter Arbeit dar. Die ungleiche Verteilung der geleisteten Betreuungs- und Hausarbeit zwischen den Geschlechtern und die ungenügende Versorgung mit sozialen Dienstleistungen schränken die Möglichkeiten der Frauen ein, bezahlter Erwerbsarbeit nachzugehen. Die Fraueneinkommen liegen im Durchschnitt bei 67 Prozent der Männereinkommen, bereinigt um die Unterschiede in der geleisteten Arbeitszeit betragen sie 86 Prozent. Arbeitszeitverkürzung für Männer, bei gleichzeitiger höherer Beteiligung an Betreuungs- und Hausarbeit, bessere Versorgung mit Kindergärten und Pflegeleistungen und eine konsequente Mindestlohnpolitik der Gewerkschaften wären die wichtigsten Maßnahmen zur Hebung der Fraueneinkommen.

Arme – Mittelschicht – Reiche

In der medialen Debatte wird gerne die Mittelschicht, die von Leistungseinkommen lebt, als besonders mit Steuern belastet und als großer Verlierer der staatlichen Umverteilung dargestellt. Auch die Politik konzentriert sich zumindest in den veröffentlichten Ankündigungen auf die Mittelschicht. Doch eine konkrete Definition des Begriffs liegt nicht vor. Bezieht man ihn auf das Einkommen, so könnten das BIP pro Kopf, das in Österreich etwa 30 000 Euro im Jahr beträgt, oder das mittlere Einkommen der unselbständig Erwerbstätigen, das bei 12 Monatsgehältern zu jeweils brutto 2150 Euro liegt, als Maßstab herangezogen werden. In der ökonomischen Literatur wird die Mittelschicht oft mit einem Einkommensband von 75 Prozent bis 125 Prozent des Medianeinkommens abgegrenzt, das würde für Österreich Bruttoeinkommen von 1600 Euro bis 2700 Euro pro unselbständig Beschäftigtem entsprechen. Betrachtet man Haushaltseinkommen von unselbständig Erwerbstätigen und Personen im Ruhestand, so liegt das mittlere Bruttoeinkommen bei etwa 3000 Euro pro Monat, die Mittelschicht wäre dann in einer Bandbreite von 2200 Euro bis 3800 Euro angesiedelt.

Doch die Abgrenzung der sozialen Schichten in der Gesellschaft nach dem Einkommen erscheint ziemlich unbefriedigend; jedenfalls würde eine Begrenzung auf das mittlere Einkommensdrittel der umgangssprachlichen Verwendung des Begriffes nicht gerecht: Relevant erscheinen nicht nur das Einkommen, sondern auch der Bestand an Vermögen, ein gewisser Lebensstil, vielleicht auch gesellschaftliche und politische Werthaltungen. Zur Mittelschicht würde sich wohl die junge Facharbeiterfamilie in einer Genossenschaftswohnung ebenso zählen wie die Beamtin mit Eigentumswohnung, das Lehrerpaar mit gutem Doppelverdienst, ein Selbständiger mit 2 Angestellten oder ein

Pensionistenehepaar. Ich bevorzuge deshalb eine breitere Abgrenzung der sozialen Schichten und unterscheide zwischen den Armen, dem Mittelstand und den Reichen. Die Armen und die Reichen repräsentieren dabei die Ränder der Gesellschaft und umfassen jeweils ungefähr ein Zehntel der Haushalte, die Mitte umfasst etwa 80 Prozent der Haushalte.

Die Schicht der Armen und Armutsgefährdeten ist recht eindeutig abgegrenzt: Europaweit wird die Armutsgefährdungsquote mit 60 Prozent des mittleren Äquivalenzeinkommens der Haushalte festgesetzt, in Österreich entspricht das einem Monatseinkommen von 950 Euro (12-mal im Jahr), für jede weitere Person im Haushalt erhöht sich diese Schwelle um 475 Euro und für jedes Kind um 285 Euro im Monat; dazu kommen Merkmale wie die Unmöglichkeit, unerwartete Ausgaben zu tätigen, eine Waschmaschine anzuschaffen oder wenigstens einmal im Jahr auf Urlaub zu fahren. Nach der EU-Abgrenzung sind in Österreich 12,4 Prozent der Bevölkerung armutsgefährdet, das sind knapp eine Million Menschen (Till-Tentschert u.a. 2010). Besonders betroffen sind Haushalte mit Langzeitarbeitslosigkeit (43 Prozent), Ein-Eltern-Haushalte (29 Prozent) und Haushalte mit zumindest einem Mitglied aus Nicht-EU-Staaten (26 Prozent); in Österreich sind 240 000 Kinder unter 18 Jahren armutsgefährdet.

Der Sozialstaat verbessert die soziale Situation der unteren Schichten massiv: Die staatlichen Pensionen und Sozialleistungen verringern die Armutsgefährdung bei allen Haushalten von 43 Prozent auf 12 Prozent, bei den Haushalten mit Kindern von 34 Prozent auf 13 Prozent und bei allen Haushalten ohne Personen im Ruhestand von 29 Prozent auf 12 Prozent (Till-Tentschert u.a. 2010). Der Sozialstaat leistet also sehr viel in der Vermeidung von Armut, doch mehr ist notwendig: Der Sozialstaat muss gerade nach der Krise noch besser nach unten absichern. Dabei muss besonders darauf geachtet werden, dass das Angebot an sozialen Dienstleistungen gut und der Zugang zum Bildungs- und Gesundheitssystem auch für die unteren sozialen Gruppen offen ist. Dies bildet wesentliche Voraussetzungen für Erwerbstätigkeit, die den besten Schutz gegen Armut darstellt: Bei den Haushalten ohne Erwerbstätigkeit beträgt die Armutsgefährdung 50 Prozent, bei jenen mit voller Erwerbstätigkeit nur 5 Prozent. Bessere soziale Absicherung nach unten und aktive Beschäftigungspolitik bilden die wichtigsten Ansatzpunkte zur Bekämpfung von Armut.

Während die soziale Schicht der Armen relativ eng abgegrenzt ist, ist das soziale Segment der Mittelschicht in der Gesellschaft sehr breit gespannt und umfasst etwa 80 Prozent der Bevölkerung. Es reicht von einem Haushaltseinkommen von etwa 1500 Euro bis über 7000 Euro. Charakteristisch ist vor allem, dass das Einkommen zum größten Teil aus Leistungseinkommen aus selbständiger oder unselbständiger Arbeit stammt. Vermögenseinkommen spielen in Relation dazu eine geringe Rolle. In dieser Gruppe sind die Vermögensverhältnisse, etwa zwischen Jungen und Alten oder zwischen Arbeiterinnen und Beamten, sehr unterschiedlich; doch Sparbuch, Bausparvertrag und Lebensversicherung, in geringerem Ausmaß auch eine kreditfinanzierte Eigentumswohnung, vielleicht auch ein kleines Wochenendhaus oder ein Garten, sind verbreitet. Das Finanzvermögen dient zum Ansparen für größere Anschaffungen und die Pension; das Immobilienvermögen wird selbst genutzt und wirft keinen Ertrag ab. Jedenfalls spiegelt sich der enorme Wohlstand unserer Gesellschaft auch in sehr hoher materieller Grundausstattung auch der Mittelschicht.

Eine breite Mittelschicht stellt einen stabilisierenden Faktor unserer Gesellschaft dar. Ausbildung, Beruf und Arbeitseinkommen prägen sie; deshalb spielt auch der Begriff der Leistung in ihrem Selbstverständnis eine wichtige Rolle. Der österreichische Sozialstaat ist auf diese Werthaltungen und die Bedürfnisse der Mittelschicht zugeschnitten; vor allem wegen der hohen Bedeutung der Sozialversicherung, die ihr soziale Anerkennung für die Leistung in der Erwerbsarbeit gibt: Das Pensionssystem stellt eine vom Erwerbseinkommen abhängige Absicherung im Alter dar und sichert damit den Lebensstandard der Beschäftigten in der Pension, die Krankenversicherung ermöglicht bei Bedarf eine gute Qualität medizinischer Betreuung. Dazu kommen Familienbeihilfen, der gemeinnützige Wohnbau und viele andere Sozialleistungen, die zu einem erheblichen Teil der Mittelschicht zugutekommen. Die mittleren Segmente der Gesellschaft profitieren in hohem Ausmaß vom Sozialstaat, sind mit seinen Leistungen sehr zufrieden und ihre politische Zustimmung ist anhaltend hoch. Sie sind deshalb auch bereit, ihren Beitrag zur Finanzierung des Sozialstaates zu leisten: Etwa 16 Prozent des Haushaltseinkommens werden im Durchschnitt für Sozialversicherungsbeiträge aufgewendet, 10 Prozent für die Einkommensteuer und etwa 12 Prozent für Verbrauchssteuern. Der Sozialstaat stellt der Mittelschicht Sicherheit bereit und ermöglicht ihr damit ein Stück Freiheit. Doch angesichts des gesellschaftlichen Wandels muss gerade diese soziale Schicht Interesse an einer Reform des Sozialstaates haben: Wird die Verteilung der Arbeitseinkommen nämlich immer ungleicher, so verstärkt ein primär am Versicherungsprinzip orientierter Sozialstaat die soziale Ungleichheit, damit würden die untere und die obere Mittelschicht weiter auseinanderdriften; auch die veränderten Familienstrukturen und der daraus resultierende Bedarf an Kinderbetreuung und Pflegeleistungen zeigen die Grenzen des Sozialversicherungsstaates auf und fordern den Umbau zum sozialen Dienstleistungsstaat, vor allem im Interesse der Frauen; wird die demografische Herausforderung allein durch eine Kürzung der Pensionsleistungen bewältigt, so würde ein für die mittleren Einkommensgruppen besonders wichtiges Standbein des Sozialstaates entfernt, das könnte die gesellschaftliche Solidarität entscheidend schwächen. Der Sozialstaat muss sich verändern, damit er der Mittelschicht weiterhin soziale Sicherheit bieten kann.

Die Verbesserung der Qualität des Sozialstaates stellt auch eine wesentliche Voraussetzung für seine Finanzierbarkeit dar: Gute Leistungen in Form einer hohen Qualität von Kinderbetreuung und schulischer Ausbildung, eine gute Versorgung im Krankheitsfall und eine akzeptable öffentliche Pension stärken nicht nur den gesellschaftlichen Zusammenhalt, sondern verhindern auch den allgemeinen Sozialabbau. Denn die gute Qualität der Leistungen ist die Voraussetzung dafür, dass auch die Besserverdiener der oberen Mittelschicht bereit sind, ihren Beitrag zur Finanzierung des Sozialstaates zu leisten.

Während die Mittelschicht primär von Leistungseinkommen aus

Arbeit lebt, werden jene Haushalte als reich erfasst, die es nicht notwendig haben zu arbeiten, um ein gutes Einkommen zu erzielen. Sie leben also von leistungslosen Vermögenseinkommen. Es ist nicht ausgeschlossen und wird in vielen Fällen wohl auch der Fall sein, dass in diesen Haushalten neben dem Vermögenseinkommen auch ein überdurchschnittlich hohes Arbeitseinkommen aus Unternehmertätigkeit, Freiberuflichkeit oder Angestelltentätigkeit zum Beispiel in der Finanzbranche erzielt wird. Unterstellt man vorsichtig eine Verzinsung des Vermögens von 5 Prozent pro Jahr, so ist ein Vermögen von etwa 500000 Euro notwendig, um ein monatliches Bruttoeinkommen zu erzielen, das dem mittleren Einkommen der unselbständig Beschäftigten entspricht.

Die Schicht der Reichen definiert sich also vor allem über die Höhe des Vermögens: Das oberste Zehntel der insgesamt 3,5 Millionen privaten Haushalte verfügt über 54 Prozent des Geldvermögens. Laut der vorhandenen Erhebungsdaten, die das Niveau merklich unterschätzen dürften, entspricht dies einem Vermögensbestand von etwa 240 Milliarden Euro. Das durchschnittliche Bruttogeldvermögen pro Haushalt beträgt im obersten Zehntel laut Befragungsergebnisse etwa 300000 Euro; der mittlere Wert liegt hingegen nur bei knapp 200000 Euro, das zeigt, dass selbst innerhalb des obersten Vermögensbereichs die Verteilung sehr ungleich ist. Ungefähr 80 Prozent der Haushalte in dieser Schicht besitzen Aktien oder Investmentzertifikate und erst in diesem sozialen Segment haben Unternehmensbeteiligungen eine nennenswerte Bedeutung. Das oberste Zehntel der Haushalte besitzt 61 Prozent des Immobilienvermögens, das entspricht etwa 530 Milliarden Euro. Diese Gruppe verfügt über 37 Prozent des Wertes aller Hauptwohnsitze, mit einem Vermögenswert von etwa 170 Milliarden Euro; doch gleichzeitig besitzt sie über 85 Prozent des Wertes des weiteren Immobilieneigentums im Wert von etwa 360 Milliarden Euro (Andreasch u. a. 2010). 41 Prozent des gesamten Immobilienvermögens in Österreich entfallen auf jenes Immobilieneigentum des obersten Zehntels der Haushalte, das nicht deren Hauptwohnsitz bildet!

Die Einkommen des obersten Zehntels der Haushalte sind statistisch nicht ausreichend erfasst. Vor allem über die Vermögenseinkommen, die in diesem Segment eine besonders wichtige Rolle spielen, liegen keine konkreten Verteilungsinformationen vor; die Einkommen aus selbständiger Erwerbstätigkeit sind in den offiziellen Statistiken deutlich untererfasst. Vollständige Informationen gibt es nur über die Einkommen der unselbständig Erwerbstätigen und Pensionisten. Beschränkt man die Analyse auf deren Einkommen, so beginnt das oberste Zehntel der Haushalte bei einem Bruttoeinkommen von knapp 7000 Euro; das Bruttoeinkommen des obersten Zehntels der unselbständig Erwerbstätigen beginnt bei etwa 4200 Euro. Mit einem derartigen Einkommensniveau zählt man ohne Zweifel zur besserverdienenden Mittelschicht, doch nicht notwendigerweise zu den Reichen. Dazu müsste man zusätzlich erhebliches Vermögen besitzen und daraus nennenswertes Einkommen erzielen.

Vermögen und Einkommen sind im Segment der Reichen so hoch, dass man auf staatliche Leistungen eigentlich nicht angewiesen ist. Viele reiche Menschen stehen dem Sozialstaat dennoch positiv gegenüber und schätzen öffentliche Infrastruktur und soziale Absicherung für alle. Doch die Kinder besuchen private Schulen, im Bedarfsfall steht eine private Krankenversicherung zur Verfügung, die Höhe der Firmenpension stellt jene des staatlichen Versicherungssystems in den Schatten und gesellschaftlich bleibt man zunehmend unter seinesgleichen. Viele Reiche brauchen den Sozialstaat nicht, sie könnten die Absicherung leicht auch privat finanzieren. Doch gemessen am Prinzip der finanziellen Leistungsfähigkeit ist ihr Beitrag zur Finanzierung des Sozialstaates zu gering, weil der Vermögensbestand in Österreich kaum besteuert wird, Vermögenseinkommen noch immer steuerlich begünstigt sind und in der Einkommensteuer ein Wildwuchs an Ausnahmen besteht, der primär den Beziehern sehr hoher Einkommen nutzt. Eine merkliche Erhöhung des Beitrags der Reichen zur Finanzierung des Gemeinwesens wird auch keine merkliche Steuerflucht auslösen: Die Reichen schätzen die öffentliche Infrastruktur und das Kulturangebot; sie genießen die hohe Lebens- und Umweltqualität;

schließlich würde sichtbare Armut dieses Leben vermiesen, und es macht auch keinen Spaß, in abgeschirmten »gated communities« zu leben. Höhere Steuern des obersten Zehntels der Haushalte für die Finanzierung eines gut ausgebauten und hochqualitativen Sozialstaates sind angemessen.

Abgaben auf Arbeit reformieren

Werden in Österreich Steuerreformen durchgeführt, so konzentrieren sie sich meist auf die Senkung der Einkommensteuer. Dies ist nicht sinnvoll, denn die Belastung der Erwerbstätigen mit Einkommensteuern beträgt in Österreich im Durchschnitt nur 15 Prozent und ist damit im internationalen Vergleich gering; zudem ist die Einkommensteuer eine progressive Steuer, die höheren Einkommen einen höheren Steuersatz auferlegt als niedrigen und so von oben nach unten umverteilt. Dies ist wichtig, da das Abgabensystem insgesamt keine umverteilende Wirkung aufweist (Guger, Marterbauer 2009). *Siehe Übersicht 8.3*

Zwar wirkt die Einkommensteuer innerhalb der Haushalte mit unselbständigen Einkommen oder Pensionen progressiv, jene im unteren Drittel zahlen nur 5 Prozent des Haushaltseinkommens, jene im oberen Drittel mehr als 16 Prozent; doch dem gegenüber stehen die leicht regressiv wirkenden Sozialversicherungsbeiträge und vor allem

Übersicht 8.3:

Umverteilung durch Abgaben (2005)

	Unteres	Mittleres Einkommensdrittel	Oberes
		Unselbständigenhaushalte gemessen am Bruttoäquivalenzmarkteinkommen	
Lohnsteuer	5,0	9,0	16,5
SV-Beiträge	14,8	15,7	13,9
Indirekte Steuern	14,8	12,0	8,9

Quelle: Guger et al, Umverteilung durch den Staat in Österreich, WIFO-Studie (2009).

die stark regressiv wirkenden Verbrauchssteuern. Letztere sind mit einem Aufkommen von 28 Milliarden Euro bedeutender als die Einkommensteuer mit 24 Milliarden Euro. Würden die Nichtlohneinkommen in die Analyse einbezogen, was wegen des Datenmangels bei den Vermögenseinkommen nicht im Detail möglich ist, so müsste für das Abgabensystem insgesamt sogar eine deutlich regressive Wirkung festgestellt werden: Die Haushalte im oberen Bereich zahlen gemessen an ihrem Einkommen weniger Steuern und Beiträge als jene im unteren Bereich.

Die Einkommensteuern sollen reformiert, ihr Aufkommen aber nicht gesenkt werden. Reformbedarf besteht vor allem bei den vielen Ausnahmen, die das Tarifsystem völlig durchlöchern und einen hohen bürokratischen Aufwand für Finanzverwaltung und Unternehmen mit sich bringen. Die Steuerbegünstigungen wurden im Zuge der letzten Steuerreform 2009 jedoch sogar noch ausgeweitet (Schratzenstaller 2009). Die Einführung eines Kinderfreibetrages führt dazu, dass die Steuerbegünstigung umso höher ausfällt, je höher das Einkommen ist, Beschäftigte mit einem kleinen Einkommen können die Begünstigung meist gar nicht in Anspruch nehmen. Damit wird mit dem Grundsatz gebrochen, dass dem Staat jedes Kind gleich viel wert ist. Die steuerliche Absetzbarkeit von Kinderbetreuungskosten bedeutet beim gleichzeitigen Trend, den Kindergartenbesuch gratis zu machen, primär eine Förderung der privaten Betreuung in Haushalten von Spitzenverdienern. Die steuerliche Absetzbarkeit von Spenden begünstigt die Spendentätigkeit von Besserverdienern gegenüber jener von Niedrigverdienern. Es ist falsch, dass die Spende einer teilzeitbeschäftigten Alleinerzieherin an Amnesty International dem Staat weniger wert ist als die Spende eines Generaldirektors an die Caritas. Alle diese Begünstigungen sollten so rasch wie möglich wieder gestrichen werden. Der Staat soll Familien fördern und die Mittel aus der Streichung der Steuerbegünstigungen für den Ausbau von Kindergärten und Krippen umschichten. Der Sozialstaat hat selbst die Verantwortung, die Armen und Pflegebedürftigen zu versorgen und Entwicklungshilfe zu leisten; will er zusätzlich private Spendentätigkeit für diese Leistungen anregen, so muss er zumindest alle geleisteten Spenden gleich behandeln, er könnte sie zum Beispiel verdoppeln. Die Förderung sozialer Zielsetzungen im Steuersystem führt aber zu völlig ungerechtfertigten Verzerrungen.

Der Staat begünstigt über das Steuersystem auch die private Pensionsvorsorge sehr großzügig: Beiträge der Unternehmen zu betrieblichen Pensionskassen sind bei den Unternehmen bis zur Höhe von 10 Prozent des Einkommens als Betriebsausgaben absetzbar, bei den Beschäftigten von Lohnsteuer und SV-Beitrag befreit; erst in der Phase der Pensionsauszahlung sind sie steuerpflichtig, aber nicht SV-beitragspflichtig. Diese Begünstigung kommt primär Besserverdienern zugute, vor allem bei Spitzenverdienern erscheint die steuerliche Förderung unangemessen: Bei einem Jahresgehalt von 500000 Euro etwa in der Finanzbranche können 50000 Euro für Pensionsvorsorge aufgewendet werden; dabei ist die staatliche Steuerbegünstigung von 25000 Euro pro Jahr höher als das mittlere Einkommen der unselbständig Beschäftigten. Bei diesem mittleren Einkommen besteht allerdings meist kein Anspruch auf Betriebspension und auch nicht die finanzielle Möglichkeit, individuell vorzusorgen. Somit stellt sich die Frage, ob der Staat überhaupt private Pensionsvorsorge fördern soll. Wenn er das tut, dann muss es jedenfalls eine strenge Obergrenze für steuerbegünstigte Einzahlungen geben, die verhindert, dass die Steuerzahler die private Pensionsvorsorge für Spitzenverdiener subventionieren; zudem müssen auf Betriebspensionen genauso Krankenversicherungsbeiträge erhoben werden wie auf staatliche Pensionen. Die Hauptaufgabe des Staates in der Altersversorgung ist es, die gesetzlichen Pensionen zu sichern, die eine gute soziale Absicherung nach unten bieten und für die überwiegende Mehrheit der Bevölkerung die Sicherung des Lebensstandards ermöglichen müssen.

Die umfangreichste steuerliche Begünstigung stellt die begünstigte Besteuerung des 13. und 14. Monatsgehaltes dar, die mit 6 Prozent belastet werden und damit nicht der Progression unterliegen. Der von dieser Begünstigung verursachte Aufkommensausfall beträgt mehr als 5 Milliarden Euro pro Jahr (Berka u.a. 2008). Diese Steuerbegünstigung für unselbständig Beschäftigte wurde geschaffen, um einen Ausgleich für die umfangreichen steuerlichen Gestaltungsmöglichkeiten der Selbständigen zu schaffen. Sie ist in diesem Sinn vollständig gerechtfertigt. Doch die konkrete Form der Begünstigung führt dazu, dass die unteren 40 Prozent der Lohnsteuerpflichtigen nichts von ihr haben, weil ihr Einkommen zu niedrig ist. Hingegen profitieren die Spitzenverdiener stark, denn ihr 13. und 14. Gehalt würde ohne die Begünstigung mit 50 Prozent besteuert werden. Zudem wurde mit der Steuerreform 2009 die Begünstigung mit der Einführung eines Investitionsfreibetrages von 13 Prozent in vollem Umfang auch auf die selbständig Erwerbstätigen ausgeweitet. Damit hat sich diese Steuerbegünstigung vollständig ad absurdum geführt. Im Ergebnis bedeutet sie nun nur noch, dass die Progression der Einkommensteuer für Besserverdiener merklich abgeschwächt wird. Diese Begünstigung könnte gänzlich aufgegeben und das Zusatzaufkommen für eine Verringerung der Sozialversicherungsbeiträge verwendet werden: Der Beitragssatz könnte um etwa 5 Prozentpunkte gesenkt werden. Davon würden 90 Prozent der Steuerpflichtigen merklich profitieren, vor allem wären die unteren 40 Prozent der Steuerpflichtigen begünstigt, deren Nettoeinkommen um 5 Prozent steigen würden. Dies wäre vernünftig, denn der österreichische Sozialstaat wird im internationalen Vergleich ohnehin in zu hohem Ausmaß durch Sozialbeiträge und in geringem Ausmaß durch Steuern finanziert (Guger u.a. 2009). Eine solche Neuregelung könnte einen ersten Schritt in der langfristig sinnvollen Zusammenführung von Dienstnehmerbeiträgen zur Sozialversicherung und Lohnsteuer zu einem einheitlichen Tarif der Lohnabgaben darstellen, bei dem die Einnahmen der Sozialversicherung gesichert sind (Berka u.a. 2011).

Die starke Begünstigung von Spitzenverdienern durch Ausnahmen im Steuersystem ist verteilungspolitisch falsch. Im Zuge der Finanzkrise und der Diskussion über die hohen Gehälter und Bonuszahlungen in der Finanzbranche wurde auch eine stärkere Belastung von sehr hohen Einkommen diskutiert. Die Abschaffung der genannten Begünstigungen würde einen ersten Schritt in diese Richtung bedeuten. Ein zweiter Schritt könnte in der Erhöhung des Spitzensteuersatzes für sehr hohe Einkommen bestehen: Der Spitzensteuersatz von 50 Prozent wird derzeit in der Einkommensteuer für Monatseinkommen von brutto 5700 Euro wirksam, er trifft nur etwa 3 Prozent der Steuerpflichtigen; die Anhebung des Spitzensteuersatzes würde pro Prozentpunkt ein zusätzliches Steueraufkommen von etwa 90 Millionen Euro pro Jahr erbringen. Wollte man sehr hohe Einkommen treffen, so könnte ein neuer Spitzensteuersatz eingeführt werden, zum Beispiel für alle Einkommen, die über dem höchsten Gehalt der Politikereinkommenspyramide, jenem des Bundespräsidenten mit etwa 23 000 Euro pro Monat, liegen. Dieser würde 0,07 Prozent der Steuerpflichtigen, also etwa 4000 Personen, treffen und pro Prozentpunkt ein Steueraufkommen von 30 Millionen Euro bedeuten. Ein neuer Spitzensteuersatz von 60 Prozent ab einem Monatseinkommen von brutto 23 000 Euro pro Monat würde also Einnahmen von 300 Millionen Euro mit sich bringen. Damit könnten 50 000 Plätze in Kindergärten und Krippen finanziert werden.

Im Zuge der Budgetkonsolidierung wurden in Österreich neben vermögensbezogenen Steuern wie der Bankenabgabe, der Wertpapier-Kest und höheren Steuern auf Stiftungen auch Verbrauchssteuern erhöht: die Mineralölsteuer, die Tabaksteuer, die Normverbrauchsabgabe für Pkws und eine Flugticketabgabe. In mehreren EU-Ländern wurden vor allem die Sätze der Mehrwertsteuer teils drastisch angehoben. Eine derartige Steuererhöhung bringt kurzfristig relativ viel Geld, ist allerdings vor allem deshalb bedenklich, weil sie stark negative Verteilungseffekte hat, sie belastet die unteren Einkommensgruppen mit hoher Konsumneigung deutlich stärker als die oberen mit hoher Sparneigung. Auch Ökosteuern haben negative Verteilungswirkungen, allerdings positive ökologische Effekte. Der Anteil an Umweltsteuern am BIP beträgt in Österreich 2,4 Prozent, damit ist er gleich hoch wie im Durchschnitt der EU; doch unter anderem in Schweden (2,7 Prozent), den Niederlanden (3,9 Prozent) und Dänemark (5,7 Prozent) liegt er deutlich höher. Eine weitere Erhöhung dieser spezifischen Verbrauchssteuern ist aus Gründen des Umweltschutzes sinnvoll, allerdings muss genau darauf geachtet werden, dass das Steueraufkommen für Maßnahmen verwendet wird, von denen besonders die unteren sozialen Schichten profitieren.

Steuern auf Vermögen kräftig anheben

Der Bestand an Vermögen hat sich in den letzten Jahrzehnten drastisch erhöht. Die Verteilung der Vermögen ist außerordentlich ungleich, das oberste Zehntel der Haushalte verfügt über etwa 60 Prozent des Vermögens, das oberste Drittel über 80 Prozent. Beide Phänomene haben vielfältige Folgen (Marterbauer, Schürz 2008):

- Obwohl die Gesellschaft immer reicher wird, nimmt die Ungleichheit stark zu, auch bei den Einkommen. Der weitaus überwiegende Teil des realen Einkommenswachstums fand in den letzten 15 Jahren bei Vermögenden und Besserverdienern statt; das Wachstum der Wirtschaft kommt im Unterschied zu den Jahrzehnten zuvor nicht mehr beim Einkommen der Mittelschicht an. Die starke Akkumulation und die hohe Konzentration des Vermögens führen dazu, dass Chancengleichheit nicht mehr gegeben ist: Der soziale Status wird über die Generationen hinweg vererbt.
- Das Abgabensystem steht nicht mehr in Einklang mit den Prinzipien der Leistung und der Leistungsfähigkeit: Leistungseinkommen aus Arbeit werden höher besteuert als leistungslose Vermögenseinkommen, und Vermögende mit hohen materiellen Fähigkeiten zur Finanzierung des Staates werden nur in geringem Ausmaß belastet. Damit werden die Leistungsanreize in der Gesellschaft völlig durcheinandergebracht. Deshalb gerät auch die Finanzierung des Sozialstaates in wachsende Schwierigkeiten, denn sie basiert nicht auf den wachsenden Vermögensbeständen und Vermögenseinkommen, sondern auf den schwächelnden Arbeitseinkommen.
- Der ökonomische, mediale und politische Einfluss der Vermögenden steigt zusehends, dies droht auch unser demokratisches Gesellschaftssystem in Gefahr zu bringen. Die mit der Vermögens-

konzentration einhergehende gesellschaftliche Macht führt zu einer Privilegierung der Interessen der Reichen, nach denen das Gemeinwesen zunehmend ausgerichtet wird. Die Wirtschaftspolitik in und nach der Finanzkrise belegt dies in vielfältiger Weise: von der Abschaffung von Vermögen- und Erbschaftsteuern in vielen EU-Ländern, über die Bedingungen, zu denen die Banken und damit das Vermögen ihrer Aktionäre gerettet wurden, die Akzeptanz der Spitzeneinkommen und Bonuszahlungen in der Finanzwirtschaft bis zu den konkreten Maßnahmen der Budgetkonsolidierung, die den Reichen, gemessen an ihrer Leistungsfähigkeit, wenig und den Armen viel abverlangt.

So gefährlich die Vermögenskonzentration ist, so erfreulich sind grundsätzlich hohe Vermögensbestände für eine Gesellschaft: Sie spiegeln die verringerte Abhängigkeit des Wohlstandes von der Arbeitsleistung und zeigen die Spielräume für die Verfolgung von nicht materiellen Zielen im Leben. Dies ist für breite Bevölkerungskreise allerdings nur dann relevant, wenn die Vermögen auch egalitär verteilt sind, was gewiss nicht der Fall ist. Die Wirtschaftspolitik hat unmittelbar nicht sehr viele Möglichkeiten, auf die Verteilung des Vermögens Einfluss zu nehmen, eigentlich steht nur ein Instrument zur Verfügung: die Anhebung der Besteuerung des Vermögensbestandes.

Das österreichische Steuersystem ist auch im internationalen Vergleich in besonders geringem Ausmaß auf die notwendige Besteuerung von Vermögensbeständen ausgerichtet: Die allgemeine Vermögensteuer wurde im Zuge der Steuerreform 1994 abgeschafft, die Erbschaftsteuer teilte dieses Schicksal im Jahr 2008, und die Bedeutung der Grundsteuer schwindet aufgrund unzeitgemäßer Bewertungen der Immobilien durch Einheitswerte. An vermögensbezogenen Steuern sind nur noch die Grundsteuer und die Grunderwerbsteuer übrig geblieben. Ihr Aufkommen beträgt etwa 1,3 Milliarden Euro pro Jahr, das entspricht 0,5 Prozent des BIP. In der überwiegenden Mehrzahl der EU-Länder haben Vermögensteuern eine höhere Bedeutung als in Österreich. In Deutschland liegt ihr Anteil bei 0,9 Prozent des BIP, in Schweden bei 1,1 Prozent, in den Niederlanden bei 1,7 Prozent, in

Dänemark bei 2 Prozent, in Frankreich sogar bei mehr als 3 Prozent; in den angelsächsischen Ländern liegt das Aufkommen bei 3 bis 4 Prozent des BIP, primär weil dort Gebühren für kommunale Leistungen über die Grundsteuer erhoben werden.

In Österreich gibt es erheblichen Spielraum in der Besteuerung von Vermögen privater Haushalte. Eine Möglichkeit besteht in der Wiedereinführung einer allgemeinen Vermögensteuer. Sie dürfte allerdings nicht mehr – wie bei der bis 1994 bestehenden Variante – überwiegend von den Unternehmen kommen, sondern müsste sich auf das Vermögen der privaten Haushalte beschränken. Generelle Vermögensteuern wurden innerhalb der EU in den letzten Jahrzehnten vielfach abgeschafft; eine derartige Steuer gibt es noch in Frankreich; in Spanien und Ungarn wurde sie nach der Finanzkrise wiedereingeführt. Die Vermögensteuer würde sich auf das Nettovermögen nach Abzug von Verbindlichkeiten beziehen und könnte großzügige Freibeträge gewähren. Wird der Freibetrag so gewählt, dass das Finanz- und Immobilienvermögen der Mittelschicht weitgehend ausgenommen ist, so wäre die Steuerbasis geschmälert, sie würde aber abhängig von der konkreten Ausgestaltung immer noch 200 bis 400 Milliarden Euro betragen. Wird der Steuersatz niedrig festgesetzt, dann kann die Steuer aus den laufenden Vermögenserträgen beglichen werden: Ein Steuersatz von einem Prozent würde bei einer Verzinsung von 5 Prozent einer Steuer auf den Vermögensertrag von 20 Prozent entsprechen. Die erforderliche Umverteilung von Vermögen würde sich erst ergeben, wenn die Steuer aus der Vermögenssubstanz beglichen werden müsste, dafür müsste der Steuersatz jedoch höher liegen. Selbst in diesem Fall ginge es nicht um Enteignung: Die Belastung durch einen Vermögensteuersatz von 1,5 Prozent ist bei einem Vermögen von 10 Millionen Euro unmerklich. Das Aufkommen einer allgemeinen Vermögensteuer würde je nach Freibetrag und Steuersatz zwischen ein und 5 Milliarden Euro liegen. Die gesamten öffentlichen Ausgaben für Pflege betragen in Österreich im Jahr 2011 gut 4 Milliarden Euro.

Die Grundsteuer stellt ebenfalls eine Besteuerung des Vermögensbestandes dar, sie wird meist auf das Bruttovermögen und ohne Freibeträge erhoben. Und sie eignet sich besonders gut zur Finanzierung der Aufgaben von Gemeinden und Städten, etwa in der Bereitstellung von Infrastruktur und sozialen Dienstleistungen, auch weil ihr Aufkommen sich stabil entwickelt und damit kalkulierbar ist; sie könnte aufgrund des hohen und steigenden Immobilienvermögens bei richtiger Ausgestaltung auch sehr ergiebig sein (Schratzenstaller 2011). In Österreich ist die Grundsteuer im europäischen Vergleich sehr niedrig, ihr Aufkommen liegt effektiv bei weniger als 0,1 Prozent des Grundvermögens, es fließt direkt an die Gemeinden. Das geringe Aufkommen hat mit der Bewertung der Immobilien durch veraltete Einheitswerte zu tun, die im Durchschnitt etwa ein Zehntel des Verkehrswertes betragen dürften. Für eine effektive Grundbesteuerung muss die Bewertung aktualisiert werden, wofür eine neue Hauptfeststellung der Grundstückswerte notwendig ist; im Übergang könnten zunächst auch die Einheitswerte deutlich angehoben werden. Dieser Schritt ist dringend notwendig, da Gemeinden und Städte aufgrund der Krise und der steigenden Anforderungen vor allem im Sozialbereich die Finanzierung ihrer Aufgaben immer weniger sicherstellen können. Es wäre politisch sehr sinnvoll, das Aufkommen aus einer merklichen Erhöhung der Grundsteuer zweckgebunden für die Finanzierung des raschen Ausbaus von Kindergärten und Pflegeleistungen einzusetzen. Würde das Grundsteueraufkommen um 600 Millionen Euro erhöht und damit verdoppelt, so könnten die öffentlichen Ausgaben für stationäre Pflege um zwei Drittel ausgeweitet werden.

Besonders wichtig wäre die Wiedereinführung einer Erbschaftsteuer, deren Abschaffung im Jahr 2008 einer der größten Fehler der Wirtschafts-, Steuer- und Sozialpolitik der letzten Jahre war. 19 von 27 Mitgliedsstaaten der EU besteuern Erbschaften und Schenkungen (Schratzenstaller 2011). Eine Erbschaftsteuer ist gesellschaftspolitisch von zentraler Bedeutung. Sie wäre bei sinnvoller Ausgestaltung ein geeignetes Instrument für einen Schritt zu mehr Chancengleichheit zwischen Kindern aus unterschiedlichen sozialen Schichten. Sie ist eine Substanzsteuer, da mit ihr Vermögen umverteilt werden soll. Erbschaften sind noch stärker konzentriert als das Finanz- und Immobilienvermögen und als die Einkommen (Andreasch u.a. 2010, Fessler u.a. 2010). Die Erbschaftsteuer stellt deshalb von allen Steuern jene mit den am meisten wünschenswerten Verteilungswirkungen dar.

Die Erbschaftsteuer belastet die Vermögensübertragung. In diese Kategorie fallen auch die Grunderwerbsteuer und die Finanztransaktionssteuern. Bei der Grunderwerbsteuer müssen Schlupflöcher der Steuervermeidung geschlossen werden, um sicherzustellen, dass auch große Grundstückstransaktionen erfasst werden. Die Finanztransaktionssteuer hat ein hohes Potenzial an Steueraufkommen, vor allem wenn sie in der gesamten EU eingehoben wird. Sollte eine EU-weite Einführung nicht gelingen, so könnte in Österreich eine Börsenumsatzsteuer wiedereingeführt werden, die bis 2001 erhoben wurde und in einer Reihe von EU-Ländern, darunter in Großbritannien, nach wie vor angewendet wird.

In den meisten EU-Ländern werden auch Veräußerungsgewinne, also die Differenz zwischen Einkaufs- und Verkaufswert des Vermögens, besteuert. Mit der Einführung der Wertpapier-Kest im Jahr 2011 hat auch Österreich eine derartige Abgabe eingeführt und damit die bestehende weitgehende Steuerfreiheit von leistungslosen Einkommen in Form von Veräußerungsgewinnen bei Aktien endlich geschlossen. Dies war eine wesentliche Weichenstellung zugunsten eines leistungsorientierten und verteilungssensiblen Steuersystems. Veräußerungsgewinne bei Immobilien werden, nach Ablauf der 10-jährigen Spekulationsfrist, allerdings steuerlich nach wie vor nicht erfasst.

Die Verbesserung der Erfassung und die Erhöhung der Transparenz der Daten stellt eine der wichtigsten Forderungen und der notwendigen Voraussetzungen für die Besteuerung von Vermögen dar. In den skandinavischen Ländern gibt es eine Vollerhebung des Finanzvermögens, dafür wäre in Österreich die Abschaffung des Bankgeheimnisses Voraussetzung; eine am Marktwert orientierte Bewertung des Immobilienvermögens wäre möglich und zeitgemäß. In Deutschland legt die Bundesregierung regelmäßig einen Armuts- und Reichtumsbericht vor. Angesichts der Höhe der Vermögensbestände haben Steuern, die den Bestand, die Übertragung von oder die Einkommen aus Vermögen belasten, potenziell ein sehr hohes Aufkommen bei gleichzeitig sehr positiven Verteilungswirkungen und einer markanten Verbesserung der Leistungsanreize: Hier sind mehrere Milliarden Euro an zusätzlichen Steuereinnahmen möglich; ein Steueraufkommen zwischen einem und 2 Prozent des BIP, wie es für Deutschland und die skandinavischen Länder typisch ist, würde für Österreich Zusatzeinnahmen von 2 bis 5 Milliarden Euro bedeuten. Angesichts der gesellschaftlichen Machtverhältnisse ist dies unrealistisch, nichtsdestotrotz wünschenswert. Umgesetzt werden müssten in diesem Bereich:

- eine allgemeine Vermögensteuer mit hohen Freibeträgen, die auf sehr hohe Vermögensbestände abzielt und als Substanzsteuer konzipiert ist;
- die Erhöhung der Grundsteuer durch eine realistische Erfassung der Immobilienwerte, deren zusätzliches Aufkommen für die Finanzierung des Ausbaus der sozialen Dienstleistungen der Gemeinden zweckgebunden wird;
- die Wiedereinführung der Erbschaftsteuer, die als wesentliches Element einer forcierten Politik der Chancengleichheit eingesetzt wird;
- die Ausweitung der Steuerpflicht von Veräußerungsgewinnen;
- die Erhöhung des Aufkommens an Grunderwerbsteuer durch die Beseitigung bestehender Steuerschlupflöcher;
- die Einführung einer Finanztransaktionssteuer in der EU oder einer Börsenumsatzsteuer in Österreich.

Von Verteilungspolitik profitieren alle

Die Ungleichheit in der Verteilung des Wohlstandes nimmt zu. Die britischen Epidemiologen Richard Wilkinson und Kate Pickett haben in ihrem bahnbrechenden Buch »Gleichheit ist Glück« im Jahr 2009 gezeigt, dass in Gesellschaften mit hohem BIP pro Kopf höhere Ungleichheit der Verteilung der Einkommen zu einer Verschlechterung der Werte vieler Sozial- und Gesundheitsindikatoren führt (Wilkinson, Pickett 2009). In Ländern mit höherer Ungleichheit sind das soziale Vertrauen und die Lebenserwartung geringer als in Ländern mit egalitärer Verteilung; die Säuglingssterblichkeit und die Selbstmordraten sind deutlich höher, ebenso die Zahl der Teenager-Schwangerschaften und jene der Gefängnisstrafen; Dickleibigkeit und psychische Erkrankungen sind weiter verbreitet, genauso wie Alkohol- und Drogensucht; die Ergebnisse des Schulsystems sind schlechter und die soziale Mobilität ist niedriger. Entscheidend an ihren Erkenntnissen ist, dass diese Indikatoren in Ländern mit hoher Kluft zwischen Arm und Reich sowohl für die Unter- und Mittelschicht als auch für die Oberschicht ungünstiger ausfallen: Ungleiche Verteilung führt dazu, dass nicht nur bei den Armen, sondern auch bei den Reichen die psychischen und körperlichen Erkrankungen steigen und die sozialen Probleme wachsen.

Die wissenschaftliche Evidenz zeigt, dass eine Verringerung der Ungleichheit das beste Mittel darstellt, um die Qualität des Zusammenlebens in der Gesellschaft zu heben. Eine egalitäre Gesellschaft wird an vielen Baustellen errichtet. Die Lohnpolitik spielt eine ebenso wichtige Rolle wie der Zugang zum Bildungssystem und zur Gesundheitsversorgung, Familienförderung und andere Sozialtransfers sowie das Steuersystem. Das Vorhandensein von gesellschaftlichen Institutionen, in denen Konflikte gelöst werden können, und von öffentlichem Raum, der allen Menschen offensteht, bildet zentrale Rahmenbedingungen für eine egalitäre Gesellschaft. In einer Gesellschaft, in der der Bestand an Vermögen so kräftig gewachsen und so stark konzentriert ist wie in unserer, kann die Ungleichheit allerdings nur dann entscheidend verringert und der Wohlstand ausreichend egalitär verteilt werden, wenn die Vermögen in ihrer Substanz merkbar besteuert werden.

Brauchen wir Wirtschaftswachstum?

Mitten in der Weltwirtschaftskrise zu Beginn der 1930er Jahre veröffentlichte der britische Ökonom John Maynard Keynes in der Zeitschrift *Nation and Athenaeum* einen Beitrag unter dem Titel »Economic Possibilities for our Grandchildren«. Darin formulierte er die Erwartung, dass trotz des tiefen Einbruchs in der Krise der Lebensstandard in 100 Jahren infolge des technischen Fortschritts und der raschen Akkumulation des Kapitals vier- bis achtmal so hoch sein werde. Die drängenden ökonomischen Probleme der Menschen, die Knappheit an Einkommen und Gütern, wären gelöst. Die Menschheit könnte dann ihre Energien endlich den nicht ökonomischen Aufgaben widmen: »Thus for the first time since his creation man will be faced with his real, his permanent problem – how to use his freedom from pressing economic cares, how to occupy the leisure, which science and compound interest will have won for him, to live wisely and agreeably and well.« (Keynes 1930)

Seit der Publikation des Aufsatzes sind 80 Jahre vergangen und tatsächlich liegt die Wirtschaftsleistung in Österreich bereits heute trotz der Depression der 1930er Jahre, des Weltkrieges mit seinen verheerenden Folgen und der Finanzkrise 2008/09 gemessen am realen Bruttoinlandsprodukt fast achtmal so hoch wie im Jahr 1930. Der Wohlstand ist in enormem Ausmaß gestiegen; Produktivität, Einkommen und Beschäftigung haben gewaltig zugenommen, ein umfassender Sozialstaat wurde geschaffen; auch der Bestand an Finanz- und Immobilienvermögen hat sich infolge der jahrzehntelangen Akkumulation stark vermehrt. Insgesamt hat sich der Lebensstandard der Menschen entscheidend verbessert.

Das BIP steigt weiter: Seit 1970 hat es sich real nahezu verdreifacht,

Abbildung 9.1:

BIP je Einwohner in Kaufkraftstandards (2010)

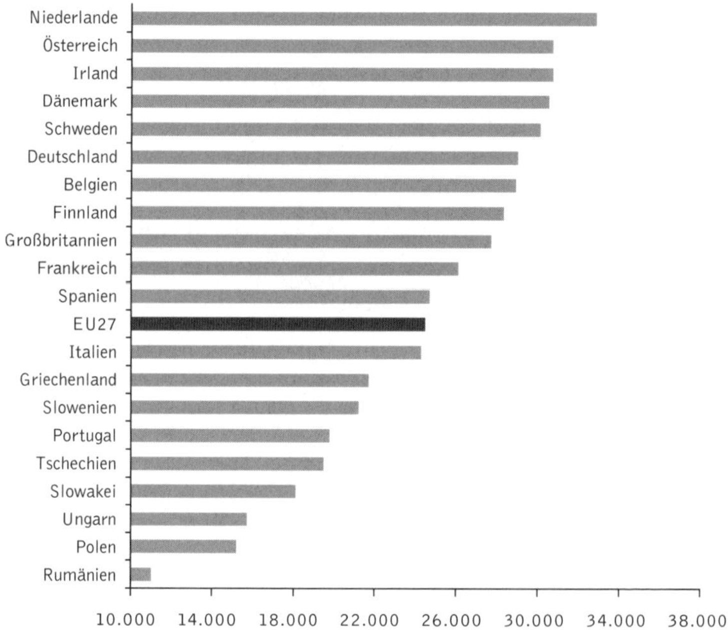

Quelle: Eurostat.

allein seit dem Jahr 2000 hat es sich real um ein Fünftel auf 270 Milliarden Euro (2011) erhöht. Das um Unterschiede in der Kaufkraft bereinigte BIP pro Kopf lag 2010 bei 30000 Euro pro Jahr: Es erreichte damit einen der höchsten Werte innerhalb der Europäischen Union, liegt um ein Fünftel über dem EU-Durchschnitt und ist dreimal so hoch wie in Rumänien, zusammen mit Bulgarien das ärmste Land der EU. Nicht nur die Produktion und das laufende Einkommen sind außerordentlich hoch, sondern auch der Bestand an Vermögen. Das gesamte Bruttovermögen der privaten Haushalte in Österreich beträgt etwa 1400 Milliarden Euro, im Durchschnitt 400000 Euro pro Haushalt. *Siehe Abb. 9.1*

Der Wohlstand ist in Österreich im historischen und im internationalen Vergleich sehr hoch und er wächst sogar weiter. Dennoch hat man nicht den Eindruck, dass die Gesellschaft damit endlich die Ziele des Wirtschaftens, wie sie Keynes beschrieben hat, erreicht hätte und sich den immateriellen Zielen des Lebens widmen könnte. Im Gegenteil. Die wirtschaftlichen Probleme sind in den letzten Jahren enorm gestiegen. Zudem hat die Finanzkrise 2008/09 nicht nur einmal mehr die latente Instabilität des marktwirtschaftlichen Systems bestätigt, sondern auch gezeigt, welche Folgen ein Rückgang des BIP haben kann: In der Krise ist die Arbeitslosenquote in der EU um 3 Prozentpunkte und in Österreich um einen Prozentpunkt gestiegen, der Finanzierungssaldo des Staates hat sich in der EU um 6 Prozent und in Österreich um knapp 4 Prozent des BIP verschlechtert, die Staatsschuld hat sich um 20 Prozent bzw. um 12 Prozent des BIP erhöht, die Ungleichheit in der Verteilung des nach wie vor hohen Wohlstandsniveaus hat sich verschärft, und in den reichen europäischen Wirtschaften hat sich wieder Armut breitgemacht. Gleichzeitig ist allerdings auch der Energieverbrauch um 4 Prozent zurückgegangen.

Finanzkrise und Rezession sind also ein idealer Zeitpunkt, um über die Lehren aus der Krise für die längerfristige wirtschaftliche und soziale Entwicklung, die Frage der Notwendigkeit des Wirtschaftswachstums, den Zusammenhang zwischen Anstieg des BIP und wichtigen wirtschafts- und sozialpolitischen Zielsetzungen und über die Spielräume für die Erreichung der Ziele des Wirtschaftens nachzudenken. Und es stellt sich die Frage, ob das BIP als Maßstab für den Wohlstand überhaupt geeignet ist und welche Ansatzpunkte für eine mögliche Entkoppelung von Wirtschaftswachstum und Wohlstand bestehen.

Misst das BIP den Wohlstand?

Wirtschaftswachstum ist ein wichtiger Indikator für die Beurteilung der Konjunktur und der kurzfristigen gesamtwirtschaftlichen Entwicklung. Es ist aber nur in recht eingeschränktem Ausmaß als geeigneter Indikator für die wirtschaftliche Lage und den materiellen Wohlstand anzusehen:

- Das Bruttoinlandsprodukt konzentriert sich auf die Messung der Produktion an Gütern und Dienstleistungen und bewertet die Produktion mit den auf den Märkten erzielten Preisen. Für eine Messung des materiellen Wohlstandes sind aber wahrscheinlich die verfügbaren Einkommen und die Nachfrage nach Konsumgütern und privaten oder öffentlichen Dienstleistungen wichtiger als jene der Produktion.
- Das BIP bildet Flussgrößen wie die laufende Wertschöpfung und Produktion pro Jahr ab. In sehr wohlhabenden Gesellschaften wird der Wohlstand aber zunehmend von Bestandsgrößen abhängig: etwa vom Bestand an Vermögen, vom produktiven privaten und öffentlichen Kapitalstock, vom Bestand an verfügbaren natürlichen Ressourcen oder jenem an menschlichem Wissen, aber auch vom Vertrauen in die Gesellschaft.
- Das BIP berücksichtigt vor allem die Verteilung von Einkommen, Konsumnachfrage und Vermögen nicht. Damit wird ein sehr entscheidender Wohlstandsindiaktor vernachlässigt. Durchschnittswerte über das Einkommen pro Kopf sagen oft recht wenig aus. So ist das BIP pro Kopf in den USA um ein Drittel höher als in Schweden und Österreich, aber es ist so ungleich verteilt, dass der Wohlstand der Mittelschicht in Schweden und Österreich deutlich höher ist als in den USA.
- Die Höhe des BIP berücksichtigt nicht, wie viel Arbeit aufgewendet werden muss, um es zu erwirtschaften. Erreicht man dasselbe Einkommens- und Konsumniveau mit einer Arbeitsleistung pro Beschäftigtem von durchschnittlich 1800 Stunden pro Jahr wie in den USA oder mit 1500 Arbeitsstunden wie in Österreich oder Deutschland, dann macht das einen großen Unterschied in der Lebensqualität aus.
- Die Errechnung des BIP ist mit vielen Messproblemen verbunden, etwa was Qualitätsänderungen betrifft: Eine Erhöhung des Wertes der Produktion tritt nicht nur ein, wenn mehr von den gleichen Gütern produziert werden, sondern auch, wenn die Qualität der Güter oder Dienstleistungen verbessert wird, das einzelne Gut

wird wertvoller. Qualitätsverbesserungen werden in der Volkswirtschaftlichen Gesamtrechnung allerdings nicht ausreichend erfasst. Eine laufende Unterschätzung der Qualitätsverbesserungen bedeutet eine Überschätzung der Inflation und eine Untererfassung des realen BIP und der Realeinkommen.

- Soziale Dienstleistungen, von der Gesundheitsversorgung über das Bildungssystem bis zur sozialen Sicherheit und Maßnahmen der Integration von Armen und Ausgegrenzten, werden durch das offizielle BIP nur ungenügend erfasst. Weil kein Markt für diese Leistungen besteht, werden sie nicht mit dem Output bewertet, also der Erneuerung eines Hüftgelenks oder der Verbesserung des Wissenstandes durch den Besuch einer Schule, sondern mit den Kosten, also den Lohnkosten des ärztlichen Personals und der Lehrenden. Steigt die Qualität der Operation durch die Verwendung besserer Materialien oder die Verkürzung der Regenerationszeit oder vermitteln engagierte Lehrende den Kindern eine größere Lust am Erkenntnisgewinn, dann geht dies nicht ins BIP ein, der materielle Wohlstand wird damit unterschätzt.
- Wirtschaftswachstum bringt erhöhten Verbrauch an Ressourcen und Belastung der Umwelt mit sich. Diese ökologischen Folgeschäden für Produktion und Konsum sind im BIP nicht abgebildet; Reparaturausgaben gehen sogar positiv ins BIP ein.
- Am Beispiel der Naturkatastrophen und des Atomunfalls in Japan im Jahr 2011 zeigt sich, wie ungeeignet das BIP als Maß für die Beurteilung selbst nur der wirtschaftlichen Folgen derartiger Ereignisse ist: Es berücksichtigt die Zerstörung der öffentlichen Infrastruktur und des privaten Kapitalstocks überhaupt nicht, geschweige denn das Leid und die Verunsicherung der Menschen, und bildet ausschließlich die Ausfälle an Produktion ab; der an die Katastrophe anschließende Wiederaufbau, mit dem der Kapitalstock von vorher nur wiederhergestellt wird, wirkt in Bezug auf das BIP sogar expansiv.

Aufgrund dieser Probleme muss die Berechnung des BIP verbessert werden. Noch wichtiger ist es allerdings, das BIP um andere Indikatoren zu ergänzen, die zur Messung des Wohlbefindens der Menschen besser geeignet sind. Die von Joseph Stiglitz geleitete Kommission für die Messung der wirtschaftlichen Entwicklung und des sozialen Fortschritts hat die Probleme der Berechnung des Wohlstandes durch das BIP dargestellt und viele Alternativen und Reformansätze aufgezeigt (Stiglitz, Sen, Fitoussi 2009). Der Höhe des materiellen Wohlstandes, gemessen am Einkommen, dem Konsumniveau und dem Vermögen, kommt durchaus große Bedeutung in der Beurteilung des Wohlstandes zu. Sie muss aber ergänzt werden um Fragen der Verteilung des Wohlstandes, somit um Rahmenbedingungen, die auch den Armen und der Mittelschicht ein gutes materielles Auskommen ermöglichen. Indikatoren des Gesundheitszustandes oder der Ausbildungsmöglichkeiten, Umweltindikatoren, das subjektive Gefühl der Sicherheit und des Vertrauens, die Rate persönlicher Aktivitäten inklusive des Zugangs zu Erwerbsarbeit, die Möglichkeiten der politischen Einflussnahme und Mitbestimmung, das Ausmaß an sozialen Aktivitäten und Netzwerken müssen in der Beurteilung der wirtschaftlichen und sozialen Lage eine viel größere Rolle spielen, als sie das heute tun.

Entkoppelung von Wachstum und Vollbeschäftigungsziel

Der enge Zusammenhang zwischen Wirtschaftswachstum und Beschäftigung ist oft untersucht und immer wieder bestätigt worden: Je mehr Güter und Dienstleistungen hergestellt werden, desto mehr Arbeitskräfte werden gebraucht. Als Faustregel kann für Österreich gelten, dass eine Beschleunigung des Wachstums des BIP um einen Prozentpunkt etwa 20000 zusätzliche Arbeitsplätze schafft. Dieser Zusammenhang zwischen Produktion und Beschäftigung ist in den letzten Jahrzehnten sogar noch enger geworden: Wächst das BIP um eine zusätzliche Einheit, so werden dabei mehr Jobs als früher geschaffen. Das ist eine Folge der wachsenden Bedeutung des arbeitsintensiven Dienstleistungssektors, aber auch der markanten Ausweitung der

Teilzeitbeschäftigung; die Zunahme der Beschäftigung gemessen in Arbeitsplätzen ist also merklich höher als jene in Arbeitsstunden.

Im Dienstleistungssektor wächst die Beschäftigung besonders kräftig. Fast jede Ausweitung der Nachfrage nach Dienstleistungen führt zu neuen Jobs. Kommt der Staat dem wachsenden Bedarf der Familien nach Kindergarten- und Pflegeplätzen nach, so entstehen unmittelbar neue Arbeitsplätze in der Betreuung; wächst die Zahl der Nächtigungen von Gästen in Hotels, so steigt auch die Zahl der Jobs im Tourismus. In der Industrie ist das nicht so: Hier kann eine Ausweitung der Produktion um 4 bis 5 Prozent pro Jahr leicht mit dem Anstieg der Produktivität der vorhandenen Arbeitskräfte bewältigt werden. Die Rate des technischen Fortschritts ist so hoch, dass trotz des kräftigen Anstiegs der Produktion die Zahl der Industriearbeitsplätze laufend gesunken ist: Von 1995 bis 2010 ist die Zahl der Jobs in der Sachgütererzeugung um etwa ein Zehntel auf unter 600 000 zurückgegangen. Hingegen wächst die Beschäftigung in den Dienstleistungsbranchen kräftig: Sie hat sich seit 1995 um etwa ein Viertel auf 2,7 Millionen erhöht, besonders stark in den Bereichen Gesundheit und Bildung, aber auch bei den unternehmensnahen Dienstleistungen wie etwa der Leiharbeit.

Die Entwicklung der Beschäftigung wird von der Konjunktur stark beeinflusst: In Phasen der Rezession wie 2008/09 geht sie kräftig zurück; in Perioden der Hochkonjunktur wie von 1998 bis 2000 oder von 2005 bis 2007 hingegen expandiert sie um 30 000 bis 60 000 pro Jahr und dann steigt auch die Zahl der Vollzeitarbeitsplätze. Das in den 1980er Jahren diskutierte »jobless growth«, also ein Wirtschaftswachstum ohne Beschäftigungszuwachs, ist gesamtwirtschaftlich empirisch nie zu beobachten gewesen.

Während die Beziehung zwischen Wirtschaftswachstum und Beschäftigung sogar enger geworden ist, ist jene zwischen Wachstum und Arbeitslosigkeit deutlich loser als in der Vergangenheit. Früher mussten etwa 2 Arbeitsplätze geschaffen werden, um die Zahl der Arbeitslosen um eine Person zu reduzieren. Diese Relation lag in den letzten Jahren bei etwa 4:1. Wächst das BIP um eine Einheit, so steigt die

Zahl der Beschäftigten stärker als früher, hingegen wird die Zahl der Arbeitslosen in geringerem Ausmaß reduziert. Das ist eine Folge der kräftigen Zunahme der Bevölkerung im erwerbsfähigen Alter; dazu kommt der steigende Anteil vor allem der weiblichen Erwerbstätigen. Es kommen also immer mehr Jobsuchende auf den Arbeitsmarkt, die die neu entstehenden Arbeitsplätze rasch annehmen. Die Menschen hingegen, die schon länger arbeitslos sind, haben geringere Chancen, die neuen Arbeitsplätze zu besetzen.

Eine Rezession oder Stagnation der Wirtschaft bewirkt einen Anstieg der Arbeitslosenquote, wie etwa von 2008 (3,8 Prozent der Erwerbspersonen) auf 2009 (4,8 Prozent), oder von 2001 (3,6 Prozent) bis 2005 (5,2 Prozent). Hingegen reduziert eine Beschleunigung des Wirtschaftswachstums mit einer Verzögerung von etwa einem halben Jahr die Arbeitslosigkeit. Im Aufschwung Ende der 1990er Jahre verringerte sich die Arbeitslosenquote von 4,5 Prozent der Erwerbspersonen (1998) auf 3,6 Prozent (2000), in der zweiten Hälfte der 2000er Jahre von 5,2 Prozent (2005) auf 3,8 Prozent (2008).

Wirtschaftswachstum führt zwar zu einer Verringerung der Arbeitslosigkeit, allerdings reicht es nicht mehr aus, um Vollbeschäftigung zu erreichen: Selbst mehrere Jahre guter Konjunktur ermöglichen es nicht, diesem Ziel nahe zu kommen. Die Entwicklung der Arbeitslosigkeit hat sich zwar nicht von der gesamtwirtschaftlichen Entwicklung abgekoppelt, aber der Zusammenhang ist loser geworden.

Eine allgemeine Knappheit an Arbeitskräften ist in den kommenden Jahrzehnten nicht zu erwarten: Die Bevölkerung im erwerbsfähigen Alter steigt in den nächsten Jahren weiter und wird erst ab Ende des Jahrzehnts beginnen, langsam zurückzugehen; schon jetzt besteht ein großer Pool an ungenutzten Arbeitskräften bei den Arbeitslosen, Menschen mit Migrationshintergrund, Frauen und Älteren. Somit besteht auch keine Hoffnung, dass die bevorstehende demografische Wende in absehbarer Zeit von allein Vollbeschäftigung schaffen wird. Will man die Zahl der Arbeitslosen reduzieren und Vollbeschäftigung erreichen, so sind zusätzliche, aktive Maßnahmen der Wirtschafts- und Sozialpolitik notwendig.

Diese können bei der Ausweitung der Nachfrage nach Beschäftigten, etwa durch die Nutzung der Jobpotenziale in den sozialen Dienstleistungen oder den Umwelttechnologien, ansetzen oder bei der politischen Verringerung des Arbeitskräfteangebots durch innovative Formen der Verkürzung der Arbeitszeit. Hier bestehen auf Basis der internationalen Erfahrungen viele Ansatzpunkte, von der traditionellen Verkürzung der Wochenarbeitszeit über die Ausweitung des gesetzlichen Urlaubsanspruchs, der Verringerung der hohen Zahl an geleisteten Überstunden bis zu Maßnahmen, die durch temporäre Auszeiten oder die zeitlich beschränkte Teilzeitbeschäftigung die Vereinbarkeit von Familie und Beruf und die Möglichkeiten der Weiterbildung verbessern.

Alle Formen der Verkürzung der Arbeitszeit führen zu einem Anstieg der Beschäftigung und zu einem Rückgang der Arbeitslosigkeit, sie machen die Entwicklung auf dem Arbeitsmarkt und die Erreichung des Ziels der Vollbeschäftigung unabhängiger von der gesamtwirtschaftlichen Entwicklung. So wie in den letzten Jahrzehnten die Ausweitung des Angebots an Arbeitskräften die Erreichung von Vollbeschäftigung erschwert hat, so müsste nun eine Verringerung des Arbeitskräfteangebots diese Entkoppelung von Wirtschaftswachstum und Arbeitsmarkt begünstigen: Um die gleichen Wirkungen auf Beschäftigung und Arbeitslosigkeit zu erreichen wie eine Beschleunigung des Wirtschaftswachtums um einen Prozentpunkt, müsste die geleistete Arbeitszeit im Durchschnitt um etwa 1,5 Prozent verringert werden.

Eine Reduktion der Arbeitszeit ist jedoch nicht nur aus beschäftigungspolitischen, sondern vor allem auch aus sozialen und gesellschaftspolitischen Überlegungen erstrebenswert. Sie bildet das wichtigste Element der Verbesserungen der Lebensbedingungen der Beschäftigten innerhalb der Arbeitsgesellschaft. John Maynard Keynes hat in seinem Aufsatz zu den wirtschaftlichen Möglichkeiten der Enkelgeneration erwartet, dass im Jahr 2030 nicht nur das BIP achtmal so hoch sein würde wie 1930, sondern auch, dass die geleistete Arbeitszeit pro Beschäftigtem nur noch bei 10 bis 15 Stunden pro Woche liegen würde und der Rest der Zeit sozialen Beziehungen, menschlicher Erkenntnis und der Muße gewidmet werden könnte. Davon sind wir noch weit entfernt.

Entkoppelung von Wachstum und Finanzierung des Staatshaushalts

Ein enger empirischer Zusammenhang besteht auch zwischen dem Wachstum der Wirtschaft und dem Staatshaushalt. Steigen Einkommen, Beschäftigung und Konsumnachfrage, so löst dies automatisch einen Anstieg der Staatseinnahmen an Lohn- und Gewinnsteuern, Sozialversicherungsbeiträgen und Verbrauchssteuern aus. Zudem sinken die Staatsausgaben, vor allem wegen geringerer Aufwendungen für Arbeitslosigkeit. Eine Beschleunigung des Wirtschaftswachstums um einen Prozentpunkt führt gemeinhin zu einer Verbesserung des Budgetsaldos um etwa 0,5 Prozent des BIP, das sind 1,3 Milliarden Euro. Umgekehrt läuft die Entwicklung in Perioden der Stagnation oder Rezession. Sinken die Beschäftigung, das Einkommen und die Konsumnachfrage und steigt die Arbeitslosigkeit, so gehen die Einnahmen an Steuern und Beiträgen zurück und die Sozialausgaben steigen. Der Budgetsaldo verschlechtert sich.

Vor allem hohe Arbeitslosigkeit ist teuer für den Staatshaushalt: Ein Anstieg der Arbeitslosenquote um einen Prozentpunkt führt wegen des Ausfalls an Steuer- und Beitragseinnahmen zu einer Erhöhung des Budgetdefizits um etwa 800 Millionen Euro. Als negativ für die Finanzierbarkeit des Sozialstaates erweist sich auch der laufende Rückgang des Anteils der Löhne und Gehälter am Volkseinkommen, die die Basis für die Sozialversicherungsbeiträge bilden. Wären die Löhne und Gehälter seit 1980 gleich rasch gestiegen wie das Volkseinkommen, so würde die Sozialversicherung pro Jahr um mehr als 3 Milliarden Euro an höheren Einnahmen verfügen. Der sinkende Anteil der Lohneinkommen und ein steigender Anteil der Vermögenseinkommen am BIP bedeuten bei gegebener Abgabenstruktur, dass die Staatseinnahmen in geringerem Ausmaß vom Wirtschaftswachstum profitieren. Hier hat sich in den letzten Jahren eine gewisse Entkoppelung ergeben. Die Folge sind Finanzierungsprobleme im Sozialstaat.

Der sinkenden Ergiebigkeit der bestehenden Struktur an Einnahmen des Sozialstaates könnte dadurch begegnet werden, dass die Besteuerung von Flussgrößen, wie zum Beispiel des Einkommens, zugunsten einer stärkeren Belastung von Bestandsgrößen verringert wird. Steuern auf Vermögen wären als Abgaben auf den Bestand weniger abhängig von der kurzfristigen Wirtschaftsentwicklung und das Aufkommen jener auf Vermögenseinkommen würde rascher wachsen als jener auf Arbeitseinkommen. Dadurch könnte auf positive Weise eine gewisse Entkoppelung zwischen wirtschaftlicher Entwicklung und Sozialleistungen erreicht werden.

Derzeit beträgt das Aufkommen an direkten Abgaben auf Arbeitseinkommen in Österreich etwa 65 Milliarden Euro pro Jahr, davon entfallen auf die Lohnsteuer 21 Milliarden Euro und auf die veranlagte Einkommensteuer 3 Milliarden sowie auf die Sozialversicherungsbeiträge und die Abgaben auf die Lohnsumme 43 Milliarden; dazu kommt ein Großteil des Aufkommens an Verbrauchssteuern in der Höhe von 28 Milliarden Euro, das aus Arbeitseinkommen entrichtet wird. Die Einnahmen an Abgaben auf das Vermögen betragen hingegen nur 1,3 Milliarden Euro, jene auf Vermögenseinkommen 3 Milliarden. Eine Verschiebung der Abgabenstruktur von den Arbeitseinkommen zu den Vermögensbeständen und -einkommen würde die Finanzierung des Staatshaushalts unabhängiger von Wirtschaftswachstum und Lohnanteil am BIP machen.

Entkoppelung von Wachstum und Lebensstandard

Die Volkswirtschaftliche Gesamtrechnung stellt einen klaren Zusammenhang dar: Ein Anstieg des BIP bedeutet eine Erhöhung des gesamten Volkseinkommens in etwa gleichem Ausmaß. Von 1995 bis 2010 ist das Bruttoinlandsprodukt real um 35 Prozent gestiegen. Doch gleichzeitig sind die durchschnittlichen Bruttoeinkommen der unselbständig Beschäftigten pro Kopf in diesem Zeitraum real nur um 8 Prozent gestiegen. Der durchschnittliche Reallohnanstieg pro Kopf betrug 0,5 Prozent pro Jahr, von 1970 bis 1995 lag er noch bei 2,3 Prozent. Gleichzeitig ist allerdings auch die Beschäftigung kräftig gestiegen. Die gesamte Lohn- und Gehaltssumme hat sich zwischen 1995 und 2010 real um 23 Prozent erhöht. Das Wirtschaftswachstum ist in diesem Zeitraum also nur zu zwei Dritteln bei den Beschäftigten angekommen. Hier hat eine unerfreuliche Entkoppelung zwischen Wirtschaftswachstum und Einkommen der Mittelschicht stattgefunden.

Zwischen dem Anstieg des Volkseinkommens und jenem der Einkommen der Beschäftigten hat sich eine Diskrepanz aufgetan. Sie spiegelt die enorme Zunahme der Ungleichheit (Leoni u. a. 2010): Erhöht haben sich vor allem die leistungslosen Einkommen aus Besitz, zulasten der Lohneinkommen. Besonders stark sind in diesem Zeitraum die Einkommen aus Finanzvermögen, das heißt Zinsen und Dividenden, gestiegen. Auch die Einkommen aus Immobilienvermögen, aus freiberuflicher Tätigkeit und die Gewinne der Kapitalgesellschaften sind kräftig gestiegen. Doch auch innerhalb der Beschäftigten ist die Verteilung ungleicher geworden. Gut verdienende Angestellte, ganz besonders im Bereich der Finanzdienstleistungen, konnten ihren Anteil an den Lohneinkommen deutlich steigern. Demgegenüber ist der Anteil der Einkommen der unteren 60 Prozent – wegen der raschen Flexibilisierung des Arbeitsmarktes in Form des Anstiegs der Teilzeitbeschäftigung von Frauen und der Prekarisierung der Arbeitsverhältnisse vor allem für Berufseinsteiger, aber auch durch die sehr ungünstige Arbeitsmarktlage für unzureichend Qualifizierte und die schwachen Lohnabschlüsse besonders in Branchen mit hoher Arbeitslosigkeit – merklich zurückgegangen.

Die Armen und die Mittelschicht haben in den letzten Jahren nur in geringem Ausmaß vom Wachstum der Wirtschaft profitiert. Nur dadurch, dass eine zweite oder dritte Person im Haushalt Beschäftigung aufgenommen hat, gelang es, Realeinkommenszuwächse zu erzielen und den Abstand zu den oberen Einkommensgruppen nicht noch größer werden zu lassen. Der Zusammenhang zwischen dem Wirtschaftswachstum und den Masseneinkommen ist somit loser geworden.

Eine Stärkung der wirtschaftlichen und sozialen Lage der unteren und mittleren Einkommensgruppen setzt eine aktive Verteilungspolitik voraus. Die wichtigsten Ansatzpunkte bilden eine stärkere Besteuerung von Vermögensbeständen und Vermögenseinkommen sowie von Spitzeneinkommen; die gewonnenen Finanzmittel können für die Abgabenentlastung der unteren Einkommensgruppen und die Stärkung des Sozialstaates vor allem durch den Ausbau sozialer Dienstleistungen genutzt werden; eine solidarische Lohnpolitik der Gewerkschaften muss sich besonders die Anhebung der Einkommen der unteren Lohngruppen und der Niedriglohnbranchen zum Ziel setzen. Einer aktiven Verteilungspolitik kann es gelingen, die Einkommenslage der Armen und der Mittelschicht in positiver Weise etwas vom Wirtschaftswachstum abzukoppeln.

Entkoppelung von Wachstum und Ressourcenverbrauch

Wirtschaftswachstum geht mit steigendem Ressourcenverbrauch einher. So sind etwa der Verbrauch an Erdöl in Österreich seit 1970 um etwa 60 Prozent und der Energieverbrauch um etwa 80 Prozent gestiegen. Der Verbrauch an Energie hat sich auch von 1995 bis 2008 um gut ein Viertel erhöht, deutlich stärker als im Durchschnitt der EU (8 Prozent) und drastisch im Vergleich zu Dänemark und Schweden, wo er in diesem Zeitraum sogar geringfügig zurückgegangen ist. Dies ist zu einem erheblichen Teil auf die Ausweitung des Transitverkehrs durch Österreich zurückzuführen. Mit dem steigenden Verbrauch an nicht erneuerbaren Rohstoffen, insbesondere von fossilen Energieträgern, ist auch eine zunehmende Umweltbelastung, etwa durch den Anstieg des Ausstoßes an Kohlendioxid, verbunden. Der Ausstoß von CO_2 lag 2008 um etwa ein Viertel über dem Niveau des Jahres 1995.

Der Verbrauch an Erdöl je Einheit des BIP ist seit 1970 allerdings auf die Hälfte gesunken, das heißt, die Intensität des Erdölverbrauchs der Produktion ging deutlich zurück. Der Zusammenhang zwischen Wirtschaftswachstum und Erdölverbrauch ist vor allem aufgrund des Einsatzes energiesparender Technologien loser geworden. Jedoch brachte auch die Rezession 2008/09 einen merklichen Rückgang des Energieverbrauchs und des Ausstoßes an CO_2.

Die Erhöhung der Material- und Energieeffizienz zählt zu den wichtigsten Instrumenten, um die negativen Umweltauswirkungen wirtschaftlicher Aktivitäten zu begrenzen. Der Spielraum für eine weitere Verbesserung der Effizienz durch den Einsatz neuer Technologien ist außerordentlich groß. Das zeigt sich etwa in den großen Unterschieden in der Energieintensität der Wirtschaft innerhalb der Europäischen Union: Österreich verbraucht etwa 140 Öläquivalente in Kilogramm je 1000 Euro des BIP, der entsprechende Wert für Dänemark beträgt nur 110, für den Euro-Raum 180. Hingegen ist die Energieintensität in den neuen Mitgliedsländern der EU um ein Vielfaches höher: Ungarn verbraucht 540, die Slowakei 870 und Bulgarien sogar 1580 Kilogramm je 1000 Euro des BIP.

Dies zeigt, dass Investitionen in die Verbesserung der Effizienz des Ressourceneinsatzes hohe Einsparungseffekte mit sich bringen können. Allerdings werden die quantitativen Auswirkungen eines effizienteren Einsatzes etwa von Energie oder Erdöl auf die Verringerung des Verbrauchs der Rohstoffe oft überschätzt, weil sie zu einer Ausweitung der Produktion bei gleichbleibenden Energiekosten und zu einem Anstieg des Konsums wegen höherer Kaufkraft genutzt wird: Ein geringerer Treibstoffverbrauch je gefahrener Wegstrecke kann dazu führen, dass sich die Verhaltensweisen der Konsumenten ändern. Sie fahren längere Strecken mit dem Pkw oder schaffen sich größere Autos an. Dieser »Rebound-Effekt« führt dazu, dass der Verbrauch an Erdöl trotz höherer Effizienz des Einsatzes nicht sinkt (Bruckner 2008).

Die Wirtschaftspolitik sollte deshalb zum einen auf europäischer Ebene mit strengen regulatorischen Vorgaben auf weitere Verbesserungen der Effizienz etwa im motorisierten Verkehr drängen: Die geltenden EU-Regulierungen sehen vor, dass nur noch Lkws der Klasse Euro 5 mit niedrigen Emissionen an Kohlen- und Stickstoff zugelassen werden; auch im Bereich der Pkws gilt seit dem Jahr 2011 generell die Euro-5-Norm, wobei für Dieselfahrzeuge ab 2014 der Stickstoffausstoß noch enger begrenzt wird. Diese Vorgaben müssen im Interesse der Gesundheit und der Umwelt schrittweise verschärft werden. Über strenge Kontrollen und Verbote soll der Altbestand an Kfz, der den technischen Normen nicht mehr genügt, rascher verringert werden. Die technischen Vorgaben sollen auch rasch auf den höchstzulässigen Treibstoffverbrauch ausgedehnt werden. Regulierungen, die den Treibstoffverbrauch reduzieren, sind auch in vielen anderen Bereichen möglich: Das betrifft Beschränkungen für den Individualverkehr durch City-Mauten wie in Stockholm und London und den starken Ausbau des öffentlichen Nahverkehrs. Gleichzeitig muss allerdings zum anderen dafür gesorgt werden, dass Verbesserungen der technischen Effizienz nicht zu neuerlichen Verbrauchssteigerungen führen. Zu diesem Zweck müssen die Preise erhöht werden: Dies kann etwa auf EU-Ebene durch eine schrittweise, aber merkliche Erhöhung der Mindeststeuersätze für die Mineralölsteuer erfolgen; auch in Österreich besteht Spielraum. Eine Verteuerung von Treibstoff um ein Prozent verringert den Verbrauch um 0,1 bis 0,3 Prozent. Energieverteuerung löst positive Verhaltensänderungen bei den Verbrauchern aus.

Zudem muss die Frage stärker in den Mittelpunkt der politischen Debatte gerückt werden, wie die Effizienzgewinne infolge des technischen Fortschritts besser verwendet werden können. Höhere Effizienz im Einsatz von Arbeitskraft, Material und Energie könnte in Zukunft in geringerem Ausmaß durch die Ausweitung von gesamtwirtschaftlicher Produktion und Konsum und in stärkerem Ausmaß zur Reduktion der geleisteten Arbeitszeit und des Material- und Energieverbrauchs bei gleichbleibendem Niveau von Einkommen und Konsum genutzt werden (Fischer-Kowalski, Schaffartzik 2008).

Die wirtschaftlichen Möglichkeiten der Enkelkinder des Herrn Keynes

Welche Schlussfolgerungen kann eine emanzipatorische Wirtschaftspolitik aus den verschiedenen positiven und negativen Aspekten von Wirtschaftswachstum und dem Zusammenhang zwischen dem BIP einerseits sowie wirtschafts-, sozial- und umweltpolitischen Zielen andererseits ziehen? Ein Wachstum von Produktion und Einkommen hat auch in einem reichen Land vor allem dort unbestreitbare Berechtigung, wo es eine Verbesserung der Lebensbedingungen der armen Bevölkerungsgruppen mit sich bringt. Dort gibt es viele unbefriedigte Bedürfnisse, und das Potenzial einer Verbesserung des materiellen Wohlstandes ist hoch. Es wäre zynisch, diese Verbesserungen nicht zuzulassen. Dies gilt weltweit gesehen in noch stärkerem Ausmaß.

Die notwendige Berücksichtigung ökologischer Ziele setzt dem Wirtschaftswachstum in den reichen Volkswirtschaften langfristig wegen der Beschränkung der Verfügbarkeit nichterneuerbarer Ressourcen Grenzen. Dies wird Auswirkungen auf die Wirtschafts- und Lebensweise haben, da Energieverbrauch und CO_2-Ausstoß verringert werden müssen. Die Politik kann hierbei zunächst auf die Beschleunigung technologischer Innovationen setzen: Das vielversprechenste Potenzial besteht in der Verbesserung der Energieeffizienz der Produktion und der Verringerung des Verbrauchs an nichterneuerbaren Ressourcen. Allerdings muss diese Strategie zwingend mit der merklichen Erhöhung von Ressourcensteuern und der Änderung von Produktions- und Konsumstrukturen einhergehen.

Eine Entkoppelung von Wirtschaftswachstum und sozialen Zielsetzungen hat es auch in den letzten Jahren oft in einer negativen Form gegeben: Der starke Anstieg des Arbeitskräfteangebots hat die Arbeitslosigkeit stärker erhöht, als es die Wirtschaftswachstumsraten erwarten hätten lassen; die Abhängigkeit von der Lohnsumme hat die Finanzierung des Sozialstaates stärker unter Druck gebracht, als dies durch die Entwicklung des BIP bestimmt worden wäre; der Anstieg der Vermögenseinkommen hat die Masseneinkommen viel langsamer als das BIP steigen lassen. Wirtschafts- und Sozialpolitik müssen nun darauf drängen, diese Entwicklung umzukehren, und positive Entkoppelungseffekte gestalten:

- Verringerung des Arbeitskräfteangebots zur Erreichung von Vollbeschäftigung,
- Ausbau der Besteuerung von Vermögensbeständen und Vermögenseinkommen zur Stärkung der Finanzierungsgrundlagen des Sozialstaates,
- aktive Verteilungspolitik zugunsten der Armen und der Mittelschicht,
- technischer Fortschritt, Reorganisation der Konsumstrukturen, vor allem im Verkehrswesen, und höhere Ressourcensteuern zur Eindämmung des Ressourcenverbrauchs.

Die Beschleunigung technologischer Innovationen sollte generell ein zentrales Element der Wirtschaftspolitik darstellen, denn sie führt zu einer Erhöhung der Produktivität. Die wichtigsten Instrumente der Innovationspolitik sind die Bildungs- und die Forschungspolitik. Bei Zweiterer besteht besonderer Bedarf in der Förderung von Grundlagenforschung und Erfindungen. Diese höhere Produktivität kann sowohl für eine Erhöhung der Einkommen als auch eine Verringerung der geleisteten Arbeitszeit genutzt werden. Im Rahmen einer emanzipatorischen Wirtschaftspolitik müsste in stärkerem Ausmaß als in den letzten 30 Jahren eine Verringerung der Arbeitszeit angestrebt werden. Arbeitszeitverkürzung stellt nicht nur ein wichtiges Instrument der Vollbeschäftigungspolitik dar, sondern erlaubt es auch, die Lebenszeit sinnvoll zu nutzen, und erhöht die Lebenszufriedenheit.

Wirtschaftspolitik sollte es als eine ihrer wesentlichen Aufgaben ansehen, die Qualität des Wirtschaftswachstums zu steuern, indem Anreize dafür gegeben werden, dass die richtigen Bereiche wachsen. Zu diesem Zweck können die Staatsausgaben zugunsten der Bereitstellung sozialer Dienstleistungen und der Förderung von Bildung und Forschung, das Steuersystem zulasten des Ressourcenverbrauchs, der Vermögen und Vermögenseinkommen und des Finanzsystems umgeschichtet werden. Eine Abgabenreform, die die Erbringung von

Arbeitsleistung entlastet und leistungslose Vermögen belastet, hat einen dreifachen gesamtwirtschaftlichen Nutzen:

- Sie lenkt die Produktion in Richtung Erbringungen realer Wertschöpfung und weg vom hypertrophen Finanzsystem.
- Sie erleichtert die Finanzierung des Sozialstaates.
- Sie verteilt von oben nach unten um.

Diese strukturpolitischen Maßnahmen sind allerdings bei hohem Wirtschaftswachstum leichter durchzusetzen als bei geringer wirtschaftlicher Dynamik. Wirtschaftswachstum erleichtert die Lösung von Verteilungskonflikten, weil es um die Verteilung von Zuwächsen und nicht um die Umverteilung von Bestehendem geht. Besonders Phasen hohen Wirtschaftswachstums müssen deshalb zu Strukturreformen genutzt werden. Diese hätten selbst wieder positive Auswirkungen auf das Wirtschaftswachstum, weil sie die Nachfrage nach Gütern und Dienstleistungen erhöhen und das Wachstumspotenzial der Wirtschaft stärken.

Setzt die Wirtschaftspolitik stärker als bislang auf Arbeitszeitverkürzung, Abgabenreform, Umverteilung von Einkommen, Verringerung des Ressourcenverbrauchs und Innovationspolitik, so muss sie bereit sein, die damit einhergehenden Verteilungskonflikte zu führen bzw. Mechanismen entwickeln, wie diese bewältigt werden können. In Österreich war die Wirtschafts- und Sozialpartnerschaft über Jahrzehnte darin erfolgreich, gesamtwirtschaftliche Rahmenbedingungen zu gestalten, die Verteilungskonflikte zwischen Arbeit und Realkapital regeln. Mit der Globalisierung, Liberalisierung und Flexbilisierung, die in Österreich mit dem Beitritt zur EU besonders wirksam wurden, und dem Ende des Grundkonsenses zwischen den großen politischen Parteien hat dieser Konfliktlösungsmechanismus allerdings erheblich an Kraft verloren (Chaloupek und Marterbauer 2008); das an Stärke gewinnende Finanzkapital war nie in diesen historischen Kompromiss eingebunden und auch ökologische Zielsetzungen spielten eine geringe Rolle.

Die Finanzkrise und ihre sozialen Folgen bieten einen wichtigen Ansatzpunkt, um Debatten über die Ungleichheit der Verteilung des

Wohlstandes zu initiieren. Dabei sind wissenschaftliche Diskussionen über Ursachen und Lösungsmöglichkeiten der Krise, politische Auseinandersetzungen über die notwendigen Weichenstellungen und soziale Konflikte um die Frage, wer die Kosten der Krise trägt, wichtig.

Eine entscheidende Rolle aber spielt, welches Bild einer gerechten und lebenswerten Gesellschaft den emanzipatorischen Kräften vor Augen schwebt. John Maynard Keynes wünschte sich, dass die Kraft des von staatlicher Regulierung gezähmten Kapitalismus den Wohlstand so vermehren würde, dass die Menschen schließlich ihr Leben der Kunst, der Kultur und den Wissenschaften widmen könnten. Das war die sympathische Vision eines aufgeklärten, liberalen Großbürgers. Doch bleibt offen, durch welche gesellschaftlichen Mechanismen der Umverteilung es der britischen Arbeiterklasse ermöglicht werden könnte, das Leben eines Gentlemans zu spielen.

Vonseiten der Umweltbewegung wird gefordert, die Ziele des Wirtschaftens generell zu überdenken und vom Leistungs- und Konsumdenken abzugehen. Diese Position wird literarisch in der »Anekdote zur Senkung der Arbeitsmoral« von Heinrich Böll ironisiert. Darin beschreibt Böll einen deutschen Urlauber an einer europäischen Küste, der einen in seinem Boot dösenden Fischer weckt und ihn fragt, warum er denn nicht ausfahre. Der Fischer erklärt, dass er schon heute früh ausgefahren sei und einen erfolgreichen Fang gehabt hätte. Der Urlauber malt daraufhin dem Fischer aus, welche großartigen Möglichkeiten sich eröffnen würden, wenn er jeden Tag ein zweites, drittes, vielleicht sogar ein viertes Mal ausfahren würde: Er könnte einen Motor kaufen, die Fangflotte vergrößern, ein Kühlhaus und ein Fischrestaurant eröffnen. »Was dann?«, fragt der offensichtlich interessierte Fischer. Worauf der deutsche Urlauber antwortet: »Dann können Sie beruhigt hier im Hafen liegen, in der Sonne dösen und auf das herrliche Meer blicken.« (Böll 1963, S. 258). In der Vision des materiellen Verzichts bleibt offen, ob ein Subsistenzniveau von Einkommen und Konsum allen verordnet werden soll und wie eine Umverteilung des Wohlstandes außer durch moralischen Appell erreicht werden könnte. Eine stärkere Nutzung des Wohlstandes für mehr Freizeit und Lebensqualität ist wünschenswert, doch eine gerechtere Gesellschaft wird durch das Dösen in der Sonne kaum zu erreichen sein, sondern durch aktive Politik zugunsten solidarischer Lösungen für die Herausforderungen in Wirtschaft, Sozialsystem und Ökologie.

Eine Gesellschaft mit emanzipatorischen Werten wird auch in Hinkunft eine Arbeitsgesellschaft sein müssen. Leistung und die daraus erzielten Arbeitseinkommen spielen eine wichtige Rolle, vor allem in Relation zu leistungslosen Einkommen aus Vermögensbesitz. Leistung steht dabei nicht in Gegensatz zu Solidarität. Im Gegenteil: Eine emanzipatorische Gesellschaft wird die Arbeitsleistungen in der Kinderbetreuung, der Sozialarbeit und der Pflege, die deshalb so wertvoll sind, weil sie den besonders schutzbedürftigen Menschen gewidmet sind, höher bewerten als die Leistung in der Finanzwirtschaft, deren gesamtwirtschaftliche Wertschöpfung in den letzten Jahren so sehr zu wünschen übriggelassen hat. Diese Gesellschaft benötigt den Ausbau des Sozialstaates, der mehr und bessere soziale Dienstleistungen bereitstellt und die Leistung der in diesem Sektor Beschäftigten besser honoriert. Wirtschaftlich spielt der technische Fortschritt eine wichtige Rolle, denn erst der möglichst effiziente Einsatz von Arbeit, Material und Ressourcen ermöglicht wachsenden Wohlstand. Die soziale Auseinandersetzung um die gerechte Verteilung dieses Wohlstandes muss viel intensiver geführt werden. Die Verteilung des Bestandes an Vermögen muss dabei eine wichtigere Rolle spielen als jene der laufenden Einkommen. Bei den Einkommen ist wirtschaftspolitisch stärker zwischen Vermögens- und Arbeitseinkommen zu differenzieren. Die Nutzung des Wachstums der Arbeitsproduktivität zugunsten einer Verkürzung der Arbeitszeit und die dadurch ermöglichte Verbesserung der Lebensqualität soll eine zentrale Rolle spielen. Effizienzsteigerungen können zusammen mit Strukturreformen in Konsum und Produktion auch den Verbrauch an nichterneuerbaren Ressourcen entscheidend verringern. In einer solchen Gesellschaft wäre es dann wirklich allen Enkelkindern von John Maynard Keynes möglich, die wahren Ziele des Wirtschaftens zu erreichen: »... to live wisely and agreeably and well.«

Wer die Kosten der Krise tragen sollte

Die hohe Arbeitslosigkeit, die enorme Staatsschuld und die damit zusammenhängenden Finanzierungsprobleme im Sozialstaat sowie die weitere Zunahme der ohnehin schon sehr hohen Ungleichheit der Verteilung des Wohlstandes sind die wichtigsten Folgen der von Banken und Finanzmärkten ausgelösten Finanz- und Wirtschaftskrise 2008/09. Die Wirtschaftspolitik der EU hat zwar mithilfe einer aktiven antizyklischen Konjunkturpolitik erreicht, dass die Krise nicht die Dimensionen der 1930er Jahre annahm und sich die wirtschaftliche Lage allmählich stabilisierte; doch nun ist sie nicht bereit, sich um die sozialen Kosten der Krise zu kümmern. Sie konzentriert sich auf die Verringerung der Staatsschuld, vernachlässigt dabei allerdings völlig die Folgen der Austeritätspolitik für Arbeitslosigkeit und Verteilung sowie deren negative Rückwirkungen auf BIP und Budget. Damit fällt sie in die alten Muster vor der Krise zurück. Das Weltbild der Wirtschaftspolitik hat sich also trotz der tiefen Finanzkrise nicht entscheidend geändert. Das gilt auch für den Großteil von Wirtschaftswissenschaft und Wirtschaftsforschung: Infolge der einseitigen neoklassischen Ausrichtung und neoliberalen politischen Prägung, die im Vertrauen auf effiziente und wohlstandsmehrende Finanzmärkte kulminierte, wurde weder das Entstehen der Finanzkrise rechtzeitig erkannt, noch konnten passende Schlussfolgerungen aus der Krise gezogen werden.

Die keynesianische Schule der Ökonomie warnte hingegen schon frühzeitig vor der drohenden Krise und war in der Lage, Ursachen, Ablauf und wirtschaftspolitische Handlungsnotwendigkeiten besser zu erkennen. Sie basiert auf den Erfahrungen der großen Weltwirtschaftskrise der 1930er Jahre und berücksichtigt deshalb die Gefahren, die von einer destruktiven Rolle sich selbst überlassener Finanzmärkte für die Wirtschaft ausgehen. John Maynard Keynes hat in seinem Hauptwerk »General Theory of Employment, Interest and Money« schon 1936 festgehalten, wie gefährlich es ist, wenn die durch Herdenverhalten geprägte Finanzspekulation die wirtschaftliche Entwicklung bestimmt: »Speculators may do no harm as bubbles on a steady stream of enterprise. But the situation becomes serious when enterprise becomes the bubble on a whirlpool of speculation.« (Keynes 1936, S. 159)

Die Stabilität des Finanzsektors stellt eine der wichtigsten Voraussetzungen für eine positive gesamtwirtschaftliche Entwicklung in einer Marktwirtschaft dar. Mit der Verbesserung der Aufsicht über das Finanzsystem und den höheren Anforderungen an die Eigenkapitalausstattung der Banken durch die neuen Regeln von »Basel III« sind nach der Finanzkrise durchaus erste Schritte in diese Richtung gelungen. Doch die Erfahrungen in der Finanzkrise machen klar, dass die Wirtschaftspolitik primär danach trachten muss, den gesamten Finanzsektor deutlich zu verkleinern. Dazu müssen zum einen die Finanzaktivitäten, darunter vor allem das Schattenbankensystem der Hedgefonds, noch strenger reguliert und so manche Finanzinnovationen verboten werden. Zum anderen muss der Sektor stärker besteuert werden. Auf EU-Ebene würde die Einführung einer Finanztransaktionssteuer, die alle Formen des Handels mit Aktien, Anleihen, Devisen und Derivaten erfasst, die Preisentwicklung auf den Finanzmärkten und damit die Gesamtwirtschaft stabilisieren; sie brächte ein den Finanzsektor belastendes Aufkommen von 100 bis 200 Milliarden Euro pro Jahr, das zur Finanzierung der Gemeinschaftsaufgaben verwendet werden kann.

Zahlreiche EU-Länder haben Sonderabgaben auf Banken eingeführt, mit denen es gelingt, die Finanzinstitute an den Kosten der Finanzkrise zu beteiligen. Mit diesem Instrument kann auch das Wachstum der Bankbilanzen wirkungsvoll begrenzt werden; dazu müssen die Steuersätze allerdings deutlich erhöht werden: In Österreich macht das Aufkommen der Bankenabgabe von 500 Millionen Euro pro Jahr gerade ein Achtel der Gewinne aus. Auch eine Verdoppelung der Bankenabgabe könnte leicht aus Gewinnen, Dividendenausschüttungen und Einkommen des oberen Managements getragen werden, ohne die Bankkunden zu belasten. Höhere Steuern auf Spitzeneinkommen würden vor allem zulasten der Topmanager im Bankensektor gehen. Eine Besteuerung aller Einkommen, die über dem Gehalt des Bundespräsidenten von 23 000 Euro pro Monat liegen, mit 60 Prozent würde in Österreich nur etwa 4000 Personen betreffen, allerdings ein Steueraufkommen von 300 Millionen Euro mit sich bringen, gleich viel wie die jährlichen Kosten von 50 000 Betreuungsplätzen und 7000 Arbeitsplätzen in Kindergärten.

Mit strengeren Regulierungen und höheren Steuern im Finanzsystem kann langfristig eine Verlagerung der Aktivitäten vom Finanzsektor zu Wirtschaftssektoren wie der Industrie oder privaten und sozialen Dienstleistungen, in denen reale Werte geschaffen werden, erreicht werden. In Österreich trägt die Industrie direkt zu mehr als einem Fünftel der gesamtwirtschaftlichen Wertschöpfung bei, produziert mit hoher Wettbewerbsfähigkeit für den Export und schafft 550 000 Jobs mit überdurchschnittlichem Einkommen. Doch der zunehmende Druck, die Exportgewinne der Industrie in Form von Dividenden auszuschütten, beschränkt die Mittel für Investitionen im Inland, verhindert höhere Einkommen der Beschäftigten und damit die Ausweitung der Inlandsnachfrage. Gesteigert wird der Exportüberschuss, der, wenn auch in viel geringerem Ausmaß als jener Deutschlands oder Chinas, zu den weltweit hohen Ungleichgewichten in der Leistungsbilanz beiträgt.

Die EU sieht die Lösung für diese Ungleichgewichte, die zum Entstehen der Finanzkrise beitrugen, in der Verringerung von Löhnen und Nachfrage in den Defizitländern (Griechenland, Portugal, Irland, Spanien und viele osteuropäische Länder). Doch wird nur dieses Instrument angewendet, dann führt das zu einer weiteren Dämpfung der Gesamtnachfrage und noch tiefer in die wirtschaftliche Misere. Die Lösung besteht auch nicht im Verzicht auf Export in den Ländern mit wettbewerbsfähiger Industrie. Im Gegenteil, die Exportindustrie soll auch bei uns weiter gestärkt werden, vor allem indem sie vermehrt in Forschung und in die Ausbildung von Fachkräften investiert; viele Jugendliche mit Migrationshintergrund, die heute erfolglos Lehrstellen und Ausbildungsplätze suchen, bilden ein großes Potenzial als Facharbeitskräfte der Zukunft. Die Lösung für die Ungleichgewichte im Außenhandel liegt vielmehr in der stärkeren Nutzung der Exportgewinne in Deutschland und Österreich für eine Ausweitung der Investitions- und Konsumnachfrage. Damit würden Wertschöpfung und Import steigen. Auch eine Politik der Umverteilung von den sparfreudigen Finanz- und Spitzeneinkommen zu den unteren, konsumfreudigen Schichten trägt dazu bei, Inlandsnachfrage und Import zu beleben.

Die weltweit zu beobachtende Konzentration von Vermögen und Einkommen war eine der wichtigsten tiefer liegenden Ursachen der Finanzkrise, weil sie das Kapital für die Spekulation auf den Finanzmärkten schuf. Auch in Österreich ist die Verteilung in eine Schieflage geraten. Das oberste Zehntel der insgesamt 3,5 Millionen privaten Haushalte verfügt über ein Geld- und Immobilienvermögen von etwa 770 Milliarden Euro, zirka 60 Prozent des gesamten Vermögensbestandes. Die Schicht der Reichen kann von den Einkommen aus diesen Vermögen leben, erzielt aber zusätzlich meist auch ein überdurchschnittlich hohes Arbeitseinkommen aus Unternehmertätigkeit, Freiberuflichkeit oder Angestelltentätigkeit zum Beispiel in der Finanzbranche.

Am besten geeignet zur Verringerung der enormen Ungleichheit der Verteilung ist jenes Instrument, das bei den Wurzeln des Problems, der hohen Konzentration des Vermögens, ansetzt. Eine allgemeine Vermögensteuer für private Haushalte mit hohen Freibeträgen zielt auf die Belastung sehr großer Vermögensbestände ab und muss als Substanzsteuer konzipiert werden. Wichtig wäre auch die Erhöhung der Grundsteuer mittels einer realistischen Erfassung der Immobilienwerte; ihr zusätzliches Aufkommen sollte für die Finanzierung des Ausbaus von Kindergärten, Sozialarbeit und Pflegeleistungen der Gemeinden und Städte zweckgebunden werden. Die Wiedereinführung der Erbschaftsteuer ist gesellschaftspolitisch wichtig, weil sie einen Schritt zu mehr Chancengleichheit für Kinder aus unterschiedlichen sozialen Schichten darstellt. Diese Bestandssteuern könnten um die Ausweitung der Steuerpflicht von Veräußerungsgewinnen und die Erhöhung des Aufkommens an Grunderwerbsteuer durch die Beseitigung bestehender Steuerschlupflöcher ergänzt werden. Die Erhöhung vermögensbezogener Steuern würde primär die soziale Schicht der Reichen und selbst sie nur mit einer geringen Abgabe in Relation zum Vermögensbestand belasten. Je nach Ausgestaltung von Freibeträgen und Steuersätzen würde sie dennoch ein Aufkommen von mehreren Milliarden Euro mit sich bringen, womit Österreich allerdings erst das Niveau Deutschlands oder der skandinavischen Länder erreichen würde.

Mit höheren Steuerleistungen würden die Reichen zur Sanierung der Staatsfinanzen beitragen, die aufgrund der Finanz- und Wirtschaftskrise in eine besorgniserregende Schieflage geraten sind. Darüber hinaus könnten die höheren Staatseinnahmen für den Ausbau des Sozialstaates verwendet werden. Der Sozialstaat hat in der Krise seine wirtschaftliche und soziale Stabilisierungsfunktion erfüllt und seine Überlegenheit gegenüber privat finanzierten sozialen Sicherungssystemen eindrucksvoll bestätigt. Dennoch werden die zu einem erheblichen Teil krisenbedingten Finanzierungsprobleme von konservativer Seite zu einem Angriff auf das Sozialsystem genutzt: Sie fordert umfangreiche Einsparungen bei öffentlichen Pensionen und im Gesundheits- und Bildungssystem. Zudem kommen neue Probleme auf den Sozialstaat zu, die aus der Alterung der Gesellschaft, der Verschiebung der Familienstrukturen und der zunehmenden Ungleichheit resultieren.

Die offensive Antwort auf diese Herausforderungen besteht im Ausbau des Angebots an sozialen Dienstleistungen. Besonderer Bedarf besteht im Bereich von Kindergärten und Krippen, vor allem im Angebot an Betreuungsplätzen für 2- bis 3-Jährige, in der Sozialarbeit für benachteiligte und traumatisierte Jugendliche, im Bereich der ganztätigen Schulformen und im Pflegesystem, wo verhindert werden muss, dass sich die sozialen Unterschiede zu Ende des Lebens noch einmal verschärfen. In allen Bereichen helfen Sachleistungen, also Krippenplätze, betreute Wohnformen, Ganztagsschulen, Heimhilfen und

Pflegeplätze den Menschen viel mehr als Geldleistungen; ihr Ausbau kann deshalb zum Teil auch durch Umschichtungen und die Kürzung von steuerlichen Begünstigungen finanziert werden: etwa indem Kinderfreibetrag und Absetzbarkeit von Kinderbetreuungskosten in der Einkommensteuer, die ohnehin primär den Spitzenverdienern nutzen, abgeschafft und die damit verbundenen Einsparungen von 320 Millionen Euro in die Schaffung von 50 000 zusätzlichen Kindergartenplätzen investiert werden. Umschichtungen sind auch im Gesundheitswesen notwendig: Eine bessere Abstimmung der Spitalsplanung der Bundesländer, die Verschiebung von Leistungserbringung aus dem stationären Spitalsbereich in den ambulanten Bereich und eine bessere Koordination beim Kauf von Großgeräten können Geldmittel in der Höhe von etwa 2 Milliarden Euro freimachen, die für den Ausbau von Gesundheitsvorsorge und Pflegeleistungen ohnedies dringend benötigt werden. Ein Ausbau sozialer Sachleistungen in Kinderbetreuung, Sozialarbeit und Pflege bringt auch sehr hohe Beschäftigungseffekte mit sich: Pro Milliarde Euro entstehen 18 000 bis 25 000 Jobs, mehr als bei allen anderen beschäftigungspolitischen Maßnahmen.

Höhere Steuern auf Vermögen und der Ausbau sozialer Dienstleistungen stellen die beiden Eckpfeiler einer emanzipatorischen Wirtschafts- und Sozialpolitik dar, die eine Verknüpfung von gerechter Verteilung des Wohlstandes, sozialer Sicherheit und gesamtwirtschaftlichem Erfolg zum Ziel hat. Sie würden auch die wirtschaftlichen und gesellschaftlichen Machtverhältnisse ein Stück zugunsten der sozial Schwächeren verschieben. Vollbeschäftigung, die in Österreich zuletzt zu Ende der Ära Kreisky gegeben war, würde dazu ganz wesentlich beitragen, doch die Finanzkrise hat uns davon weit entfernt. Vollbeschäftigung bedeutet nichts anderes als eine leichte Knappheit an Arbeitskräften und bildet jene Rahmenbedingung, die sozialen Fortschritt ermöglicht. Sie bietet den Menschen, die bislang keinen leichten Zugang zu Arbeit hatten, die Chance zur Aufnahme von Erwerbsarbeit, damit Einkommen, soziale Absicherung und gesellschaftliche Integration. Das Potenzial an zusätzlichen Arbeitskräften ist außerordentlich hoch, besonders bei Frauen, Arbeitslosen und Älteren; es beträgt mittelfristig bis zu 700 000 Personen. Ein Rückgang der Bevölkerung im erwerbsfähigen Alter, der nach und nach zu dieser leichten Knappheit an Arbeitskräften führen könnte, setzt allerdings erst um das Jahr 2020 ein. Schon vorher sollte eine Arbeitszeitverkürzung durch kurze Vollzeit-Arbeitswochen von 30 bis 35 Stunden, längeren Urlaubsanspruch und neue Arbeitszeitformen zur besseren Vereinbarkeit von Arbeit, Familie und Weiterbildung umgesetzt werden. Diese Reformen hätten merkliche Beschäftigungseffekte, würden die Lebensqualität heben, die Erwerbstätigkeit von Frauen fördern und so die wirtschaftliche und soziale Absicherung für jene verbessern, die derzeit überwiegend die unbezahlte Haus- und Betreuungsarbeit verrichten.

Mit dem beschäftigungsintensiven Ausbau sozialer Dienstleistungen und einer Verkürzung der geleisteten Arbeitszeit kann es in Österreich gelingen, die Erwerbsquoten vor allem von Frauen und Älteren auf skandinavisches Niveau zu erhöhen und der Vollbeschäftigung näher zu kommen. In der EU ist die Arbeitslosenquote im Durchschnitt mehr als doppelt so hoch als bei uns, die beschäftigungspolitischen Anstrengungen müssten noch viel intensiver sein. Davon ist allerdings nichts zu bemerken, die EU-Politik konzentriert sich auf die bedingungslose Verringerung der Staatsschulden und fordert dabei von den Krisenländern besonders drastische Einschnitte, ohne zu bemerken, dass diese die Arbeitslosigkeit, besonders unter Jugendlichen, noch weiter nach oben treiben. Dieser Politik sollte ein sozial ausgerichtetes und gesamtwirtschaftlich vernünftiges Gegenprogramm gegenübergestellt werden. Es müsste von der Hilfe für die arbeitslosen Jugendlichen ausgehen und eine offensive Investitionsstrategie für ein soziales Europa zulasten der Finanzbranche entwerfen. Eine EU-Initiative zur Bekämpfung der Jugendarbeitslosigkeit vor allem in jenen Ländern, wo die Arbeitsmarktlage besonders schlecht ist, könnte ein Volumen von 30 Milliarden Euro aufweisen. Das entspricht nur einem Zehntel der staatlichen Hilfe für die Banken und einem Viertelprozent des EU-BIP, aber 2 Prozent des BIP von Griechenland, Irland, Portugal, Spanien, Estland, Lettland und Litauen. Damit könnten mehr als eine Million zusätzliche Ausbildungsplätze und Arbeitsplätze im Bereich kommunaler Dienstleistungen geschaffen werden. Dies würde nicht nur unmittelbar den schwächsten Opfern der Krise helfen, sondern in diesen Ländern auch Vertrauen in der gesamten Bevölkerung schaffen und so die wirtschaftliche Lage stabilisieren.

Für eine emanzipatorische Wirtschaftspolitik haben die Beschleunigung des technischen Fortschritts und die Erhöhung der Arbeitsproduktivität eine wichtige Funktion, denn erst der möglichst effiziente Einsatz von Arbeit, Material und Ressourcen ermöglicht wachsenden Wohlstand. Investitionen in das Bildungssystem, vom Kindergarten über die Berufsausbildung und die Universitäten bis zur Weiterbildung, sowie eine aktive Forschungspolitik bilden die wichtigsten Instrumente für die Belebung des technischen Fortschritts. Technologiepolitik muss auch ein wesentliches Element der Umweltpolitik bilden, weil mit ihr der Verbrauch an nichterneuerbaren Ressourcen und der Ausstoß an Schadstoffen verringert werden kann. Sie muss allerdings um striktere ökologische Regulierungen und eine Anhebung von Ökosteuern, vor allem auf den Verbrauch von Mineralöl und den Ausstoß an CO_2, ergänzt werden. Mit höheren Vermögensteuern, besseren sozialen Dienstleistungen, kürzerer Arbeitszeit und aktiverer Umweltpolitik kann es gelingen, die Beschäftigung, die Staatsfinanzen und die soziale Absicherung ein wenig vom Wirtschaftswachstum zu entkoppeln und damit mehr Wohlstand und Lebensqualität ohne zusätzliche Belastung der natürlichen Ressourcen zu erreichen.

Selbst nach der Finanzkrise ist der Wohlstand in unserer Gesellschaft so hoch, dass sozialer Fortschritt für alle Menschen möglich ist. Zu diesem Zweck müssen wir uns allerdings auf die zentralen Werte der Arbeitsgesellschaft besinnen: Leistung und Solidarität. Eine merkbare Besteuerung von Vermögensbeständen und der Um- und Ausbau des Sozialstaates bilden die wichtigsten Eckpfeiler dieses offenen Projekts.

Literaturhinweise

Agwi Martina, Festl Eva, Guger Alois, Knittler Käthe, Verteilungseffekte der österreichischen Familienförderung und deren Rolle in einer neuen Sozialstaatsarchitektur, in: Dujmovits Rudolf, Kreimer Margareta, Sturn Richard (Hrsg.), Paradigmenwechsel in der Familienpolitik, Wiesbaden, 2011.

Andreasch Michael, Fessler Pirmin, Schürz Martin, Unternehmensbeteiligungen der privaten Haushalte in Österreich – Evidenz auf Basis von Mikrodaten, Geldpolitik und Wirtschaft 4/2009.

Andreasch Michael, Mooslechner Peter, Schürz Martin, Einige Aspekte der Vermögensverteilung in Österreich, Bundesministerium für Arbeit, Soziales und Konsumentenschutz, Sozialbericht 2009–2010, Wien, 2010.

Angelo Silvia, Feigl Georg, Umsetzung und Wirksamkeit konjunkturpolitischer Maßnahmen in Österreich, Wirtschaft und Gesellschaft, 35. Jahrgang, Heft 4, 2009.

Angelo Silvia, Marterbauer Markus, Mozart Irene, Rossmann Bruno, Schratzenstaller Margit, Templ Norbert, Ein alternativer Stabilitäts- und Wachstumspakt. Vorschläge für ein neues fiskalpolitisches Regime, Materialien zu Wirtschaft und Gesellschaft 91/2004.

Arnoldi Jakob, Alles Geld verdampft. Finanzkrise in der Weltrisikogesellschaft, Frankfurt a. M., 2009.

Atkinson Anthony, Piketty Thomas, Saez Emmanuel, Top Incomes in the Long Run of History, Journal of Economic Literature, 49:1, 2011.

Baumgartner Josef, Huber Peter, Marterbauer Markus, Seiler Friederike, Walterskirchen Ewald, Zwiener Rudolf, Beschäftigungswirkungen und ökonomische Effekte von Arbeitszeitverkürzungen, WIFO-Studie, Wien, 2001.

Berka Christopher, Humer Stefan, Moser Mathias, Verteilungspolitische Implikationen der steuerlichen Begünstigung des 13. und 14. Monatsgehaltes, Kurswechsel 3/2008.

Berka Christopher, Humer Stefan, Moser Mathias, Verteilungs- und Aufkommenseffekte eines integrierten Tarifs für Sozialversicherung und Lohnsteuer, in: Rosecker Michael, Schmitner Sabine (Hrsg.), Armut und Reichtum – Ungleiche Lebenslagen, -chancen, -stile und -welten in Österreich, Wiener Neustadt, 2011.

Blanchard Olivier, Dell'Ariccia Giovanni und Mauro Paolo, Rethinking macroeconomic policy, IMF Staff Position Note No. 10/03, Washington DC, 2010.

Böll Heinrich, Anekdote zur Senkung der Arbeitsmoral (1963), in: Heinrich Böll, Gesammelte Erzählungen, Band 2, Köln, 1981.

Brenke Karl, Fachkräftemangel kurzfristig noch nicht in Sicht, Wochenbericht des DIW Berlin, Nr. 46/2010.

Bruckner Martin, Die Rolle von (Arbeits-)Zeit und Einkommen bei Rebound-Effekten in Dematerialisierungs- und Dekarbonisierungsstrategien. Eine Literaturstudie, Mimeo, 2008.

Budimir Kristina, Eppel Rainer, Famira-Mühlberger Ulrike, Huemer Ulrike, Mayrhuber Christine, Erwerbsinaktivität und soziale Sicherungssysteme: Ein europäischer Vergleich, WIFO-Monatsberichte, 12/2010.

Canetti Elias, Die Fackel im Ohr. Lebensgeschichte 1921–1931, München, Wien, 1980.

Canetti Elias, Masse und Macht, in: Gesammelte Werke, Band 3, München, 1994.

Catte Petro, Girouard Nathalie, Price Robert, Andre Christophe, Housing markets, wealth and the business cycle, OECD Working Paper 394, 2004.

Chaloupek Günther, Marterbauer Markus, Was bleibt vom Austrokeynesianismus? Dauerhafte Wirkungen der postkeynesianischen Wirtschaftspolitik in Österreich 1970–1995, in: Hagemann Harald, Horn Gustav, Krupp Hans-Jürgen, Aus gesamtwirtschaftlicher Sicht. Festschrift für Jürgen Kromphardt, Marburg, 2008.

Czingon Claudia, Neckel Sighard, »Hausverstand«. Interview mit Erwin Mühlberger, Generaldirektor, in: Honegger Claudia, Neckel Sighard, Magnin Chantal, Strukturelle Verantwortungslosigkeit. Berichte aus der Bankenwelt, Frankfurt, 2010.

Davidson Paul, Financial Markets, Money and the Real World, Cheltenhamn, 2002.

Dolls Mathias, Fuest Clemens, Peichl Andreas, Automatic Stabilizers and Economic Crisis: US vs. Europe, NBER Working Paper 16245, August 2010.

Ederer Stefan, Ungleichgewichte im Euro-Raum, WIFO-Monatsberichte, 7/2010.

Eichengreen Barry, Out of Box Thoughts about the International Financial Architecture, IMF Working Paper 09/116.

Eichengreen Barry, O'Rourke Kevin, A tale of two recessions. What do the new data tell us?, voxeu.org, 8.3.2010.

Esping-Andersen Gøsta, The Three Worlds of Welfare Capitalism, Cambridge, 1990.

Esping-Andersen Gøsta, The Incomplete Revolution. Adapting to Women's New Roles, Cambridge, 2009.

Fessler Pirmin, Mooslechner Peter, Schürz Martin, Immobilienerbschaften in Österreich, Geldpolitik und Wirtschaft 2/2010.

Fessler Pirmin, Mooslechner Peter, Schürz Martin, Wagner Karin, Das Immobilienvermögen privater Haushalte in Österreich, Geldpolitik und Wirtschaft 2/2009.

Fischer-Kowalski Marina, Schaffartzik Anke, Ökologisierung der Arbeit? Arbeit, gesellschaftlicher Stoffwechsel und nachhaltige Entwicklung, in: Washietl Engelbert, Pfisterer Eva, Arbeit – der Mensch zwischen Fremd- und Selbstbestimmung, Wien, Berlin, 2008.

Fitoussi Jean-Paul, Stiglitz Joseph, The Ways Out of the Crisis and the Building of a More Cohesive World, OFCE Document de travail, 17/2009.

Flecker Jörg, Schönauer Annika, Neue Politikfelder für eine Renaissance der Arbeitszeitpolitik, Wirtschaft und Gesellschaft, 36. Jahrgang, Heft 3/2010.

Fraser Nancy, Honneth Axel, Umverteilung oder Anerkennung? Eine politisch-philosophische Kontroverse, Frankfurt a.M., 2003.

Friedman Milton, The Optimum Quantity of Money and Other Essays, 1969.

Galbraith John Kenneth, The Great Crash 1929, 6th edition, New York, 1997.

Glyn Andrew, Capitalism Unleashed – Finance, Globalization and Welfare, Oxford, 2005.

Goodhart Charles, Tsomocos Dimitrios, How to restore current account imbalances in a symmetric way, http//:eurointelligence.com, 24.9.2010.

Greenspan Alan, The Age of Turbulence. Adventures in a New World, 2007.

Greenwald Bruce, Stiglitz Joseph, Helping Infant Economies Grow: Foundations of Trade Policies for Developing Countries, American Economic Review, 96(2), 2006.

Guger Alois, Volkswirtschaftliche und sozialpolitische Auswirkungen von geminderter Arbeitsfähigkeit, in: Pfeil Walter, Geminderte Arbeitsfähigkeit, Wien, 2011.

Guger Alois, Agwi Martina, Buxbaum Adolf, Festl Eva, Knittler Käthe, Halsmayr Verena, Pitlik Hans, Sturn Simon, Wüger Michael, Umverteilung durch den Staat in Österreich, WIFO-Studie, Wien, 2009.

Guger Alois, Knittler Käthe, Marterbauer Markus, Schratzenstaller Margit, Walterskirchen Ewald, Analyse alternativer Finanzierungsformen der sozialen Sicherungssysteme, WIFO-Studie, Wien, 2008.

Guger Alois, Knittler Käthe, Marterbauer Markus, Schratzenstaller Margit, Walterskirchen Ewald, Alternative Finanzierungsformen der sozialen Sicherheit, Bundesministerium für Soziales und Konsumentenschutz, Sozialbericht 2007–2008, Wien, 2009.

Guger Alois, Marterbauer Markus, Langfristige Tendenzen der Einkommensverteilung in Österreich – ein Update, WIFO Working Papers 307/2007.

Guger Alois, Marterbauer Markus, Umverteilung durch den Staat, WIFO-Monatsberichte, 11/2009.

Guger Alois, Marterbauer Markus, Walterskirchen Ewald, Alternative Ansätze zur Finanzierung des öffentlichen Gesundheitswesens, Kurswechsel 2/2007.

Herzog-Stein Alexander, Lindner Fabian, Sturn Simon, van Treeck Till, Vom Krisenherd zum Wunderwerk? Der deutsche Arbeitsmarkt im Wandel. IMK Report, Nr. 56, Düsseldorf, 2010.

Hofmarcher Maria, Lietz C., Schnabl A., Inefficiency in Austrian Inpatient Care: Identifying Ailing Providers Based on DEA Results, Central European Journal of Operations Research, 13(4), 2005.

Horn Gustav A., Des Reichtums fette Beute. Wie die Ungleichheit unser Land ruiniert, Frankfurt, 2011.

Horn Gustav A., Joebges Heike, Niechoj Torsten, Proano Christian, Sturn Simon, Tober Silke, Truger Achim, van Treeck Till, Von der Finanz- zur Weltwirtschaftskrise (I). Wie die Krise entstand und wie sie überwunden werden kann, IMK Report, Nr. 30, Düsseldorf, 2009a.

Horn Gustav A., Joebges Heike, Zwiener Rudolf, Von der Finanzkrise zur Weltwirtschaftskrise (II). Globale Ungleichgewichte: Ursachen der Krise und Auswege für Deutschland, IMK Report, Nr. 40, Düsseldorf, 2009b.

Horn Gustav A., Dröge Katharina, Sturn Simon, van Treeck Till, Zwiener Rudolf, Von der Finanzkrise zur Weltwirtschaftskrise (III). Die Rolle der Ungleichheit. IMK Report, Nr. 41, Düsseldorf, 2009c.

Horn Gustav A., Niechoj Torsten, Proano Christian, Truger Achim, Vesper Dieter, Zwiener Rudolf, Die Schuldenbremse – eine Wachstumsbremse?, IMK Report, Nr. 29, Düsseldorf, 2008.

Huffschmid Jörg, Politische Ökonomie der Finanzmärkte, Hamburg, 2002.

Internationale Monetary Fund, The Global House Price Boom, World Economic Outlook, Chapter II, Washington, 2004.

Jäger Johannes, Basel III: Stabilisierung durch »bessere« Finanzmarktregulierung?, WISO 1/2011.

Judt Tony, Ill Fares the Land, London, 2010.

Kader Maria, Banken und Staat, Zukunft, 7/8 2010.

Keynes John Maynard, The Economic Consequences of the Peace, Cambridge, 1920.

Keynes John Maynard, The General Theory of Employment, Interest and Money, London/Cambridge, 1936.

Keynes John Maynard, Economic Possibilities for Our Grandchildren (1930), in: The Collected Writings of John Maynard Keynes, Volume IX, Essays in Persuasion, Cambridge, 1972.

Keynes John Maynard, Activities 1940–1944: Shaping the Post-War World: The Clearing Union, in: The Collected Writings of John Maynard Keynes, Volume XXV, London/Cambridge, 1980.

Kreisky Bruno, 20 Millionen Menschen suchen Arbeit, Wien, 1989.

Krugman Paul, Nach Bush. Das Ende der Neokonservativen und die Stunde der Demokraten, Frankfurt, 2008.

Kumhof Michael, Ranciere Romain, Inequality, Leverage and Crises, IMF Working Paper 10/268, 2010.

Leoni Thomas, Marterbauer Markus, Mayrhuber Christine, Die Entwicklung und Verteilung der Einkommen, Bundesministerium für Arbeit, Soziales und Konsumentenschutz, Sozialbericht 2009–2010, Wien, 2010.

Leoni Thomas, Marterbauer Markus, Tockner Lukas, Die stabilisierende Wirkung der Sozialpolitik in der Finanzmarktkrise, WIFO-Monatsberichte, 3/2011.

Marcuse Peter, Ein anderer Blick auf die Subprime Krise, in: PROKLA. Zeitschrift für kritische Sozialwissenschaft, Vol. 153, No. 4, 2008.

Marterbauer Markus, Arbeitszeitverkürzung: mehr Beschäftigung und Freizeit, in: Marterbauer Markus, Schürz Martin (Hrsg.), Aspekte kritischer Ökonomie. Gedenkschrift für Erwin Weissel, Wirtschaftswissenschaftliche Tagungen der AK Wien, Bd. 11, 2006.

Marterbauer Markus, Wem gehört der Wohlstand? Perspektiven für eine neue österreichische Wirtschaftspolitik, Wien, 2007.

Marterbauer Markus, Die Krise kommt, Falter, 26. März 2008.

Marterbauer Markus, Economic Development and Economic Policy in Austria and Sweden, in: Rathkolb Oliver (Hrsg.), Sweden – Austria: Two Roads to Neutrality and a Modern Welfare State, Berlin, 2008.

Marterbauer Markus, Budgetkonsolidierung in Zeiten verminderter Erwartungen, Wirtschaft und Gesellschaft, 36. Jahrgang, Heft 3, 2010.

Marterbauer Markus, Kaniovski Serguei, Kratena Kurt, Wüger Michael, Maßnahmen zur Belebung der privaten Inlandsnachfrage, Teilstudie 11, WIFO-Weißbuch: Mehr Beschäftigung durch Wachstum auf Basis von Innovation und Qualifikation, Wien, 2006.

Marterbauer Markus, Schürz Martin, Der Streit um die Abschaffung der Erbschaftssteuer in Österreich, WISO 2/2007.

Marterbauer Markus, Schürz Martin, Ungleiche Verteilung von Vermögen und Einkommen in Österreich, WISO 3/2008.

Marterbauer Markus, Schürz Martin, Antwort auf die Krise: Eine gerechtere Gesellschaft durch den Ausbau des Sozialstaates und Besteuerung von Vermögen und Erbschaften, Beitrag zum Kongress Linksreformismus, Berlin, 2011.

Marterbauer Markus, Walterskirchen Ewald, Einfluss der Haus- und Wohnungspreise auf das Wirtschaftswachstum, WIFO-Monatsberichte, 11/2005.

Milanovic Branko, The True Origins of the Financial Crisis, Yale Global Online, May 12, 2009.
Mooslechner Peter, Finanzkrise, quo vadis? Versuch einer – sicherlich noch verfrühten – Zwischenbilanz der aktuellen wirtschaftlichen Ereignisse, Conturen 4/2008.
Mooslechner Peter, Eigenkapital im Finanzsystem: Die Lehren der letzten, der aktuellen und der nächsten Krise, Intervention, Vol. 7(1), 2010a.
Mooslechner Peter, Reform der Finanzmärkte, FIW Policy Brief Nr. 7, September 2010b.
Mooslechner Peter, Schuberth Helene, Weber Beat (Hrsg.), The Political Economy of Financial Market Regulation. The Dynamics of Inclusion and Exclusion, Cheltenham, 2006.
Mooslechner Peter, Schürz Martin, Verteilung der Geldvermögen, Bundesministerium für Soziales und Konsumentenschutz, Sozialbericht 2007–2008, Wien, 2009.
Mooslechner Peter, Schürz Martin, Bonus! Glanz und Elend der Bankmanger, in: Honegger Claudia, Neckel Sighard, Magnin Chantal, Strukturelle Verantwortungslosigkeit. Berichte aus der Bankenwelt, Frankfurt, 2010.
Morel Nathalie, Palier Bruno, Palme Joakim (Hrsg.), What Future for Social Investment?, Institute for Future Studies, Research Report, 2009.
Mühlberger Ulrike, Guger Alois, Knittler Käthe, Schratzenstaller Margit, Langzeitpflege in Österreich, WIFO-Monatsberichte, 10/2008.
Oberndorfer Lukas, Post-neoliberale Integrationsweise der EU. Perspektivenwechsel an der Schnittstelle Politik/Ökonomie/Recht, in: Blaha Barbara, Weidenholzer Josef (Hrsg.), Freiheit. Beiträge für eine demokratische Gesellschaft, Wien, 2010.
OECD, Growing Unequal? – Income Distribution and Poverty in OECD Countries, Paris, 2008, www.oecd.org/els/social/inequality.
OECD, Education at a Glance: OECD Indicators, Paris, 2010.
OeNB, Ökonomische Analyse des Vorschlags zur Einhebung einer Bankenabgabe in Österreich, Wien, 2010a.
OeNB, Finanzmarktstabilitätsbericht 20, Wien, 2010b.
OeNB, Household Finance and Consumption Survey (HFCS). Eine Erhebung zur finanziellen Situation und zum Konsum der Haushalte, www.hfcs.at.

Palme Joakim, Fritzell Johan, Bergmark Ake, End of Equality? The Welfare State Model Beyond the Crisis, in: Framtider, International Edition, Stockholm, 2008.
Rajan Raghuram, Fault Lines. How Hidden Fractures Still Threaten the World Economy, Princeton, Oxford, 2010.
Reinhart Carmen, Rogoff Kenneth, This Time is Different. Eight Centuries of Financial Folly, Princeton, 2009.
Robinson Joan, Introduction, in: Alfred Eichner (Hrsg.), A Guide to Post Keynesian Economics, New York, 1979.
Roubini Nouriel, Mihm Stephen, Crisis Economics. A Crahs Course in the Future of Finance, New York, 2010.
Rowthorn Robert, Conflict Inflation and Money, in: Cambridge Journal of Economics, 1, 1977.
Schmadlbauer Harald, Krankenanstaltenfinanzierung aus der Perspektive der sozialen Krankenversicherung, WISO 2/2010.
Schratzenstaller Margit, Steuerreform 2009/20, WIFO-Monatsberichte, 9/2009.
Schratzenstaller Margit, Bundesvoranschlag 2011 setzt erste Konsolidierungsschritte, WIFO-Monatsberichte, 1/2011.
Schratzenstaller Margit, Vermögensbesteuerung – Chancen, Risiken und Gestaltungsmöglichkeiten, WISO Diskurs, Friedrich Ebert Stiftung, 2011.
Schulmeister Stephan, Kleines Organon des Finanzkapitalismus, Der Standard, 24., 26. und 27. Mai 2006.
Schulmeister Stephan, Die manisch-depressiven Schwankungen auf den Finanzmärkten – wie macht das die »unsichtbare Hand«?, WIFO Working Papers 305/2007.
Schulmeister Stephan, Eine generelle Finanztransaktionssteuer. Konzept, Begründung, Auswirkungen, WIFO Working Papers 352/2009.
Schulmeister Stephan, Mitten in der Krise. Ein »New Deal« für Europa, Wien, 2010.
Schulmeister Stephan, Schratzenstaller Margit, Picek Oliver, A General Financial Transaction Tax. Motives, Revenues, Feasibility and Effects, WIFO-Studie, März 2008.
Schürz Martin, Erbschaften und Vermögensungleichheit in Österreich, Wirtschaft und Gesellschaft, 33. Jahrgang, Heft 2, 2007.

Sennett Richard, Handwerk, Berlin, 2008.
Shiller Robert, Irrational Exuberance, First Edition, Princeton, Oxford, 2000.
Shiller Robert, Irrational Exuberance, Second Edition, Princeton, Oxford, 2005.
Shiller Robert, The Subprime Solution: How Today's Financial Crisis Happened, and What to Do About It, Princeton, Oxford, 2008.
Skidelsky Robert, Der Abschied vom Marktoptimismus, Der Standard, 19.9.2008.
Smithin John, Essays in the Fundamental Theory of Monetary Economics and Macroeconomics, Singapore, 2011.
Steger Gerhard, Stand der Haushaltsrechtsreform des Bundes in Österreich, in: Schauer Reinbert (Hrsg.), Neue Formen der Steuerung und Rechnungslegung in öffentlichen Haushalten, Linz, 2009.
Steinbeck John, Früchte des Zorns, Wien, 2002.
Steindl Josef, Skilled Manpower and Growth (1970), in: Steindl Josef, Economic Papers 1941–1988, London, 1990.
Steiner Hans, Sozialausgaben Österreichs 2008, in: Bundesministerium für Arbeit, Soziales und Konsumentenschutz, Sozialbericht 2009–2010, Wien, 2010.
Stiglitz Joseph, Making Globalization Work, New York, 2006.
Stiglitz Joseph, Freefall. Free Markets and the Sinking of the Global Economy, London, New York, 2010.
Stiglitz Joseph, Sen Amartya, Fitoussi Jean-Paul, Report by the Commission on the Measurement of Economic Performance and Social Progress, Paris, 2009, www.stiglitz-sen-fitoussi.fr/en/index.htm.
Strange Susan, Casino Capitalism, Oxford, 1986.
Strange Susan, Mad Money. When Markets Outgrow Governments, Manchester, 1998.
Strauss-Kahn Dominique, Global Challenges, Global Solutions. An Address at the George Washington University, Washington, April 4, 2011.
Streimelweger Artur, Eine »Insel der Seligen«?, in: Zukunft, 3/2009.
The Economist, Lifting the Roof. Europe's Housing Market, December 11, 2004.
Till-Tentschert Ursula, Lamei Nadja, Till Matthias, Eiffe Franz, Glaser Thomas, Heuberger Richard, Kafka Elisabeth, Skina-Tabue Magda-

lena, Armutsgefährdung und soziale Ausgrenzung, Bundesministerium für Arbeit, Soziales und Konsumentenschutz, Sozialbericht 2009–2010, Wien, 2010.
Tober Silke, van Treeck Till, Inflation. Die überschätzte Gefahr im Euroraum, IMK-Report, Nr. 57, Düsseldorf, 2010.
Tobin James, Proposal for International Monetary Reform, Eastern Economic Journal, 4, 1978.
Tobin James, On the Efficiency of the Financial System, Lloyds Bank Review, 153, 1984, in: Tobin James, Policies for Prosperity, Brighton, 1987.
Wilkinson Richard, Pickett Kate, Gleichheit ist Glück. Warum gerechtere Gesellschaften für alle besser sind, Berlin, 2009.
Zeise Lucas, Geld – der vertrackte Kern des Kapitalismus. Versuch über die politische Ökonomie des Finanzsektors, Köln, 2010.

Verzeichnis der Abbildungen und Übersichten

Dank

In der Auseinandersetzung mit der Finanzkrise, deren Folgen für Konjunktur, Arbeitslosigkeit, Staatsfinanzen und Verteilung sowie den Spielräumen und Ansatzpunkten einer emanzipatorischen Wirtschaftspolitik resümiert dieses Buch Erfahrungen und Einsichten in den wichtigsten Arbeitsgebieten meiner 17-jährigen Tätigkeit am Österreichischen Institut für Wirtschaftsforschung (WIFO). Ich danke Martha Steiner, die mich nicht nur diesmal, sondern kontinuierlich seit 1994 bei der empirischen Arbeit unterstützt und Übersichten und Abbildungen mit gewohnter Professionalität erstellt hat. Viele Kolleginnen und Kollegen gaben mir wertvolle Rückmeldungen zu verschiedenen Teilen des Manuskripts und haben mich dabei vor so manchem Fehler bewahrt: Chris Berka, Dominik Bernhofer, Stefan Ederer, Georg Feigl, Alois Guger, Christine Mayrhuber, Margit Schratzenstaller, Helene Schuberth, Simon Sturn, Lukas Tockner und Ewald Walterskirchen.

Mein besonderer Dank gilt meinem Freund Martin Schürz, der die Rohfassung aller Kapitel stets als erster las, sie ebenso kompetent wie präzise kritisierte und mich immer in Konzept und Ausrichtung der Arbeit bestärkte. Bettina Wörgötter war meine interessierte und auf die Einhaltung des Zeitplans bedachte Betreuerin beim Verlag. Die Arbeit an diesem Buch behinderte in den letzten Monaten dann und wann die Umsetzung der vielfältigen Freizeitpläne meiner Familie; dennoch waren mir Christine, David und Anna Rosa bei dieser Arbeit unverzichtbare Stützen.